AF626577

Plotten mit dem Cricut Maker 3

Myriam Schlag

Plotten mit dem Cricut Maker 3

Das Praxisbuch

Über 60 kreative Projekte und Ideen

mitp

Bibliografische Information der Deutschen Nationalbibliothek
Die Deutsche Nationalbibliothek verzeichnet diese Publikation in der Deutschen Nationalbibliografie; detaillierte bibliografische Daten sind im Internet über <http://dnb.d-nb.de> abrufbar.

Bei der Herstellung des Werkes haben wir uns zukunftsbewusst für umweltverträgliche und wiederverwertbare Materialien entschieden.
Der Inhalt ist auf elementar chlorfreiem Papier gedruckt.

ISBN 978-3-7475-0728-5
2. Auflage 2024

www.mitp.de
E-Mail: mitp-verlag@sigloch.de
Telefon: +49 7953 / 7189 - 079
Telefax: +49 7953 / 7189 - 082

Druckprodukt mit finanziellem
Klimabeitrag
ClimatePartner.com/18246-2402-1005

Lektorat: Sabine Schulz
Sprachkorrektorat: Petra Heubach-Erdmann
Satz: Petra Kleinwegen
Druck: ADverts in Riga, Lettland

Inhalt

Einleitung

Dieses Buch ist für alle, die ein umfassendes Praxisbuch zum Cricut Maker 3 suchen. Das Buch richtet sich sowohl an Plotter-Anfänger als auch an fortgeschrittene Nutzer. Natürlich sind auch alle willkommen, die noch keinen oder einen anderen Plotter besitzen. In diesem Buch findest du viele Informationen zu deinem Cricut Maker 3 und der dazugehörigen Software *Cricut Design Space* und darüber hinaus viele Projekte mit unterschiedlichen Schwierigkeitsstufen, die du mit Papier, Vinyl oder Bügelfolie umsetzen kannst.

Das Buch soll dir aber nicht nur dabei helfen, Projekte einfach nachzubasteln, sondern du wirst auch Fähigkeiten erwerben, um Projekte individuell anzupassen oder selbst zu gestalten. Denn das ist ja gerade das Wunderbare beim Basteln und Gestalten, du kannst deine Ideen umsetzen oder etwas Einzigartiges und Persönliches schaffen (und verschenken).

Die Anleitungen und Erklärungen in diesem Buch beziehen sich auf den Plotter Cricut Maker 3 und auf die Software *Cricut Design Space*. Wenn du jedoch einen anderen Plotter nutzt und mit diesem bereits vertraut bist, kannst du die Projekte ebenfalls umsetzen.

Das Buch besteht aus zwei Teilen. Der **erste Teil** beinhaltet alle Informationen, die du brauchst, um mit dem Plotten zu starten, und hier findest du die dafür wichtigen Grundlagen. In **Kapitel 1** erfährst du, was ein Plotter ist und wie dieser arbeitet. **Kapitel 2** informiert dich über Plotter-Werkzeuge und -Zubehör, die du bei der Umsetzung der Projekte benötigst. In **Kapitel 3** stehen die Materialien Papier, Vinyl und Bügelfolie im Fokus und du erfährst, wie du mit diesen und deinem Cricut Maker 3 arbeiten kannst. **Kapitel 4** gibt dir Hinweise, wie du mit den Vorlagen zu diesem Buch arbeitest und wo du diese herunterladen kannst.

Im **zweiten Teil** geht es dann endlich mit den Projekten los. **Kapitel 5** beinhaltet fünf Projekte für Anfänger. Hier findest du schrittweise Erklärungen zu den Projekten und erfährst detailliert, wie du mit der Software *Cricut Design Space* arbeitest. Anstatt durch trockene theoretische Erklärungen lernst du hier die Software gleich an praktischen Beispielen kennen. Die Erläuterungen in den Projekten für Anfänger – insbesondere auf das Arbeiten mit der Software bezogen – sind dabei stellvertretend für alle weiteren Projekte des Buches, die in allen weiteren Kapiteln nur noch sehr kurz beschrieben sind. So gibt es keine inhaltlichen Dopplungen und stattdessen noch mehr Projekte. Zu Beginn des fünften Kapitels findest du außerdem eine Übersicht über alle wichtigen Funktionen in der Software und in welchen Projekten diese ausführlich erläutert werden. So kannst du diese auch später nachschlagen. Auch wenn du kein Plotter-Anfänger mehr bist, lohnt es sich sicherlich, in das Kapitel hineinzusehen, damit dir nicht gegebenenfalls bei den weiteren Projekten wichtige Informationen zur Vorgehensweise oder zum Arbeiten mit der Software fehlen. Wenn dir also bei den Erläuterungen der Projekte ab Kapitel 6 eine Information fehlt, dann sieh dir die Anfänger-Projekte in Kapitel 5 genauer an.

In **Kapitel 5** werden auch alle Funktionen der Software *Cricut Design Space* für die App erläutert. Diese werden ab **Kapitel 6** nicht noch mal separat erwähnt. Wenn du also mit der App arbeitest, solltest du dir unbedingt alle Projekte in **Kapitel 5** ansehen, dann wirst du problemlos alle Projekte ab **Kapitel 6** mit der App selbstständig umsetzen können.

In **Kapitel 6** findest du viele Projekte rund um das Thema Geschenke. In **Kapitel 7** geht es weiter mit Party-Dekoration und in **Kapitel 8** stehen Dekorationsideen für zu Hause im Mittelpunkt. In **Kapitel 9** dreht sich dann alles um das Thema Sticker, egal ob du diese zum Dekorieren, Organisieren oder für Kalender oder Bullet Journals nutzen möchtest. Zu all diesen Kapiteln findest du nicht nur Projekte, die du mit Vorlagen umsetzt, sondern lernst an kleinen Projekten immer wieder, auch eigenständig Vorlagen zu erstellen.

Kapitel 10 beinhaltet noch viele weiterführende Anregungen zum Umgang mit Bildern, zum Einsatz von Grafiksoftware und zur Verbindung zwischen dem Plotten und anderen Kreativbereichen. So kannst du eigene Ideen noch besser umsetzen und noch kreativer werden.

Über die Autorin

Hallo liebe*r Leser*in, ich bin Myriam Schlag und begrüße dich herzlich in diesem Buch.

Ich bastle und male schon seit dem Kindergarten mit großer Freude und habe seitdem eigentlich nie mehr damit aufgehört. Als ich zum ersten Mal einen Hobbyplotter gesehen habe, war ich sofort unglaublich begeistert. Die Bastelmöglichkeiten sind damit fast grenzenlos und man erhält perfekte Ergebnisse.

Ich hatte unglaublich viel Spaß, die Bastelprojekte für dieses Buch zu erstellen. Mein Wissen zum Thema Grafikdesign konnte ich nutzen, um eigene Vorlagen zu entwerfen, die ich hier mit dir und allen anderen Leser*innen teilen kann. Für mich ist mit diesem Buch ein Basteltraum in Erfüllung gegangen. Ich hoffe, dieses Buch mit all seinen Projekten bereitet dir Freude und regt deine Kreativität an.

Mehr von mir und meinen kreativen Projekten findest du auf meiner Seite:

Buntstift-bar.de

Wenn ich nicht gerade bastle, arbeite ich freiberuflich als promovierte Psychologin und Fachjournalistin zum Thema Lernen. Meine Seite:

www.myriamschlag.de

1 Grundlagen für den Cricut Maker 3

Wenn du noch keine Erfahrungen mit deinem Cricut Maker 3 hast oder erst überlegst, ob ein Plotter das Richtige für dich wäre, dann bist du in diesem Kapitel genau richtig. Hier erfährst du die Grundlagen zum Einsatz des Cricut Maker 3. Solltest du bereits ausreichend Erfahrungen mit dem Cricut Maker 3 haben, lies bei Bedarf nur einzelne Abschnitte oder springe einfach zu Teil II mit den Projekten.

1.1 Schneideplotter für zu Hause

Ein Plotter oder auch Hobbyplotter ist eine digitale Schneidemaschine für zu Hause und funktioniert ähnlich wie ein Drucker. Auf dem Computer oder Endgerät bereitet man Vorlagen (bzw. Dateien) vor, die der Plotter dann bearbeitet. Dazu wird das Material, das bearbeitet werden soll, auf eine leicht klebende Schneidematte aufgebracht. Der Plotter bewegt die eingezogene Schneidematte, während er ein Messer, einen Stift oder ein anderes Werkzeug über die Schneidematte zieht.

Hobbyplotter vereinen verschiedene Funktionen, wie beispielsweise Schneiden, Zeichnen, Falzen, Prägen oder Gravieren. Damit können sie verschiedene Materialien wie beispielsweise Papier, Folie, Stoff oder Kunststoff bearbeiten. Darüber hinaus kann der Plotter auch mit einem Drucker »zusammenarbeiten«, sodass Bilder erst gedruckt und anschließend geschnitten werden. Somit bietet dir der Hobbyplotter eine Menge kreativer Möglichkeiten.

1.2 Wie funktioniert der Cricut Maker 3?

Um mit dem Cricut Maker 3 zu arbeiten, brauchst du nicht nur den Plotter selbst, sondern auch die dazugehörige Software *Cricut Design Space* auf einem Computer als Desktop-Version oder als App für Tablet oder Handy.

Der Computer kann dabei über ein Kabel oder per Bluetooth mit dem Cricut Maker 3 verbunden werden. Für Tablet und Handy gibt es die Möglichkeit der Bluetooth-Verbindung.

Wenn du wissen möchtest, welche Systemanforderungen dein Computer, Tablet oder Handy für die Software erfüllen muss, findest du dies auf der Seite der Hersteller-Cricut-Hilfe:

https://help.cricut.com/hc/de/articles/360009556033-Systemanforderungen-Design-Space

Gesteuert wird dein Cricut Maker 3 über die Software *Cricut Design Space*, daher hat er auch kein Display und wenige Tasten. Wenn du ein Projekt erstellen möchtest, musst du immer am PC, auf dem Tablet oder Handy im *Cricut Design Space*-Programm beginnen. Dieses »sagt« dem Cricut Maker 3 dann, was es tun soll, und weist dich zum entsprechenden Zeitpunkt auf die notwendigen manuellen Arbeitsschritte (z.B. Einlegen der Schneidematte) hin.

1.3 Erste Schritte mit dem Cricut Maker 3

Nachdem du deinen Cricut Maker 3 gekauft und ausgepackt hast, musst du die ersten Schritte durchführen: Software installieren, dich bei Cricut mit deinem Cricut Maker 3 anmelden und das Gerät anschließen. Anleitung dazu findest du sowohl in den Dokumenten zum Cricut Maker 3 selbst, im Cricut-Hilfecenter (*https://help.cricut.com/hc/de/articles/360009428814-Herunterladen-und-Installieren-von-Design-Space*) oder als Video bei Cricut Deutschland (*https://www.youtube.com/watch?v=kYay4-ca2xY*).

Die Software und Anmeldung bei Cricut sind kostenfrei. Um mit diesem Buch zu arbeiten, brauchst du kein kostenpflichtiges Abonnement bei *Cricut Access*.

Um mit deinem Cricut Maker 3 zu arbeiten, benötigst du aber auch Materialien und Werkzeuge, die nicht im Lieferumfang des Cricut Maker 3 enthalten sind und die du vermutlich auch nicht zu Hause hast, wenn du gerade erst mit dem Plotten beginnst. Mehr Informationen dazu, welche Materialien, Werkzeuge und Zubehör du benötigst, findest du in den nachfolgenden Kapiteln 2 und 3 sowie in der Materialliste des jeweiligen Projekts.

1.4 Die Software Cricut Design Space

Der Cricut Maker 3 arbeitet mit der Software *Cricut Design Space* zusammen, die als Desktopversion und als App verfügbar ist. Eine ausführliche Einführung in die Arbeit mit der Software findest du in Kapitel 5. Damit es nicht zu theoretisch wird, lernst du alle wichtigen Funktionen am Beispiel von fünf Projekten für Anfänger kennen, in denen alle Arbeitsschritte ausführlich beschrieben sind.

1.5 Dateiformate

Der Cricut Maker 3 arbeitet mit Vorlagen in verschiedenen Dateiformaten. Dabei sind zwei Gruppen von Dateiformaten zu unterscheiden: Rastergrafiken und Vektorgrafiken.

1.5.1 Rastergrafiken

Rastergrafiken bestehen aus Bildpunkten (Pixel) und können, je nach Auflösung des Bildes, bei zu starker Vergrößerung unscharf werden. Diesen Effekt kennst du vielleicht von Fotos, die mit geringer Auflösung aufgenommen und dann stark vergrößert wurden. Die einzelnen Bildpunkte wurden dabei einfach vergrößert und sind dann sichtbar. Unscharfe Bilder können vom Cricut Maker 3 jedoch nicht mehr gut bearbeitet werden.

Dateiformate für Rastergrafiken haben üblicherweise die folgenden Endungen:

.jpg, .bmp, .png, .tiff, .gif

Diese Formate sind gut und problemlos geeignet, wenn du Vorlagen verwendest, die du in der Größe nicht mehr verändern willst. Ist dies doch notwendig oder gewünscht, solltest du Vektorgrafiken verwenden.

1.5.2 Vektorgrafiken

Vektorgrafiken bestehen nicht aus Bildpunkten, sondern aus Linien und Formen, die mit Koordinaten festgelegt wurden. Sie können daher beliebig in der Größe verändert werden und die Form und Bildschärfe bleiben dabei erhalten (z.B. bei einem PDF-Dokument). Dateien, die auf Vektorgrafiken basieren, können somit vom Schneideplotter immer gut bearbeitet werden und liefern glatte Schnitte und Linien.

Verbreitete Dateiformate für Vektorgrafiken haben die folgenden Endungen:

.svg, .pdf, .dxf

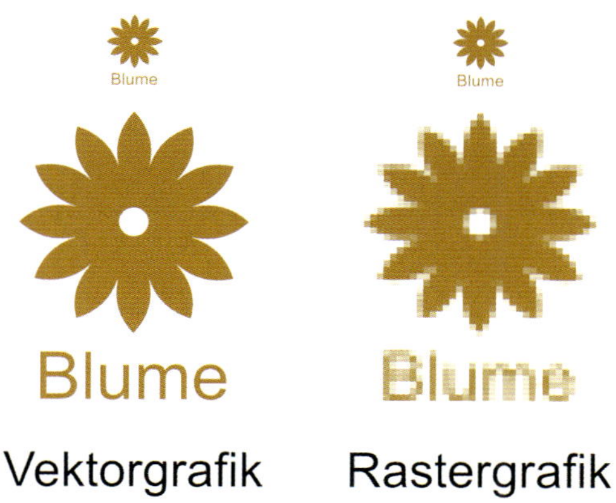

Zu diesem Buch findest du alle Vorlagen in den Dateiformaten:

- .pdf (nur zur schnellen Übersicht der Projekte) und
- .svg (Vektorgrafiken zum Bearbeiten mit dem Plotter).

Du kannst im *Cricut Design Space* folgende Dateitypen in der Software bearbeiten:

Vektor-Dateien: .svg, .dxf

Bild-Dateien: .jpg, .gif, .png, .bmp

1.5.3 Dateiformate anwenden

Um die Projekte in diesem Buch umzusetzen, kannst du die bereitgestellten Dateien im SVG-Format verwenden. Wie du diese herunterladen kannst, erfährst du in Kapitel 4.

Im Allgemeinen eignen sich Vektorgrafiken besser als Rastergrafiken, wenn du sie mit dem Cricut Maker 3 umsetzen möchtest. Du kannst die Größe von Vektorgrafiken beliebig verändern und erhältst immer glatte Schnitte und Linien.

Wenn dein Wunschmotiv jedoch nicht als Vektorgrafik verfügbar ist, kannst du auch eine Rastergrafik verwenden. Diese solltest du jedoch nicht zu stark vergrößern. Rastergrafiken kannst du auch dann gut einsetzen, wenn ein Motiv erst vom Drucker gedruckt werden soll und anschließend nur die Umrisse mit dem Cricut Maker 3 geschnitten werden sollen. Diese Funktion heißt DRUCKEN, DANN SCHNEIDEN.

Tipp

Informiere dich regelmäßig bei Cricut über Neuerungen in der Software und unterstützte Dateiformate.

1.6 Schriftarten

In der Software *Cricut Design Space* hast du die Möglichkeit, mit Schriftarten zu arbeiten, die auf deinem Computer gespeichert sind. Im Internet findest du weitere kostenfreie Schriftarten, die du für deine Projekte nutzen kannst. Beachte dabei die Lizenzbestimmungen der Schriftarten – vor allem, wenn du diese kommerziell nutzen möchtest. Die in den Projekten verwendeten Schriftarten sind an entsprechender Stelle angegeben, falls du sie ebenfalls nutzen möchtest.

Wenn du Schriftzüge aus Papier oder anderen Materialien herausschneiden möchtest, solltest du *Stencil*-Schriftarten verwenden, damit alle Buchstaben vollständig erkennbar sind.

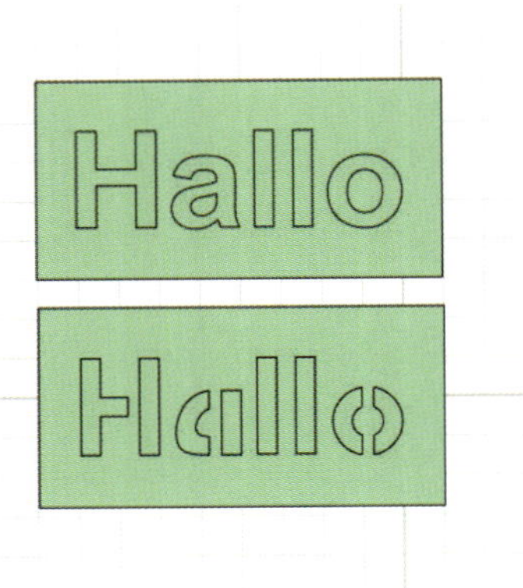

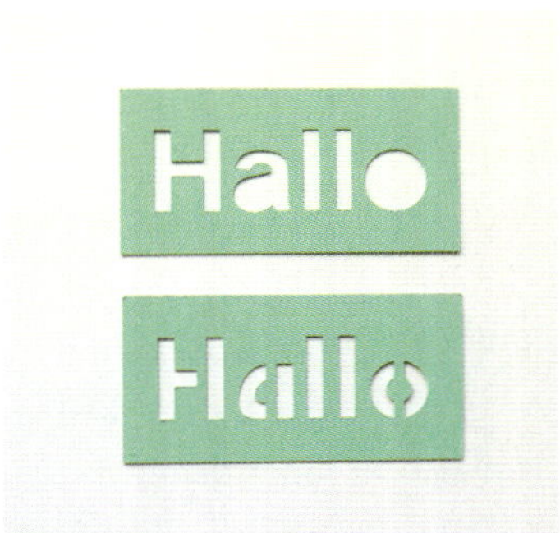

Du findest kostenfreie Schriftarten (engl. *Fonts*) im Internet, z.B. bei DaFont, 1001free-fonts und anderen Anbietern.

Schriftarten installieren für PC oder Laptop:

Lade die Schriftarten herunter und entpacke den Ordner. Wähle im Download-Ordner die Schrift-Datei aus (zum Beispiel .ttf, .otf, .fon) und installiere sie (Rechtsklick und INSTALLIEREN oder ÖFFNEN und dann INSTALLIEREN).

Tipp

Während der Cricut Maker 3 bei normalen Schriftarten nur die Außenkontur der Schrift zeichnet, gibt es von Cricut spezielle (teilweise) kostenpflichtige Schriftarten, die nur aus einer einzelnen Linie bestehen. Somit wird hierbei nur eine einzelne Linie vom Cricut-Stift gezeichnet.

2 Werkzeuge und Plotter-Zubehör

Um die Projekte in diesem Buch umsetzen zu können, benötigst du allgemein:

- einen Schneideplotter mit Software
- eine Schneidematte ca. 30 cm x 30 cm
- ein Schneidemesser für Papier, Vinyl, Bügelfolie
- einen Stift, den du in den Plotter einsetzen kannst (Cricut-Stift)
- einen Falzstift oder ein Falzrad
- Spatel, Pinzette, Entgitterhaken, Rakel
- Papier, Vinyl (und Transferfolie), Bügelfolie
- ein Bügeleisen oder eine Heißpresse für Projekte mit Bügelfolie

Die Projekte sind so ausgelegt, dass du bis auf Schneidematten und einen Cricut-Stift keine weiteren Zusatzwerkzeuge zu deinem Cricut Maker 3 benötigst, sondern mit der Grundausstattung starten kannst. Dennoch gibt es ein paar Werkzeuge und etwas Zubehör, die das Arbeiten an den Projekten erleichtern. Diese lernst du in den nachfolgenden Abschnitten kennen.

2.1 Schneidematten

Im Lieferumfang des Cricut Maker 3 sind keine Schneidematten enthalten.

Für den Cricut Maker 3 sind folgende Schneidematten von Cricut (oder auch anderen Anbietern) im Format 30 x 30 cm erhältlich:

- Eine Schneidematte mit **leichter Haftung (Light Grip)** in **Hellblau**. Diese eignet sich für dünnen Karton, Drucker- und Pergament-Papier.
- Eine Schneidematte mit **Standard-Haftung (Standard Grip)** in **Grün** für stärkere Materialien, wie Karton, Bügelfolie, Vinyl.
- Eine Schneidematte mit **starker Haftung (Strong Grip)** in **Lila** für spezielle Kartonarten, Glitzerfarbkarton, Spanplatten und besonders feste Stoffe.
- Eine Schneidematte für **Stoff (Fabric Grip)** in der Farbe **Rosa**.
- Eine **Kartenschneidematte** 2x2 für das Schneiden von Klappkarten

Alle Schneidematten bis auf die Kartenmatte 2x2 gibt es auch im Format 30 x 60 cm für größere Projekte.

Hinweis

Um deine Schneidematte länger nutzen zu können, kannst du diese auch reinigen. Wichtig ist es dabei, nicht über die Schneidematte zu kratzen. Größere Materialreste kannst du mit einer Pinzette entfernen. Anschließend kannst du die Schneidematte vorsichtig mit lauwarmen Wasser reinigen und danach trocken tupfen. Die Schneidematte muss für den nächsten Einsatz vollständig getrocknet sein.

Zusätzlich gibt es für den Cricut Maker 3 auch spezielle Materialien, die der Plotter ohne Matte schneiden kann (siehe dazu Abschnitt 3.4).

2.2 Werkzeuge zum Falzen, Ritzen und Perforieren

In den Vorlagen zu den Projekten in diesem Buch findest du Linien, die gefalzt werden sollen, sogenannte Falzlinien.

Cricut bietet für den Maker sowohl einen Falzstift (*Scoring Stylus*, ohne Überschnitt) als auch Falzräder (mit Überschnitt) an. Die Falzräder gibt es als einfaches oder als Doppelfalzrad. Während sich der Falzstift und das einfache Falzrad für einfache Materialien eignen, ist das Doppelfalzrad für dickere Materialien geeignet. Zum Perforieren von Linien bietet Cricut eine spezielle Perforationsklinge an. All diese Werkzeuge sind nicht im Lieferumfang des Cricut Maker 3 enthalten.

Solltest du kein Falzwerkzeug zur Verfügung haben, kannst du die Falzlinien auch mit einem Stift zeichnen lassen und diese anschließend mit einem Skalpellmesser bzw. Bastelmesser mit sehr leichtem Druck nachfahren. Achte allerdings dann darauf, dass die gezeichneten Linien im Inneren des Projekts liegen und am Ende nicht mehr sichtbar sind. Beachte jedoch z.B. bei einseitig bedrucktem Papier oder Mustern, dass die Außenseite der Projekte dann auf die Schneidematte aufgeklebt werden muss. Prüfe, ob das Material dafür geeignet ist.

Alternativ kannst du die Falzlinien auch einfach ausblenden oder löschen und nur die Schneidelinien vom Cricut Maker 3 ausführen lassen.

Tipp

Der Falzstift (Scoring Stylus) ist am preiswertesten und kann für alle Cricut Maker und Cricut Explore Plotter verwendet werden.

2.3 Stifte

Zum Cricut Maker 3 hast du bereits einen schwarzen Fineliner erhalten. Cricut und andere Anbieter bieten weitere Stifte in verschiedenen Farben an. Damit kannst du Schrift oder Zeichnungen auf deine Projekte bringen. Außerdem gibt es von anderen Anbietern Adapter für weitere Stifte.

2.4 Werkzeuge einsetzen und wechseln

Um Werkzeuge einzusetzen oder zu wechseln, musst du immer zuerst die entsprechende Klemme öffnen. Hierzu wird der dunkelgraue Hebel mit dem Buchstaben nach außen geklappt. Dies kann unter Umständen mit etwas Kraftaufwand verbunden sein.

In Klemme »A« befindet sich ein weißer Zubehöradapter. In diesen werden bei geöffneter Klemme die Stifte eingesetzt, gegebenenfalls auch der Falzstift. In Klemme »B« werden die Schneidewerkzeuge eingesetzt.

Wenn die Klinge stumpf ist und du sie austauschen möchtest, musst du nur eine neue Klinge und kein neues Klingengehäuse kaufen. Um die Klinge zu entnehmen, drücke den kleinen Stift oben auf dem Klingengehäuse nach unten. Die magnetisch gehaltene Klinge kannst du dann unten aus dem Klingengehäuse herausziehen. Beachte dabei die Hinweise auf der Verpackung der neuen Klinge.

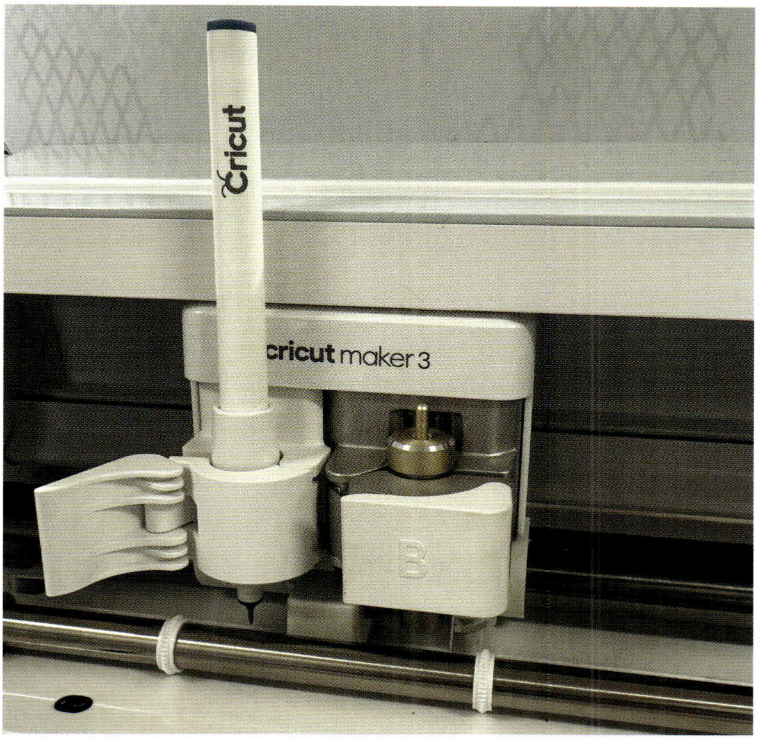

2.5 Plotter-Zubehör

Folgendes Plotter-Zubehör kann dir beim Umsetzen der Projekte in verschiedenen Arbeitsschritten helfen:

Aufbringen von Material auf die Schneidematte:

- Rakel mit Filzkante
- Gummiroller

Lösen von ausgeschnittenen Objekten von der Schneidematte:

- kleine Spatel
- Pinzette (rund oder spitz)

Entfernen von Resten von der Schneidematte:

- Schaber
- Rakel ohne Filzkante

Entgittern beim Arbeiten mit Vinyl und Bügelfolie:

- Entgitterhaken (oder auch Scalarinstrument)

Du kannst das Zubehör einzeln, als Set von Cricut oder anderen Anbietern kaufen.

3 Material

In diesem Abschnitt findest du allgemeine Hinweise zu Materialien und wie du mit ihnen umgehst. Eine genaue Materialliste für die einzelnen Projekte findest du an entsprechender Stelle im Buch.

> *Hinweis*
>
> **Mache beim ersten Einsatz von neuen Materialien immer Probeschnitte oder teste die entsprechende Funktion mit dem Material, um die Einstellungen des Cricut Maker 3 zu testen und kein Material zu verschwenden.**

3.1 Papier und Karton

Es ist nicht notwendig, Papier oder Karton von einem bestimmten Anbieter zu kaufen, da Materialien aus der Schreibwarenabteilung oder einem Bastelladen ausreichend sind. Bevor du mit dem Papier oder Karton arbeitest, informiere dich, wie stark (g/m²) das Material ist, damit du deinen Plotter entsprechend einstellen kannst.

Für die Projekte in diesem Buch habe ich meist Tonpapier (130 g/m²) und Fotokarton (300 g/m²) verwendet und mit anderen Papieren ergänzt. Zum Ausprobieren von Projekten nutze z.B. stärkeres weißes Druckerpapier (160 g/m²).

3.1.1 Papierformat und Größe

Vermutlich nutzt du für die Papier-Projekte Papier in DIN A4. Natürlich sind auch andere Formate möglich, solange sie auf deine Schneidematte passen. Die angegebene Größe der Projekte bezieht sich immer auf die Herstellung mit DIN A4. Solltest du also größeres Papier oder eine längere Schneidematte zur Verfügung haben, kannst du die Projekte eventuell auch größer herstellen.

3.1.2 Linientypen

In den Vorlagen, die du zu diesem Buch herunterladen kannst, findest du bis zu drei verschiedene Linientypen, die du verschiedenen Plotterfunktionen zuordnen musst:

- **Schneidelinien**, die schwarz und durchgehend angezeigt werden,
- **Falzlinien**, die schwarz und gestrichelt angezeigt werden,
- **Zeichenlinien**, die durchgehend und in der entsprechenden Stiftfarbe angezeigt und mit dem Cricut-Stift gezeichnet werden.

Die Linientypen und die Farbe von Zeichenlinien kannst du selbstständig zuweisen (siehe Abschnitt 5.10.1) oder diese ausblenden (siehe Abschnitt 5.5.4 Hinweisbox).

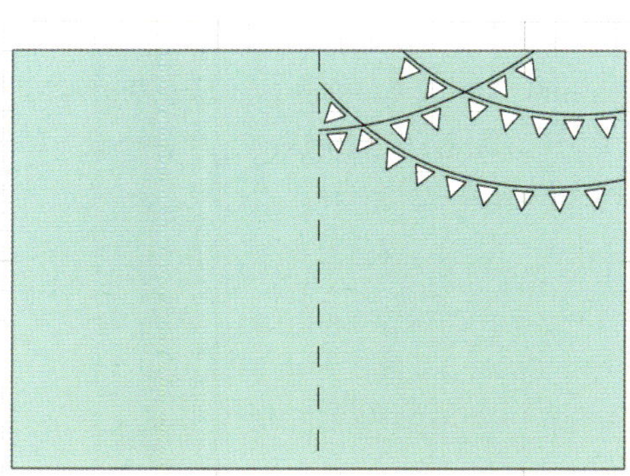

3.1.3 Falzen

Du kannst die Falzlinien entweder direkt durch den Cricut Maker 3 falzen lassen oder nach dem Plotten von Hand bearbeiten (gegebenenfalls nach vorherigem Anzeichnen). Grundsätzlich sollten aber alle Linien vorbereitet sein, bevor du mit dem Falzen beginnst.

3.1.4 Schrift schneiden lassen

Wenn du Schrift aus Papier herausschneiden lassen möchtest, nutze eine Stencil-Schriftart, damit die Form der Buchstaben vollständig erhalten bleibt. Wähle die Schriftgröße nicht zu klein, damit die Buchstaben sauber geschnitten werden können. Teste gegebenenfalls Schriftart, Schriftgröße und Material, bevor du dein Projekt erstellst.

3.2 Vinyl

Auch hier gibt es sehr viele Anbieter und du solltest dir vorher gut überlegen, für welche Zwecke du die Materialien benötigst. Benötigst du Vinyl für den Innen- oder Außenbereich? Soll es permanent oder wieder ablösbar sein? Überlege einfach, welchen Anforderungen das Vinyl gerecht werden soll, und suche dann entsprechendes Material aus. Auch hier ist kein Material eines bestimmten Anbieters notwendig. Vinyl gibt es in verschiedenen Stärken und Ausführungen. Beachte daher die Hinweise des Herstellers und mache immer erst einen Test, bevor du ein neues Material in einem Projekt verwendest.

3.2.1 Schneiden und Entgittern

Achte darauf, dass du das Vinyl richtig herum auf deine Schneidematte aufbringst. Die farbige Seite muss in der Regel nach oben zeigen, das Vinyl wird also mit seiner Trägerschicht auf die Schneidematte aufgeklebt.

In der Software musst du geeignete Einstellungen für das Vinyl wählen. Der Plotter schneidet dann durch das Vinyl, jedoch nicht durch die Trägerschicht.

Nach dem Herstellen musst du dein Projekt mit einem Entgitterhaken entgittern. Das bedeutet, dass du alle Folienstücke entfernst, die nicht benötigt werden.

3.2.2 Aufkleben des geschnittenen Vinyls

Um das geschnittene Vinyl auf deine (saubere und fettfreie) Oberfläche zu übertragen, musst du eine Transferfolie verwenden. Diese wird von oben auf das Vinyl aufgeklebt und hält das Projekt nach dem Entfernen der Trägerschicht zusammen. Das ist besonders dann notwendig, wenn es unzusammenhängende Bereiche in deinem Projekt gibt, z.B. einzelne Buchstaben oder einen i-Punkt. Wenn die Transferfolie liniert ist, hilft dir dies außerdem beim späteren Ausrichten des Projekts. Die Klebkraft der Transferfolie muss zu dem verwendeten Vinyl passen.

Die Transferfolie muss von oben auf das Vinyl aufgeklebt werden und du solltest sie dann gut an das Vinyl andrücken (nutze hierzu eine Rakel). Ziehe anschließend vorsichtig die Trägerschicht vom Vinyl ab und platziere dein Projekt auf der gewünschten Oberfläche. Drücke das Vinyl gut an die Oberfläche an (nutze erneut eine Rakel) und ziehe dann die Transferfolie vorsichtig ab.

3.2.3 Mehrfarbige Vinyl-Projekte

Um mehrfarbige Projekte mit Vinyl umzusetzen, gibt es zwei mögliche Vorgehensweisen. Zunächst müssen die verschiedenfarbigen Vinylobjekte getrennt geplottet und entgittert werden. Ein mehrfarbiges Projekt mit Vinyl ist beispielsweise das Projekt Tasse »Guten Morgen«.

Möglichkeit 1: Verschiedene Farben auf Transferfolie zusammenfügen

Um die verschiedenen Farben auf der Transferfolie zusammenzufügen, ordne die Vinylobjekte nach und nach auf der Transferfolie an. Wenn sich Farben überschneiden, musst du als Erstes die oberste Vinylschicht auf die Transferfolie übertragen und dann die weiteren Schichten der Reihenfolge nach bis zur untersten hinzufügen. Anschließend kannst du das gesamte Projekt auf der Oberfläche auftragen.

Möglichkeit 2: Verschiedene Farben nacheinander auf Oberfläche aufbringen

Bringe die verschiedenen Vinylschichten mithilfe von Transferfolie nach und nach auf der Wunschoberfläche an und richte sie dabei zueinander aus. Wenn sich Farben überschneiden, musst du als Erstes die unterste Vinylschicht auf die Oberfläche übertragen und dann die weiteren Schichten der Reihenfolge nach bis zur obersten darüber kleben.

3.3 Bügelfolie

Auch hier gibt es sehr viele Anbieter und du solltest dir vorher gut überlegen, für welche Zwecke du die Materialien benötigst. Es gibt verschiedene Sorten von Bügelfolie:

- Flexfolie mit glatter Oberfläche (auch *Thermotransfer*, *Flexfolie*, *Heat Transfer Vinyl* (HTV) oder *Iron-on* genannt),
- Flockfolie mit samtiger Oberfläche und
- Infusible Ink von Cricut als Transferbogen zum Schneiden oder als Stifte (siehe dazu Abschnitt 3.3.4).

Überlege einfach, welchen Anforderungen die Folie gerecht werden soll, und suche dann entsprechendes Material aus. Auch hier ist kein Material eines bestimmten Anbieters notwendig. Mache auch hier immer erst einen Test, bevor du eine neue Bügelfolie in einem Projekt verwendest, und orientiere dich an den Hinweisen des Herstellers.

Bügelfolien können sowohl mit Heißpressen als auch mit Haushaltsbügeleisen aufgebracht werden. Solltest du Produkte und Materialien von Cricut zum Aufbügeln benutzen, erhältst du im Wärmeleitfaden wichtige Informationen zur Einstellung und Anwendung der Cricut-Geräte (*https://cricut.com/de-de/heatguide*).

Beachte auch, auf welche Materialien du deine Folie aufbringen möchtest, z.B. Baumwolle oder Kunstfaser. Achte darauf, dass deine Folie dafür geeignet ist. Anbieter von Bügelfolie liefern zur Bügelfolie auch oft noch einen speziellen Papierbogen oder eine Teflon-Bügelfolie mit, die zwischen Bügelfolie und Heißpresse bzw. Bügeleisen gelegt werden muss. Diese dient als Schutzschicht, um ein Ankleben deines Materials am Bügeleisen bzw. an der Heißpresse zu vermeiden.

3.3.1 Schneiden und Entgittern

Achte darauf, dass du die Bügelfolie richtig herum auf deine Schneidematte aufbringst (Herstellerhinweise beachten) und anschließend die richtige Seite abziehst bzw. entgitterst.

Schrift und Motive werden durch das Aufbügeln meistens spiegelverkehrt abgebildet. Daher musst du deine Projekte in der Software bereits spiegeln, damit du sie dann nach dem Aufbügeln richtig herum siehst (siehe dazu Abschnitt 5.7.4). Besonders wichtig ist das vor allem bei Schrift.

Nachdem du dein Wunschmotiv gedruckt hast, musst du es anschließend mit einem

Entgitterhaken entgittern. Das bedeutet, dass du alle Folienstücke entfernst, die nicht aufgebügelt werden sollen.

3.3.2 Aufbügeln

Suche dir zum Aufbügeln einen geeigneten Untergrund (Herstellerhinweise beachten), z.B. eine Bügeldecke. Platziere dann dein Projekt auf dem Stoff, der glatt aufliegen und fusselfrei sein sollte. Wenn du kleinere Objekte genau platzieren möchtest, kannst du diese auch mit wärmeresistentem Klebeband befestigen. Lege dann die Schutzschicht (z.B. Teflon-Bügelfolie) über das Projekt und nutze deine Heißpresse oder dein Bügeleisen zum Aufbügeln. Hinweise zur Einstellung deines Geräts findest du wieder beim Hersteller der Bügelfolie.

3.3.3 Mehrfarbige Projekte aufbügeln

Um mehrfarbige Projekte herzustellen, musst du jede Farbe bzw. Farbschicht einzeln plotten und aufbügeln. Dazu kannst du schon in deiner Plotter-Software verschiedenen Objekten in deinem Projekt gleiche bzw. unterschiedliche Farben zuweisen (siehe dazu Abschnitt 5.10.3). Alle Objekte mit der gleichen Farbe kannst du dann zusammen auf ein Stück Bügelfolie plotten und anschließend aufbügeln. Das bedeutet aber auch, dass du dir vor dem ersten Aufbügeln die Reihenfolge der Folienschichten überlegen musst.

Wenn du die erste Farbe aufgebügelt hast, löse die Trägerschicht der bereits aufgebügelten Folie ab, da du ansonsten die nächste Farbe nicht auf deinen Stoff, sondern auf die Trägerschicht der ersten Folie aufbügelst. Platziere dann deine neue Farbe möglichst exakt. Achte anschließend darauf, dass du mit der Schutzschicht alle Stellen bedeckst, über die du bügeln möchtest, sodass auch die bereits aufgebügelten Farben geschützt sind. Bügle so nach und nach alle Farbschichten auf.

Wenn du mehrere einzelne Objekte in verschiedenen Farben, die sich nicht überschneiden, nebeneinander aufbügeln möchtest, kannst du dies auch in einem Arbeitsschritt tun. Achte dabei aber darauf, dass sich die Trägerschichten der Objekte nicht gegenseitig stören.

3.3.4 Infusible Ink von Cricut

Infusible Ink von Cricut unterscheidet sich etwas von anderer Bügelfolie, da es sich um einen sogenannten Sublimationsdruck handelt. Das bedeutet, dass sich die Farbe durch das Aufbügeln mit dem Material verbindet. So ist das Motiv länger haltbar und es entstehen beispielsweise keine Risse und kein Ablösen. Dafür muss das Material, auf das Infusible Ink aufgebügelt wird, bestimmte Kriterien erfüllen. Es sollte hell sein und mindestens 65% Polyester enthalten, da sich die Farbe unter Hitze mit dem Polyester verbindet. Infusible Ink kann sowohl als Transferbogen geschnitten als auch als Stift verwendet werden. Die Arbeit mit dem Infusible-Ink-Transferbogen ist dabei ähnlich wie die Arbeit mit der Bügelfolie.

Einsatz der Infusible-Ink-Stifte

Um Projekte mit den Infusible-Ink-Stiften umzusetzen, musst du die Motive in der Plotter-Software spiegeln (siehe dazu Abschnitt 5.7.4). Anschließend klebst du Kopierpapier auf eine leicht klebende Schneidematte und lässt die Umrisse der Objekte von den Stiften zeichnen. Du hast dabei den Vorteil, dass du mehrere Farben auf ein Stück Papier zeichnen und anschließend aufbügeln kannst. Nachdem die Umrisse fertig gezeichnet sind, kannst du die Objekte noch mit den Stiften ausmalen. Die Stifte funktionieren auch ohne Plotter und du kannst ganz frei mit ihnen zeichnen. Die Farben auf dem Kopierpapier entsprechen dabei nicht den Farben, die du später auf dem Stoff siehst. Achte darauf, geeigneten Stoff für die Benutzung der Stifte auszuwählen (beachte die Angaben des Herstellers).

Nutze zum Aufbügeln einen geeigneten Untergrund und platziere dein Projekt auf dem glatten und fusselfreien Stoff. Wenn nötig, verwende wärmeresistentes Klebeband, um Objekte zu befestigen. Lege dann das Kopierpapier mit dem Objekt nach unten direkt auf den Stoff und nutze eine Schutzschicht (z.B. Teflon-Bügelfolie), um deine Heißpresse bzw. dein Bügeleisen zu schützen.

Tipp

Weitere Materialien verwenden

Du möchtest die Vorlagen aus diesem Buch mit anderen Materialien, z.B. Leder oder Filz, umsetzen? Dann beachte die Anweisungen des Herstellers Cricut und verwende geeignete Werkzeuge für deinen Cricut Maker 3.

3.4 Smart Materials

Mit dem Cricut Maker 3 hast du auch die Möglichkeit, Smart Materials zu verwenden. Diese kannst du ohne Schneidematte in deinen Plotter laden. Es gibt sowohl Smart Vinyl als auch Smart Bügelfolie und Smart Farbkarton, welcher selbstklebend ist.

Der Vorteil von Smart Materials ist, dass du so auch sehr lange Projekte bis zu 3,6 m erstellen kannst.

4 Hinweise zum Einsatz der Vorlagen

4.1 Erste Arbeitsschritte für alle Projekte

Lade die entsprechende Vorlage aus dem Internet herunter. Um die Vorlagen für die Projekte herunterzuladen, gehe zur URL *https://mitp.code-load.de/* und gib diesen Code ein:

5e8d71f512

Lade die Vorlage (Dateiformat .svg) in den *Cricut Design Space* (eine Anleitung dazu findest du in Kapitel 5).

4.2 Texte in den Vorlagen

In einigen Projekten bzw. Vorlagen ist Text enthalten. Dieser kann jedoch nicht editiert werden.

Jedoch kannst du diese Texte z.B. verschieben, in der Größe verändern, ersetzen, löschen und ausrichten. Eigene Textfelder, z.B. für Namen, kannst du den Projekten allerdings hinzufügen und anpassen. Verwendete Schriftarten findest du in der Beschreibung des jeweiligen Projekts.

Tipp

Wie du mit Text in deinen Projekten arbeiten kannst, erfährst du in Kapitel 5 **in verschiedenen Projekten.**

4.3 Projekte ohne Vorlagen

In den nachfolgenden Kapiteln findest du auch immer mal wieder Projekte ohne Vorlagen bzw. Projekte, bei denen du Vorlagen selbstständig weiterverarbeitest.

Die Farben in den Abbildungen zu diesen Projekten sind frei gewählt und dienen nur der besseren Sichtbarkeit. Es ist nicht notwendig, dass du diese genauso wählst oder umsetzt.

Eine Besonderheit des *Cricut Design Space* ist es, dass er bei der Funktion BESCHNEIDEN die Schnittmenge von Objekten in zweifacher Ausführung beibehält. Diese doppelten oder überflüssigen »Schneidereste« kannst du einfach löschen.

Hinweis

Die Projekte ohne Vorlagen sind ab Kapitel 6 nur für die Desktop-Version des *Cricut Design Space* beschrieben.

4.4 Eine Vorlage – verschiedene Variationen

In diesem Buch findest du viele Ideen, wie du Projekte aus Vorlagen erstellen kannst. Doch tatsächlich gibt es zu vielen Vorlagen verschiedene Umsetzungsmöglichkeiten. Dazu ein Beispiel:

Aus dieser Vorlage kannst du ganz verschiedene Projekte erstellen.

4.4.1 Ideen zum Material Papier

Du kannst den Vogel aus Papier herstellen und ihn:

- als Geschenkanhänger oder Blumeneinstecker nutzen
- mit einem Rechteck verbinden und ihn als Platzkarte oder als Lesezeichen verwenden
- auf eine Karte kleben
- mehrmals in verschiedenen Farben schneiden lassen und daraus eine Girlande zusammenstellen

Du kannst den Vogel mit einem Stift zeichnen lassen, z.B. auf einer Karte oder einem Briefumschlag.

4.4.2 Ideen zum Material Vinyl

Du kannst den Vogel aus Vinyl herstellen und diesen z.B. auf

- eine Tasse, eine Trinkflasche oder ein Glas,
- Untersetzer, Boxen, Vorrats- oder Brotdosen, einen Blumentopf, einen Briefkasten, einen Koffer
- ein Heft, Notizbuch oder einen Kalender
- Handy- oder Tablethüllen
- Spiegel, Bilderrahmen, Möbel oder Tafel,
- Fenster oder an die Wand kleben

4.4.3 Ideen zum Material Bügelfolie

Du kannst den Vogel aus Bügelfolie herstellen und diesen z.B. auf T-Shirts, Taschen, Geschenksäckchen, Kissen, Decken, Gardinen, Tücher aufbügeln.

4.4.4 Ideen zur Funktion »Drucken, dann schneiden«

Du kannst den Vogel zusammen mit einem Namen oder einem Spruch auch als Sticker drucken und dann schneiden lassen.

4.4.5 Weitere Ideen

Natürlich gibt es auch noch Möglichkeiten, mit zusätzlichen Werkzeugen zu arbeiten, die in diesem Buch keine Anwendung finden. Einige der Vorlagen kannst du dennoch dafür nutzen.

Du kannst die Vorlage aus Stoff, Leder, Filz, dünnem Holz oder Karton schneiden oder sie prägen, gravieren oder mit Metallic-Folie übertragen lassen.

5 Fünf Projekte für Anfänger

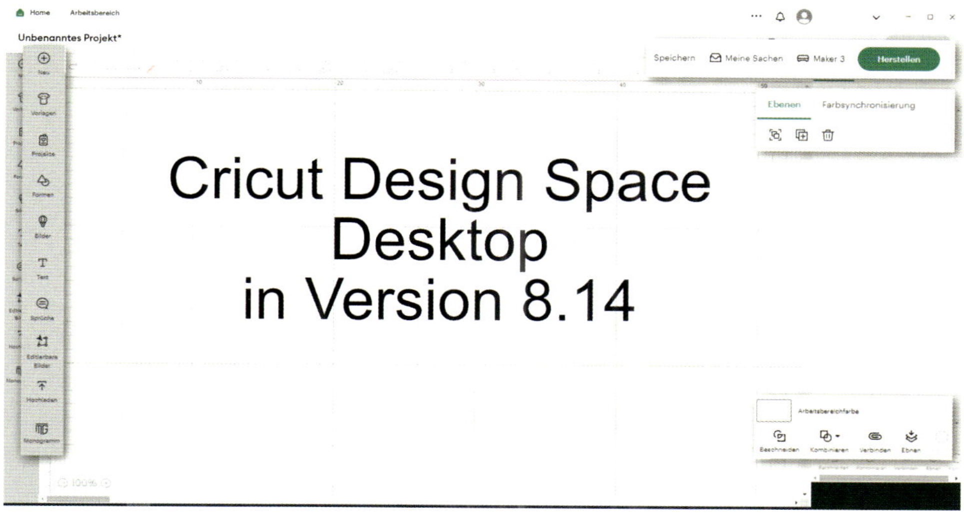

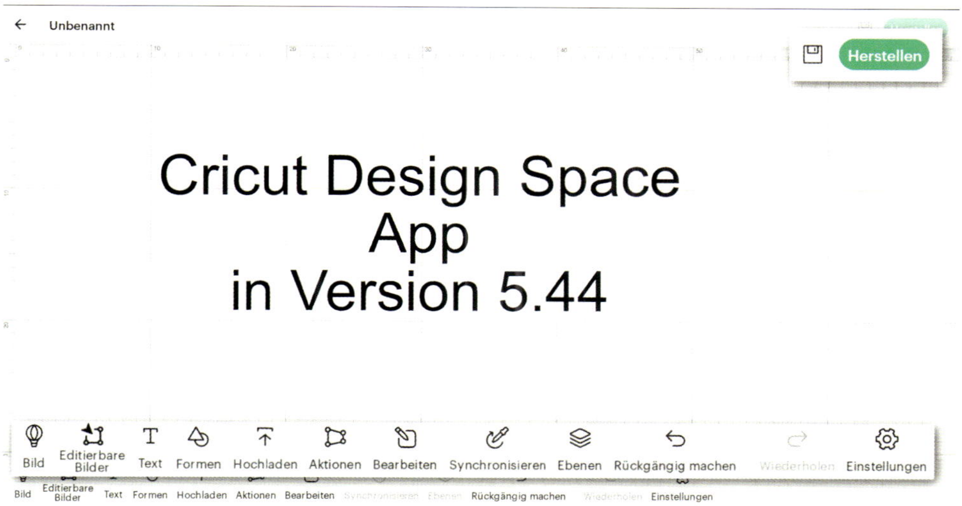

In diesem Abschnitt findest du Projekte, die besonders für Plotter-Anfänger geeignet sind. Anhand dieser Projekte lernst du, mit der Software *Cricut Design Space* umzugehen, da alle wichtigen Funktionen ausführlich am Praxisbeispiel beschrieben sind. Jeder Arbeitsschritt ist dabei detailliert erklärt. Zu jedem Material, das im Buch verwendet wird, sowie zu der speziellen Funktion Drucken, dann schneiden findest du ein Projekt. Die Projekte sind somit stellvertretend für alle weiteren Projekte in diesem Buch, da die grundlegenden Arbeitsschritte immer gleich sind und so nicht bei jedem Projekt erneut erklärt werden müssen. Gleichzeitig lernst du in diesem Kapitel viele Funktionen der Software *Cricut Design Space* kennen. Eine Übersicht des Arbeitsbereichs der Desktopversion und der App findest du hier ebenfalls.

Die Beschreibung der Software bezieht sich sowohl auf die Desktopversion in der Version 8.14 und als auch auf die App für Android in der Version 5.44.

Hinweis

Es wird nicht jede einzelne Funktion der Software erklärt, da einige selbsterklärend sind bzw. auch in anderen Programmen so verwendet werden oder im Rahmen des Buches nicht relevant sind.

5.1 Vorlagen herunterladen

Als Erstes solltest du die Vorlagen für dein gewünschtes Projekt herunterladen. Um die Vorlagen herunterzuladen, gehe zur URL *https://mitp.code-load.de/* und gib diesen Code ein:

5e8d71f512

5.2 Projekte speichern

Wenn du erstellte Projekte speichern möchtest, um sie später noch einmal zu verwenden oder weiterzubearbeiten, klicke im Arbeitsbereich im oberen Menüband auf SPEICHERN (**App:** SPEICHERN-Symbol oben rechts). Dann erscheint ein Fenster und du kannst deinem Projekt einen Namen geben. Aufrufen kannst du dein gespeichertes Projekt dann im gleichen Menüband unter MEINE SACHEN (**App:** Startseite (Home) unten MEINE SACHEN).

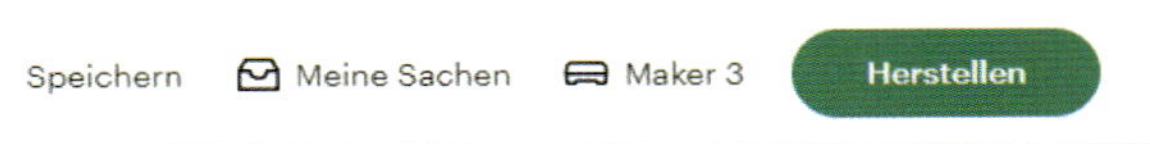

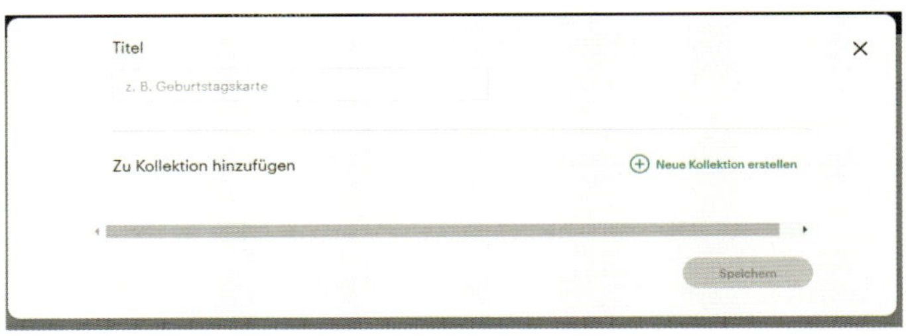

5.3 Ebenen

Softwareprogramme, mit denen man Dinge gestalten kann, arbeiten mit sogenannten Ebenen. Dies trifft auch auf den *Cricut Design Space* zu. Das bedeutet, dass jedes Element, das bei der Gestaltung eine Rolle spielt, immer in einer separaten Ebene liegt. Hast du z.B. einen Text und eine Form, die miteinander kombiniert werden, liegen beide auf separaten Ebenen. So kannst du die Elemente besser separat bearbeiten, gestalten und bei Bedarf in ihrer Position verschieben, ohne dass davon ein anderes Element betroffen ist. Das klingt erst mal sehr abstrakt, ist aber praktisch, wie du später noch merken wirst. Die Arbeit mit den Ebenen lernst du besonders im »Projekt 5: Vorlage selbst erstellen: Geschenkanhänger« (Abschnitt 5.9) kennen.

5.4 Zuordnung der »Cricut Design Space«-Funktionen

Hier findest du eine Liste mit wichtigen Funktionen aus der Software *Cricut Design Space* und dazu die Projekte, in denen die Funktion verwendet und erklärt wird.

- Projekte hochladen
  - Abschnitt 5.5
  - Abschnitt 5.7
  - Abschnitt 5.8
- Objekte markieren
  - Abschnitt 5.5
  - Abschnitt 5.7
  - Abschnitt 5.8
- Größe von Objekten anpassen
  - Abschnitt 5.5
  - Abschnitt 5.7
  - Abschnitt 5.8
- Objekte verschieben
  - Abschnitt 5.9
- Objekte drehen
  - Abschnitt 5.10
- Mit Formen arbeiten
  - Abschnitt 5.9
- Mit Text arbeiten (Schriftart und Schriftgröße anpassen)
  - Abschnitt 5.5
  - Abschnitt 5.6
  - Abschnitt 5.7
  - Abschnitt 5.8
- Objekte kombinieren und beschneiden
  - Abschnitt 5.9
- Objekte ausrichten
  - Abschnitt 5.9
- Objekte gruppieren
  - Abschnitt 5.9
- Objekte spiegeln
  - Abschnitt 5.7
- Ebenen und Objekte anordnen
  - Abschnitt 5.5
  - Abschnitt 5.9
- Ebenen beschriften
  - Abschnitt 5.10
- Objektfarben verwenden
  - Abschnitt 5.9
  - Abschnitt 5.10
- Funktion Drucken, dann schneiden
  - Abschnitt 5.8
- Funktion Offset
  - Abschnitt 5.10
- Material auswählen
  - Abschnitt 5.5
  - Abschnitt 5.6
  - Abschnitt 5.7
  - Abschnitt 5.8
  - Abschnitt 5.9
- Linientypen und Plotterwerkzeuge für Objekte festlegen
  - Abschnitt 5.5
  - Abschnitt 5.8
  - Abschnitt 5.10
- Snap Mat in der iOS-App
  - Abschnitt 5.10

Hinweis

In den Anleitungen wird auf wichtige Funktionen des Cricut Design Space verwiesen. Diese sind immer in Kapitälchen dargestellt und werden in Kapitel 5 genauer erklärt.

5.5 Projekt 1: Material Papier: Karte »Wimpel«

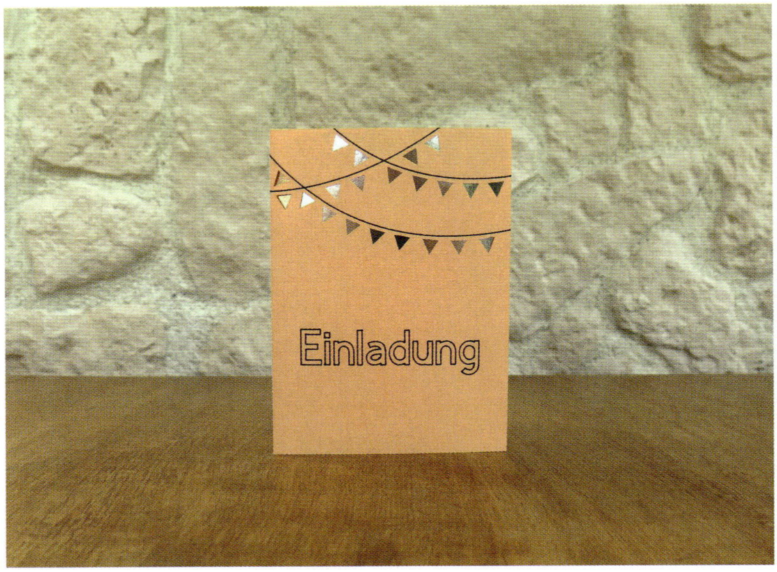

In diesem Projekt lernst du folgende Arbeitsschritte:

- eine Vorlage in den Arbeitsbereich hochladen
- eine Vorlage markieren
- die Größe einer Vorlage verändern
- einem Objekt einen Linientyp und eine Funktion zuweisen
- mit Text arbeiten
- Material auswählen
- Plotterwerkzeuge festlegen
- eine Vorlage mit Schrift aus Papier herstellen

Material

- Cricut Maker 3 mit Feinschnittklinge (im Lieferumfang des Cricut Maker 3 enthalten)
- PC bzw. Laptop mit *Cricut Design Space* Software oder Handy bzw. Tablet mit *Cricut Design Space*-App
- Schneidematte
- Schwarzer Cricut-Stift
- Tonpapier für die Karte
- Papier für den Hintergrund (z.B. mit Muster, Glitzer oder irisierend)
- Rakel
- Kleber
- Gegebenenfalls Falzstift bzw. Falzrad
- Vorlage: 5_5_1_Wimpel
- Vorlage: 5_5_1_Hintergrund_rechteckig

Dieses Projekt besteht aus zwei Teilen – einer Karte, die geschnitten, beschriftet und gefalzt wird, und einem Kartenhintergrund, der nur geschnitten wird.

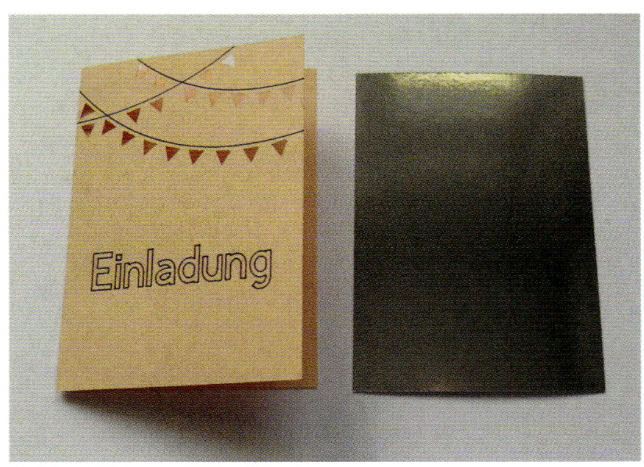

Du beginnst zuerst mit der Karte und erstellst anschließend den Kartenhintergrund.

5.5.1 Vorlage für Karte »Wimpel« hochladen

1. Lade die Vorlage aus dem Internet herunter (siehe Abschnitt 4.1).
2. Starte das *Cricut Design Space*-Programm (Desktop-Version oder App) und melde dich gegebenenfalls an.

Desktop-Version

1. Du befindest dich auf der Startseite. Klicke auf Neues Projekt. So gelangst du zum Arbeitsbereich.

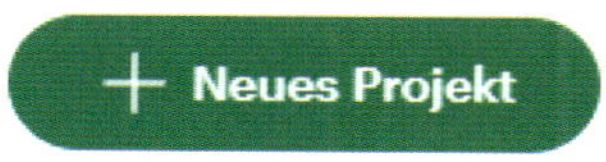

2. Klicke auf Hochladen > Bild hochladen und dann auf Durchsuchen. Hier musst du den Ordner wählen, in dem die Vorlage liegt, die du öffnen willst. Wenn du die Vorlagen heruntergeladen hast, findest du sie vermutlich im Ordner Downloads. Diese Vorlage sollte die Endung .svg haben.

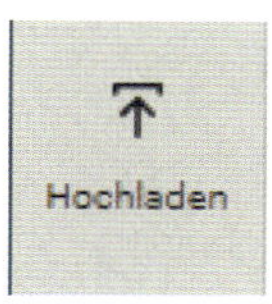

3. Klicke einmal auf die Vorlage 5_5_1_Wimpel und anschließend auf Öffnen. Dann siehst du im Programm ein Vorschaubild deiner Vorlage und kannst auf der rechten Seite die Bildbezeichnung bzw. den Namen der Vorlage im Formularfeld verändern, wenn du möchtest.
4. Klicke dann auf Hochladen. Du findest die Vorlage nun in der Kategorie Zuletzt hochgeladen unten links. Wähle sie aus (ein grüner Rahmen erscheint) und klicke auf Zum Arbeitsbereich hinzufügen. Das Projekt erscheint daraufhin in deinem Arbeitsbereich.
5. Die Vorlage wird im Arbeitsbereich angezeigt. Ihre Position ist zunächst irrelevant.

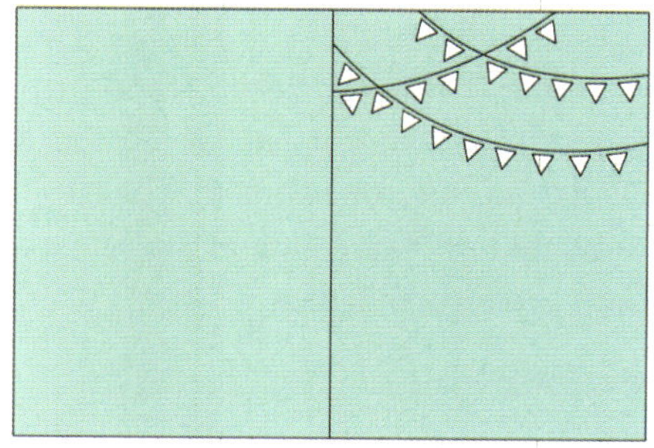

App

1. Tippe oben rechts auf die Schaltfläche Arbeitsbereich.
2. Tippe auf Hochladen > Aus der Fotobibliothek auswählen und rufe die Vorlage auf. Diese soll die Endung .svg haben.

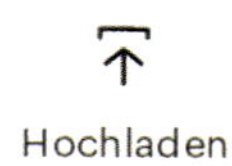

3. Gib dann eine Bildbezeichnung ein und tippe auf Hochladen.
4. Die Vorlage wird im Arbeitsbereich angezeigt. Ihre Position ist zunächst nicht relevant.

5.5.2 Die Karte markieren

Desktop & App

Um die Vorlage der Karte zu markieren, kannst du sie einfach anklicken (**App:** antippen). Es erscheint dann ein Rahmen um das markierte Objekt.

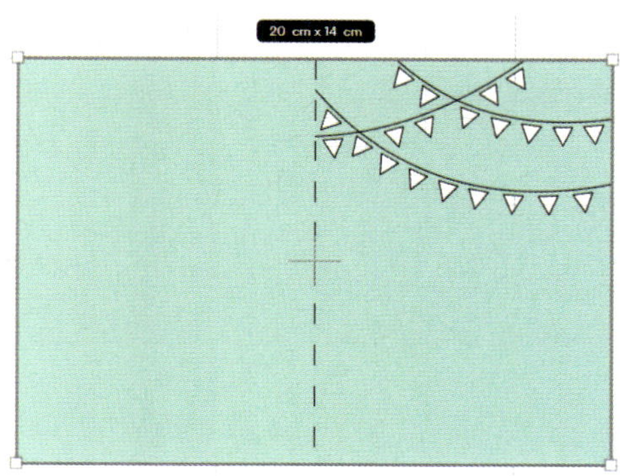

5.5.3 Größe der Karte festlegen

Lege nun die Größe für deine Karte fest. Ein oft genutztes Kartenformat ist 10 cm x 14 cm. Da es sich hier um eine Klappkarte handelt, brauchst du dafür eine Höhe von 14 cm und eine Breite von 20 cm.

Desktop-Version

1. Markiere die Karte.
2. Im oberen Menü findest du den Abschnitt GRÖSSE. Dort kannst du die Breite (B) und Höhe (H) in Zentimetern eingeben, indem du den Wert markierst und überschreibst oder indem du die Pfeile nach oben und unten dafür verwendest.

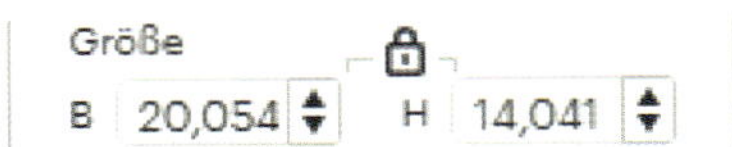

App

1. Markiere die Karte.
2. Tippe auf BEARBEITEN. Dort kannst du die Breite und Höhe in Zentimetern eintragen.

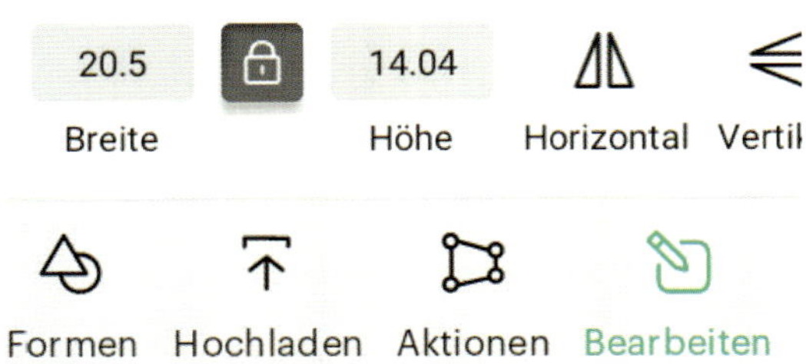

Hinweis

Wenn das kleine Vorhängeschloss-Symbol zwischen BREITE und HÖHE geschlossen ist, verändert sich die jeweils andere Größe proportional mit. Bei geöffnetem Vorhängeschloss-Symbol ist dies nicht der Fall.

Tipp

Alternativ hast du die Möglichkeit, die Größe direkt am Objekt zu verändern, indem du an den Anfassern an den Ecken ziehst. Wenn das Vorhängeschloss geöffnet ist, kannst du die Breite und Höhe unabhängig voneinander verändern. In der Desktop-Version kannst du Höhe und Breite zusätzlich unabhängig von der Einstellung des Vorhängeschlosses verändern, indem du an den Seitenlinien ziehst. An den Seiten ziehen ist nur in der Desktop-Version möglich, nicht in der App.

5.5.4 Linientypen und Funktionen zuweisen

Jetzt musst du den verschiedenen Linien, aus denen die Karte besteht, noch Funktionen zuweisen. Nur so weiß das Programm und der Plotter, welche Linien geschnitten, gezeichnet oder gefalzt werden sollen. Veränderst du die Funktion einer Linie, Form oder Schrift nicht, wird diese automatisch geschnitten. Die Karte enthält jedoch auch Linien, die gefalzt oder gezeichnet werden sollen.

Desktop-Version

1. Markiere die senkrechte Linie in der Mitte der Karte, indem du sie anklickst.
2. Gehe dann zur oberen Menüleiste und öffne das Auswahlmenü unter dem Menüpunkt BETRIEB. Dazu klickst du auf das kleine Dreieck neben der Funktion EINFACHER SCHNITT.
3. Wähle die Funktion FALZEN aus und klicke diese an. Die Linie wird nun gestrichelt dargestellt (sowohl in deinem Arbeitsbereich als auch in der Ebenenansicht am rechten Rand). Zusätzlich siehst du die ausgewählte Funktion auch in der Ebe-

nenansicht. In der ersten Zeile steht dort die Objektbezeichnung und in der zweiten Zeile ist die zugeordnete Funktion angegeben.

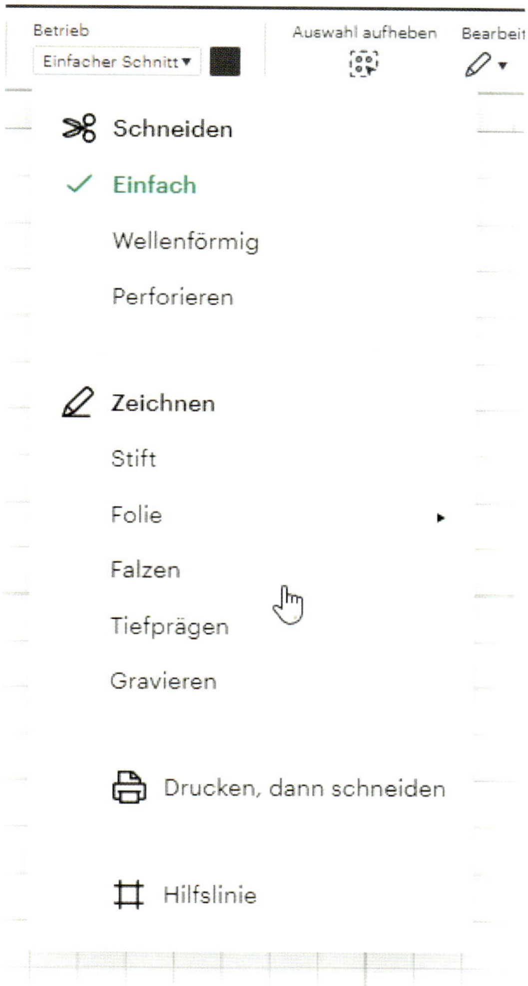

4. Markiere die drei Linien, an denen die Wimpel »hängen«, indem du die anklickst. Alternativ hast du die Möglichkeit, diese in der Ebenen-Ansicht am rechten Rand auszuwählen.

5. Gehe erneut zum Menüpunkt Betrieb und wähle im Auswahlmenü die Funktion Stift aus. Die Linien verändern ihr Aussehen dadurch nicht. (Wenn du die Linien in einer anderen Farbe zeichnen lassen möchtest, kannst du die Stiftfarbe und -art unter dem Menüpunkt Betrieb im Quadrat neben dem Auswahlmenü verändern. Dort kannst du verschiedene Cricut-Stifte und deren Farben einstellen, siehe dazu auch 5.10.3.)

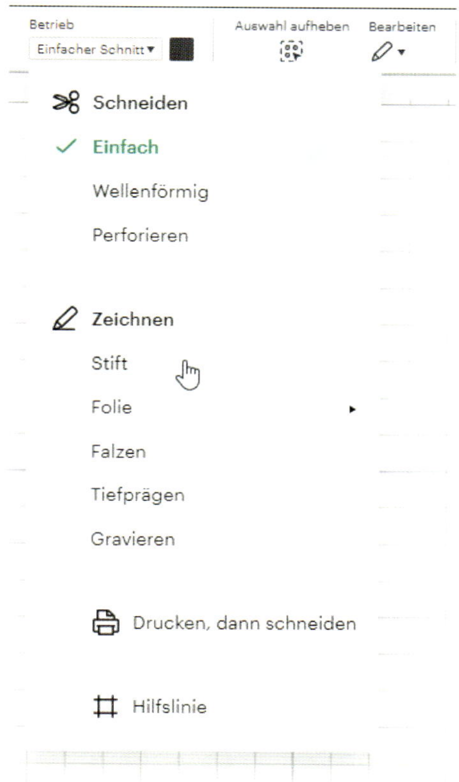

App

1. Tippe auf die Karte und gehe zum Menüpunkt Ebenen. Dort siehst du die Karte und die drei darin enthaltenen Ebenen. Wähle die Ebene der senkrechten Falzlinie aus (eventuell gibt es dazu kein Vorschaubild). Die Ebenen-Ansicht kannst du schließen, indem du das Menüfenster mittig am oberen Rand nach unten ziehst. So gelangst du zurück zum Arbeitsbereich. Dort siehst du nun die Karte, bei der nur die Falzlinie markiert ist.

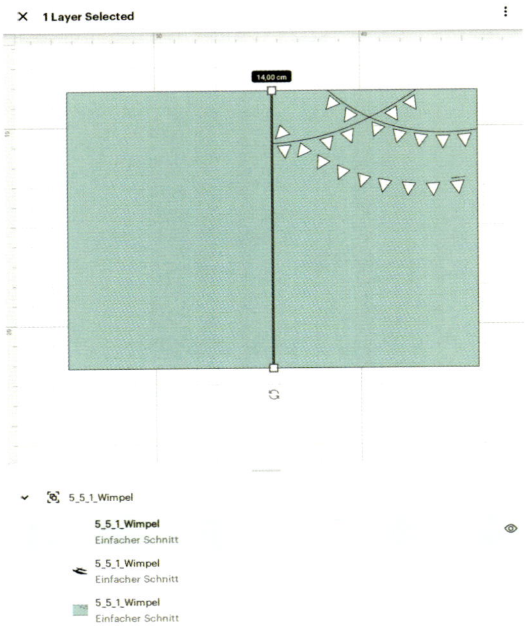

2. Tippe nun auf den Menüpunkt BEARBEITEN und danach auf BETRIEB > TYP (einfacher Schnitt). Jetzt kannst du die Betriebsart bzw. den Linientyp festlegen. Tippe auf FALZEN. Die Linie wird anschließend auf deiner Karte im Arbeitsbereich gestrichelt dargestellt.

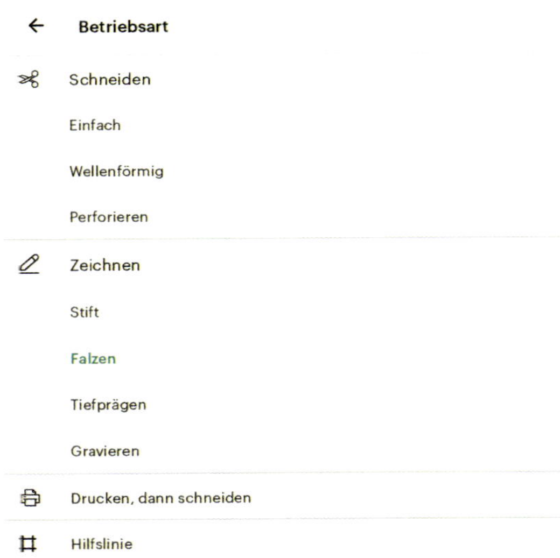

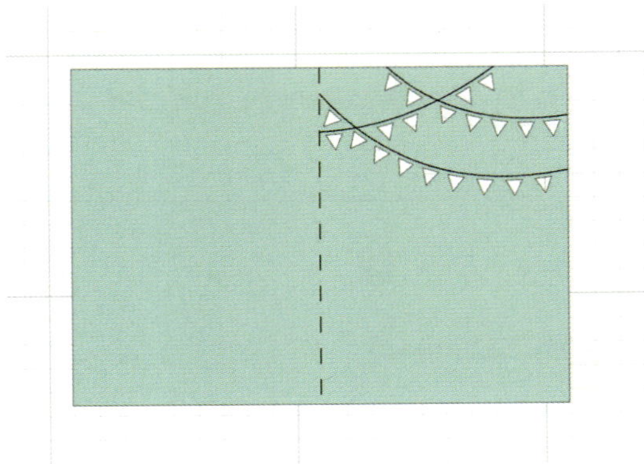

3. Tippe erneut im Arbeitsbereich auf die Karte und gehe zum Menüpunkt EBENEN. Wähle die Ebene mit den drei Linien, an denen die Wimpel »hängen«. Die Ebenen-Ansicht kannst du schließen, indem du das Menüfenster mittig am oberen Rand nach unten ziehst.

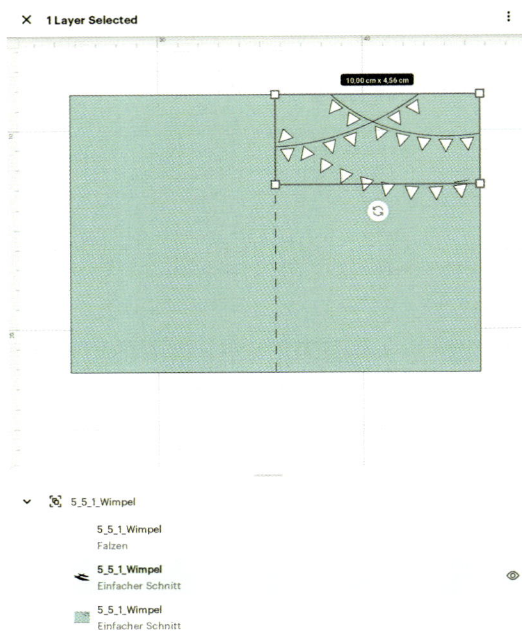

4. Wähle nun unter Menüpunkt BEARBEITEN > BETRIEB unter TYP die Betriebsart ZEICHNEN aus. So werden die Linien beim Plotten vom Cricut-Stift gezeichnet. Die Linien im Arbeitsbereich verändern ihr Aussehen

dadurch nicht. (Wenn du die Linien in einer anderen Farbe zeichnen lassen möchtest, kannst du die Stiftfarbe und -art unter dem Menüpunkt BETRIEB > STIFTTYP &-FARBE verändern. Dort kannst du verschiedene Cricut-Stifte und deren Farben einstellen.)

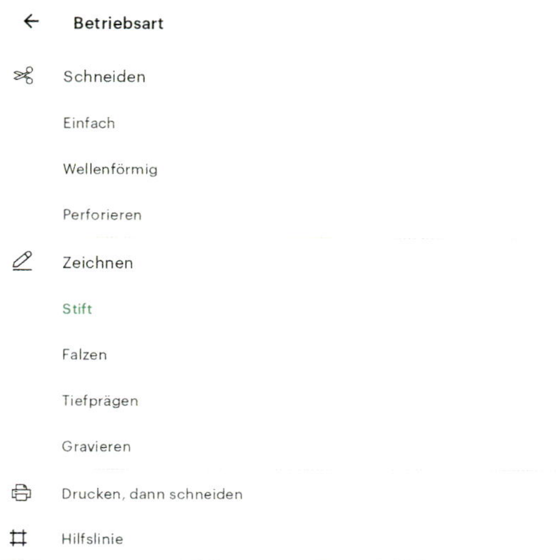

Hinweis

Wenn du einer Form die Funktionen STIFT zuweist, wird diese nur noch mit ihren Konturen dargestellt und die Füllung verschwindet. Diese Ansicht verändert sich sowohl auf deinem Arbeitsbereich als auch in der Ebenen-Übersicht.

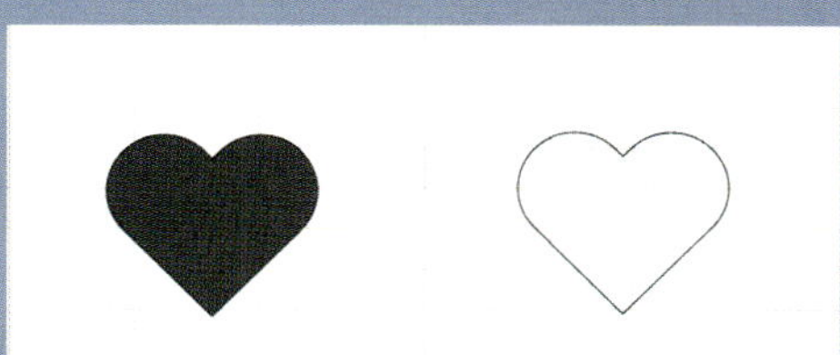

Hinweis

Falls du keinen Falzstift oder kein Falzrad hast, blende die gestrichelte Falzlinie aus. Bewege dazu den Cursor in der Ebenen-Übersicht über die entsprechende Ebene mit der Falzlinie und klicke am rechten Rand auf das nun erscheinende Augensymbol der Ebene. Diese ist dann auf der Vorlage nicht mehr sichtbar. (App: Tippe auf EBENEN, wähle dann die Ebene mit der Falzlinie in der Ebenen-Übersicht aus und klicke auf das Augensymbol am rechten Rand der Ebenen.)

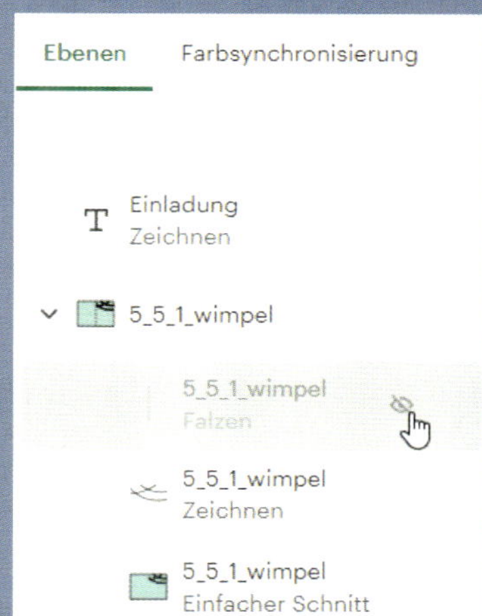

5.5.5 Mit Text arbeiten

Desktop & App

1. Klicke auf TEXT und schreibe deinen Wunschtext in das Textfeld.

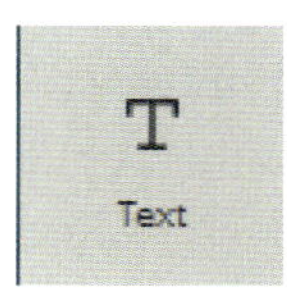

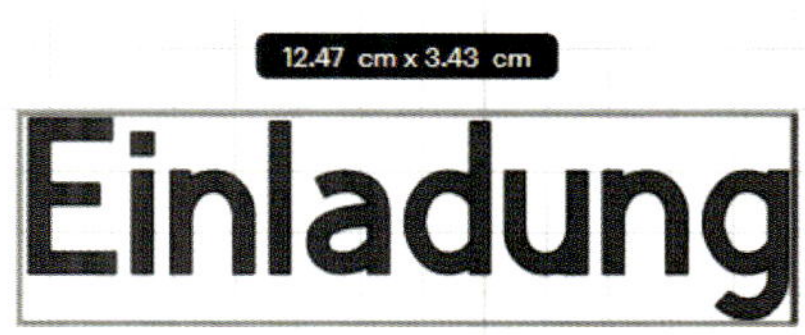

2. Diesen Text kannst du verschieben, indem du nach der Eingabe einmal außerhalb des Textfeldes klickst. Dabei verändert sich der Textrahmen und die Anfasser erscheinen. Klicke dann den Text an und ziehe ihn mit gedrückter Maustaste an die gewünschte Stelle (**App:** Tippe mit dem Finger auf den Text und ziehe ihn dann an die gewünschte Stelle).

3. Mithilfe des oberen Textmenüs kannst du den Text anpassen (**App:** Menüpunkt BEARBEITEN). Für die Auswahl der Schriftart wähle den Reiter SYSTEM aus, um zu kostenfreien Schriftarten zu gelangen, die du auf deinem Computer zur Verfügung hast. Wähle eine Schriftart aus. Deine Lieblingsschriftarten kannst du mit dem Lesezeichen am rechten Rand in der Schriftauswahl markieren. Diese findest du anschließend im Reiter MIT LESEZEICHEN MARKIERT schnell wieder.

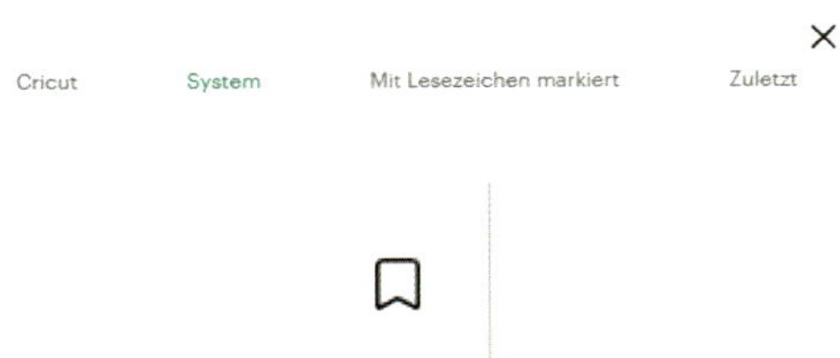

Tipp

In diesem Beispiel wurde die Cricut-Standard-Schrift »Cricut Sans« verwendet.

4. Passe die Schriftgröße über die Menüleiste an. Du kannst die Schriftgröße auch verändern, indem du Breite und Höhe des Textfeldes anpasst – entweder über die Eingabe beim Menüpunkt GRÖSSE (**App:** BEARBEITEN > Menüfeld GRÖSSE) oder durch ziehen an einer Ecke des Markierungsrahmens. Achte dabei darauf, dass das Vorhängeschloss-Symbol geschlossen ist.

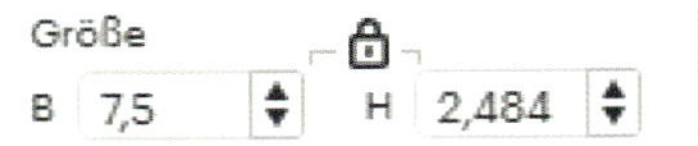

5. Im letzten Schritt markierst du den Text und wählst unter BETRIEB den Unterpunkt STIFT aus (**App:** BEARBEITEN > BETRIEB > TYP Stift). Automatisch ist dein schwarzer Fineliner ausgewählt, aber du kannst im Feld daneben auch andere Cricut-Stifte und Farben auswählen (**App:** BEARBEITEN > BETRIEB > STIFTETYP & -FARBE).

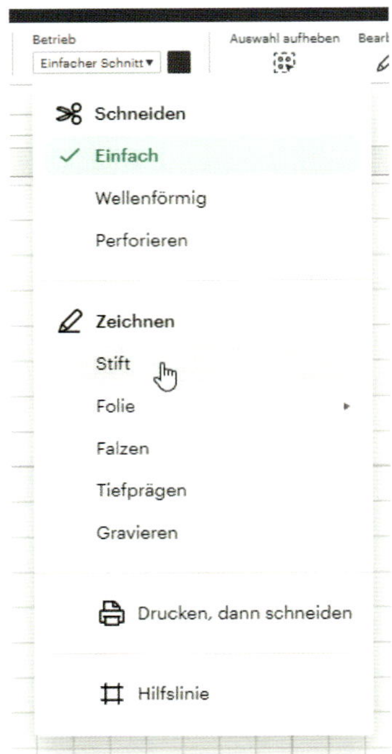

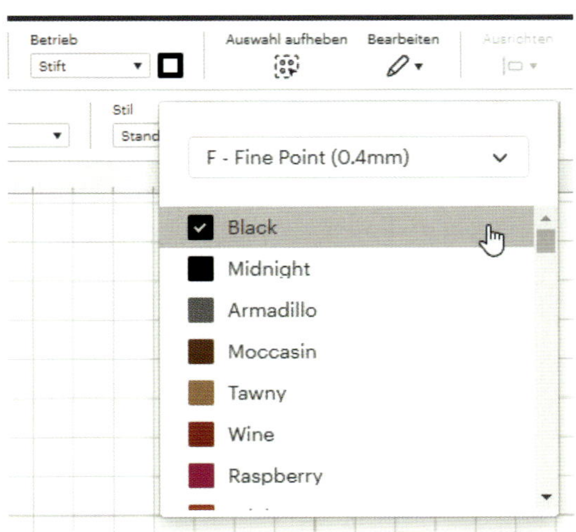

Hinweis

Beachte, dass der Fineliner nur die Außenkontur der Schrift nachzeichnet. Je nach Schriftgröße kannst du die Schrift noch per Hand ausmalen.

Tipp

Du kannst folgende Merkmale der Schrift verändern:

- **Schriftart**
- **Schriftschnitt (z.B. kursiv oder fett)**
- **Schriftgrad bzw. -größe**
- **Sperrsatz (Abstand zwischen den einzelnen Buchstaben des Wortes)**
- **Zeilenabstand**
- **Ausrichtung des Textes**
- **Kurve, um den Text zu biegen (nur Desktop-Version)**
- **Erweitert, um ein Wort z.B. in einzelne Buchstaben zu zerlegen (App: Menüpunkt Aktion > Buchstaben abgrenzen)**

5.5.6 Karte herstellen

Desktop-Version

1. Markiere die Karte und klicke auf Trennen.

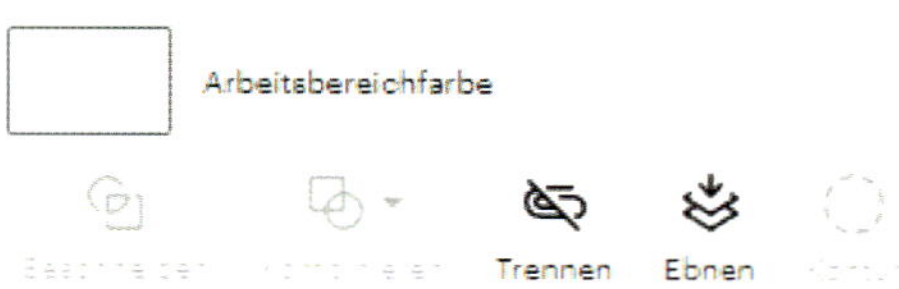

2. Markiere die Karte, die Linien, den dazugehörigen Text und gegebenenfalls die Falzlinie. Ziehe dazu mit gedrückter linker Maustaste ein Rechteck über alle Objekte. Alternativ kannst du am rechten Bildschirmrand alle Ebenen markieren, indem du sie mit gedrückter Umschalttaste nacheinander einmal anklickst. Klicke dann Verbinden unten rechts im Menü. So bleibt die Anordnung von Karte, Linien, Text und gegebenenfalls Falzlinie beim Herstellen erhalten.

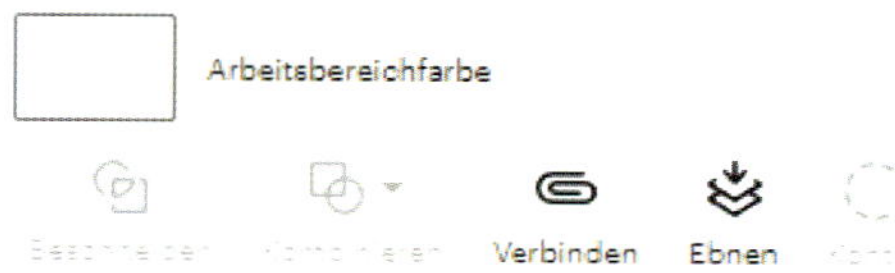

3. Klicke anschließend auf Herstellen oben rechts. Wähle anschließend aus, dass du dein Projekt auf einer Matte plotten möchtest. Jetzt siehst du dein Projekt auf der Schneidematte und weißt so, wo du das Material aufbringen musst und wo es geschnitten wird. Du kannst das Projekt auch markieren und frei auf der Matte verschieben.

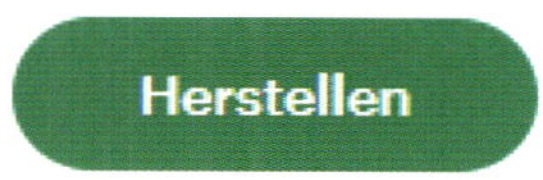

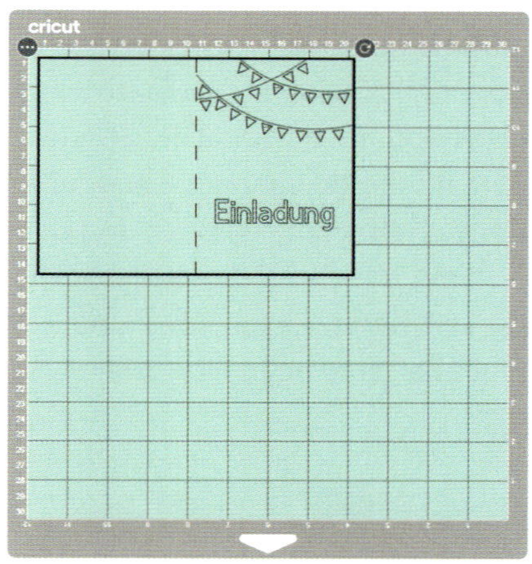

4. Klebe nun dein Tonpapier auf die Schneidematte. Das Tonpapier sollte am besten ein bis zwei Zentimeter größer sein als die Karte. Drücke das Papier mit einer Rakel fest.

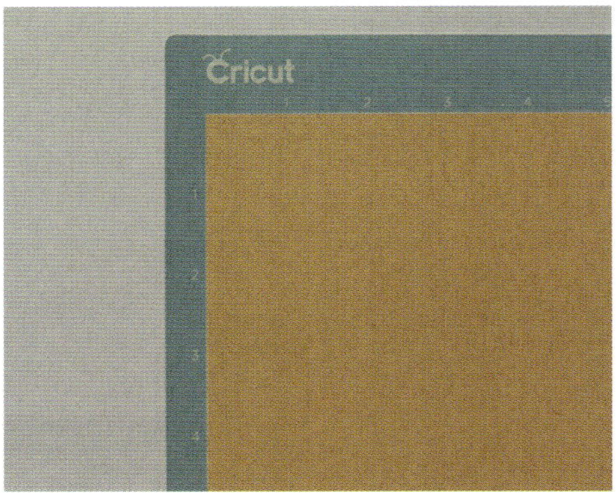

App

1. Markiere die Karte und tippe auf Aktionen und dann auf den Punkt Trennen.

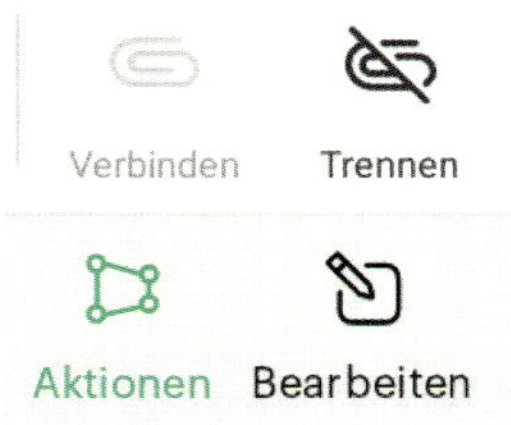

2. Markiere die Karte, die Linien, den dazugehörigen Text und gegebenenfalls die Falzlinie. Ziehe dazu mit dem Finger ein Rechteck über alle Objekte. Alternativ kannst du im Menüpunkt Ebenen alle Ebenen markieren, indem du sie nacheinander einmal antippst. Tippe auf Aktionen und dann auf den Punkt Verbinden. So bleibt die Anordnung von Karte, Linien, Text und gegebenenfalls Falzlinie beim Herstellen erhalten.

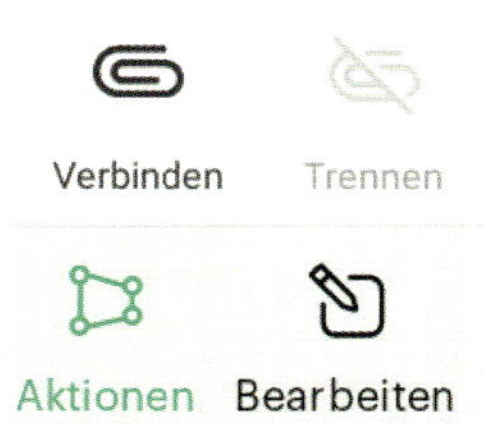

3. Tippe anschließend auf Herstellen oben rechts. Wähle anschließend aus, dass du dein Projekt auf einer Matte plotten möchtest. Im nächsten Schritt wird die Herstellung vorbereitet und du siehst in einer Übersicht den eingestellten Betrieb, die Materialladung und -größe. Hier musst du keine Einstellungen vornehmen, klicke auf Weiter. Jetzt siehst du dein Projekt auf der Schneidematte und weißt so, wo du das Material aufbringen musst und wo es geschnitten wird. Du kannst das Projekt auch markieren und frei auf der Matte verschieben oder drehen.

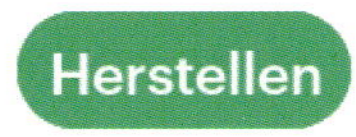

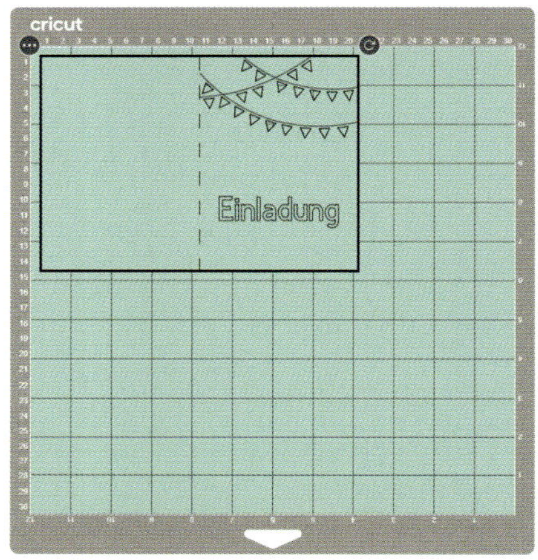

4. Klebe dein Tonpapier auf die Schneidematte. Das Tonpapier sollte am besten ein bis zwei Zentimeter größer sein als die Karte. Drücke das Papier mit einer Rakel fest.

Desktop & App

Einstellung des Grundmaterials

1. Schalte deinen Cricut Maker 3 ein.
2. Klicke auf Fortfahren im *Cricut Design Space*.
3. Wähle jetzt dein Grundmaterial aus. Klicke auf Alle Materialien durchstöbern und wähle in der Kategorie Farbkarton > Leichter Farbkarton aus oder ein anderes Material, das zu deinen Papier-Eigenschaften passt. Materialien, die du häufiger verwendest, kannst du in der Materialauswahl mit

einem Lesezeichen am rechten Rand markieren. Diese Materialien werden dir direkt unter BASISMATERIAL EINSTELLEN angezeigt.

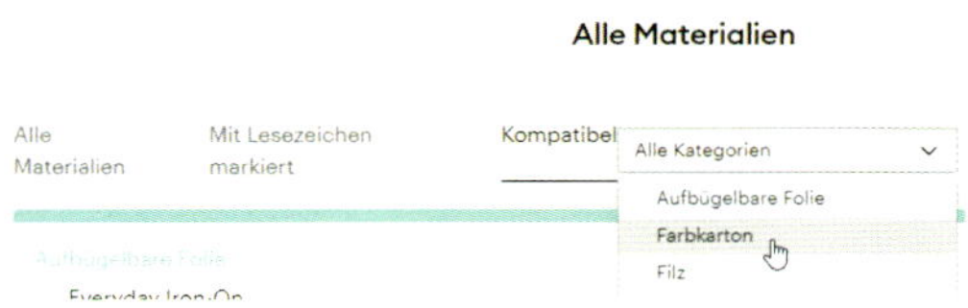

4. Klicke anschließend auf FERTIG.

Werkzeuge und Material laden

1. Falls du Falzlinien bearbeitest: Über WERKZEUGE BEARBEITEN kannst du angeben, ob du mit einem Falzstift oder Falzrad arbeitest.

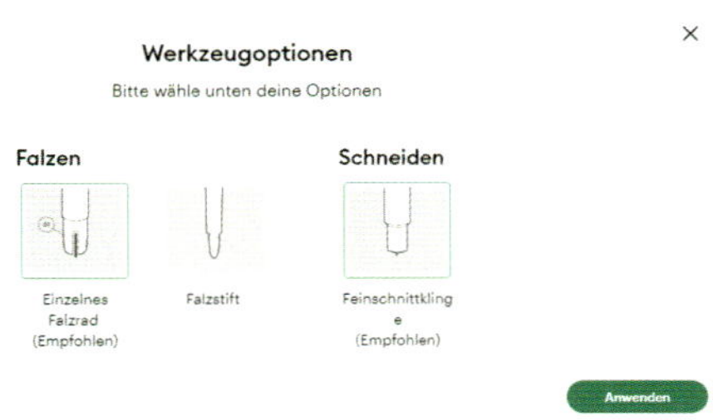

2. Das Programm sagt dir nun, welche Werkzeuge du in deinem Cricut Maker 3 einsetzen musst und wann du diese wechseln sollst.
3. Das Programm führt dich jetzt durch alle weiteren Arbeitsschritte.

Nach dem Plotten

Wenn der Cricut Maker 3 alle Arbeitsschritte ausgeführt hat und du die Schneidematte wieder entnommen hast, musst du das Papier vorsichtig von der Schneidematte lösen.

1. Drehe dazu die Schneidematte mit dem Papier nach unten und löse sie vorsichtig vom Papier ab. So wird das Papier nicht unnötig gewellt. Ein kleiner Spatel kann beim Ablösen hilfreich sein.

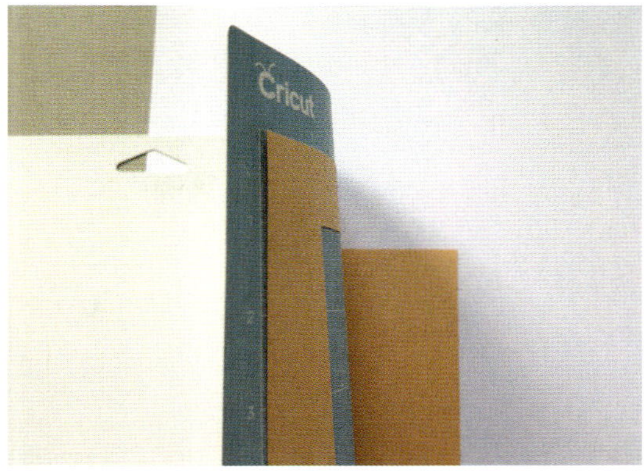

2. Entferne alle übrigen Papierreste von der Schneidematte (z.B. mit dem Spatel oder einer Pinzette).
3. Klicke im Design Space auf FERTIG.

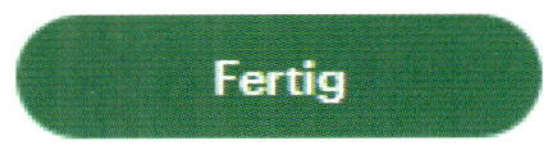

4. Gehe zurück in den Arbeitsbereich. Markiere und lösche dort die Karte für einen leeren Arbeitsbereich.

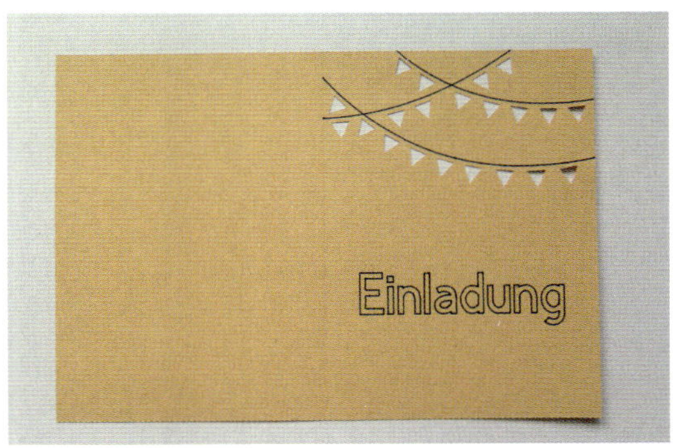

5.5.7 Kartenhintergrund hochladen, erstellen und herstellen

Auf die gleiche Weise, wie du eben die Karte erstellt hast, kannst du auch den Kartenhintergrund mit der dazugehörigen Vorlage 5_5_1_Hintergrund_rechteckig erstellen. Dieser muss nur geschnitten werden. Er sollte etwas kleiner als deine zusammengefaltete Karte sein. Passe die Einstellung des Grundmaterials an die Eigenschaften deines Papiers an.

1. Lade die Vorlage 5_5_1_Hintergrund_rechteckig in den *Cricut Design Space*.
2. Passe die Größe der Vorlage an.
3. Stelle den Kartenhintergrund her.

5.5.8 Karte falten und zusammenkleben

1. Falte die Karte in der Mitte.
2. Klebe den Hintergrund mit der Oberseite hinter die Kartenvorderseite.

5.6 Projekt 2: Material Vinyl: Schriftzug

Projekt ohne Vorlage

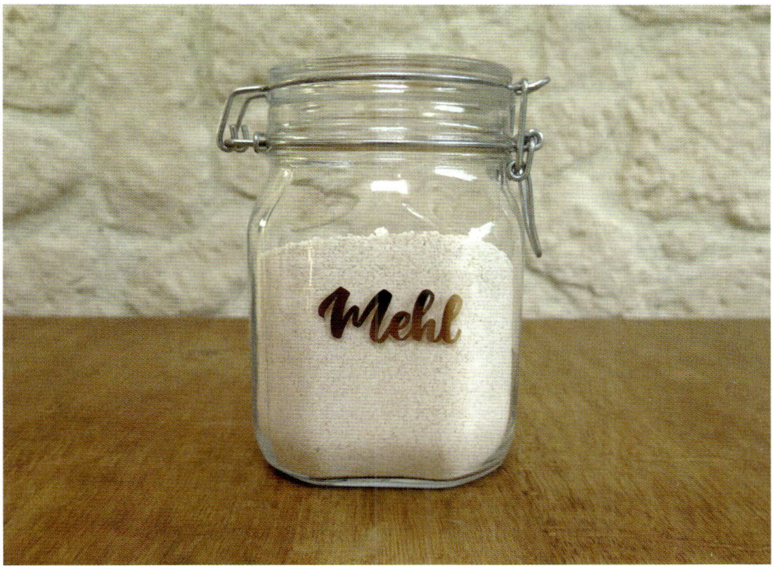

In diesem Projekt lernst du folgende Arbeitsschritte:

- mit Text arbeiten
- Material auswählen
- Plotterwerkzeuge festlegen
- eine Vorlage mit Vinyl herstellen und entgittern
- Transferfolie für Vinyl verwenden

Material

- Cricut Maker 3 mit Feinschnittklinge (im Lieferumfang enthalten)
- PC bzw. Laptop mit *Cricut Design Space*-Software oder Handy bzw. Tablet mit *Cricut Design Space*-App
- Schneidematte
- Vinyl (oder Smart Vinyl ohne Schneidematte) in deiner gewünschten Farbe
- Rakel
- Transferfolie
- Entgitterhaken

Desktop & App

5.6.1 Projekt erstellen

1. Als Erstes musst du das *Cricut Design Space*-Programm (Desktop-Version oder App) starten und dich gegebenenfalls anmelden.
2. Im Programm gehst du zum Arbeitsbereich, dazu musst du in der Desktop-Version auf NEUES PROJEKT klicken.

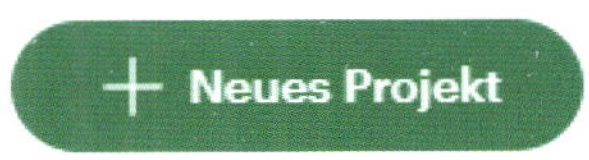

5.6.2 Mit Text arbeiten

1. Klicke auf TEXT und schreibe deinen Wunschtext in das Textfeld.

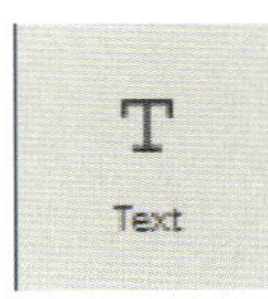

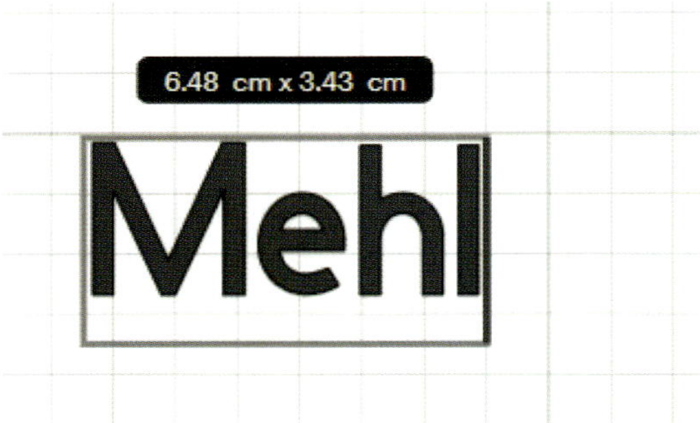

2. Diesen Text kannst du verschieben, indem du nach der Eingabe einmal außerhalb des Textfeldes klickst. Dabei verändert sich der Textrahmen und die Anfasser erscheinen. Klicke dann den Text an und ziehe ihn mit gedrückter Maustaste an die gewünschte Stelle (**App:** Tippe mit dem Finger auf den Text und ziehe ihn dann an die gewünschte Stelle).

3. Mithilfe des oberen Textmenüs kannst du den Text anpassen. (**App:** Menüpunkt BEARBEITEN). Bei der Auswahl der Schriftart wähle den Reiter SYSTEM aus, um zu kostenfreien Schriftarten zu gelangen, die du auf deinem Computer zur Verfügung hast. Wähle eine Schriftart aus. Deine Lieblingsschriftarten kannst du mit dem Lesezeichen am rechten Rand in der Schriftauswahl markieren. Diese findest du anschließend im Reiter MIT LESEZEICHEN MARKIERT schnell wieder.

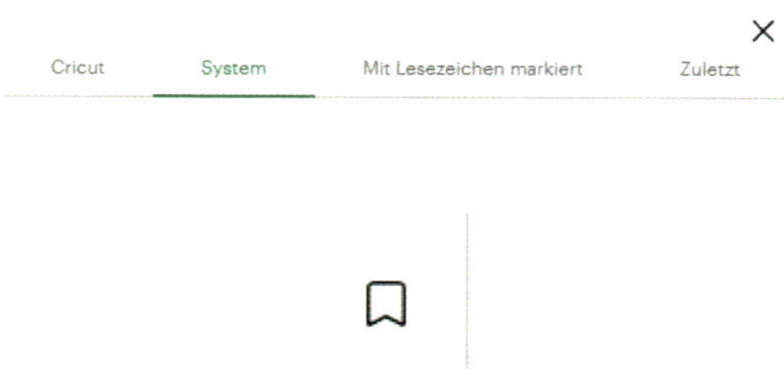

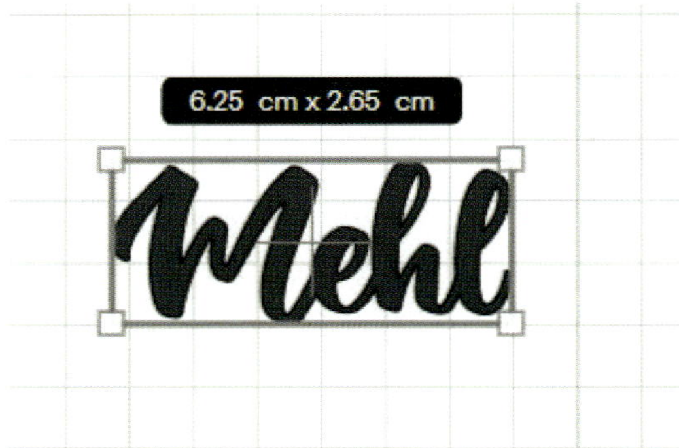

4. Passe die Schriftgröße in der Menüleiste an. Du kannst die Schriftgröße auch verändern, indem du Breite und Höhe des Textfeldes anpasst – entweder über die Eingabe beim Menüpunkt GRÖSSE (**App:** BEARBEITEN > Menüfeld GRÖSSE) oder durch Ziehen an einer Ecke des Markierungsrahmens. Achte dabei darauf, dass das Vorhängeschloss-Symbol geschlossen ist.

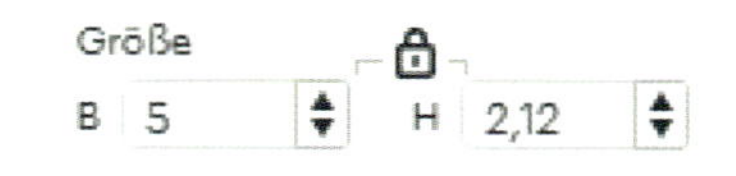

Hinweis

Wenn du eine Schreibschrift gewählt hast, bei der sich die Buchstaben überschneiden, markiere den Text und benutze die Funktion KOMBINIEREN > VERSCHWEISSEN (App: Menüpunkt AKTIONEN > KOMBINIEREN > VERSCHWEISSEN).

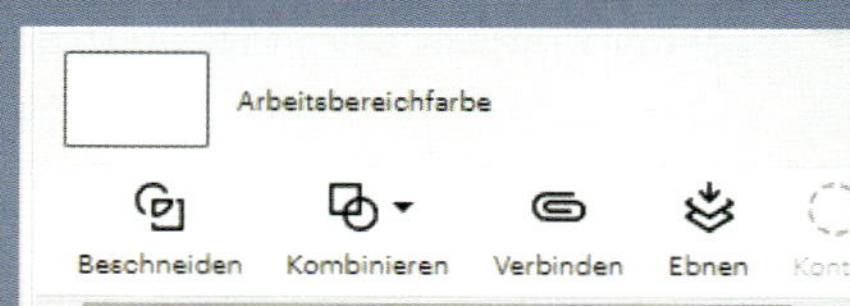

Tipp

In diesem Beispiel wurde die Schriftart »Ontel« verwendet.

Hinweis

Um ein Textfeld zu markieren, kannst du es einfach anklicken (**App:** antippen). Es erscheint dann ein Rahmen um das markierte Objekt.

Wenn du mehrere Textfelder zueinander ausrichten möchtest, musst du sie zuerst alle markieren. Ziehe dazu mit gedrückter linker Maustaste ein Rechteck über die Objekte (**App:** Ziehe mit dem Finger ein Rechteck über die Objekte). Alternativ kannst du am rechten Bildschirmrand die entsprechenden Ebenen markieren, indem du sie mit gedrückter Umschalttaste nacheinander einmal anklickst (**App:** Gehe zum Menüpunkt EBENEN und tippe beide Ebenen nacheinander an, um sie zu markieren).

Um die markierten Textfelder dann zueinander auszurichten, klicke im oberen Menü auf AUSRICHTEN (**App:** Tippe im Menü BEARBEITEN auf AUSRICHTEN). Wähle dann die gewünschte Ausrichtung aus.

App: Alternativ kannst du die Textfelder beim Verschieben mithilfe der *Smart Guide-Führungen* aneinander ausrichten lassen. Dies wird durch farbige Hilfslinien angezeigt. Die *Smart Guide-Führungen* aktivierst du unter dem Menüpunkt EINSTELLUNGEN im Arbeitsbereich (Zahnradsymbol).

Tipp

Du kannst folgende Merkmale der Schrift verändern:

- Schriftart
- Schriftschnitt (z.B. kursiv oder fett)
- Schriftgrad bzw. -größe
- Sperrsatz (Abstand zwischen den einzelnen Buchstaben des Wortes)
- Zeilenabstand
- Ausrichtung des Textes
- Kurve, um den Text zu biegen (nur Desktop-Version)
- Erweitert, um ein Wort z.B. in einzelne Buchstaben zu zerlegen (**App:** Menüpunkt AKTION > BUCHSTABEN ABGRENZEN)

5.6.3 Schriftzug herstellen

1. Klicke nun auf HERSTELLEN. Wähle anschließend aus, dass du dein Projekt auf einer Matte plotten möchtest.

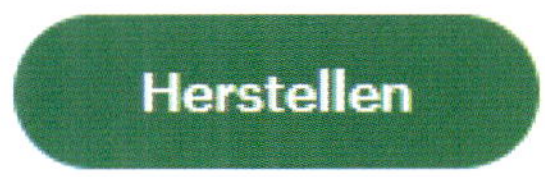

2. Jetzt siehst du dein Projekt auf der Schneidematte und weißt so, wo du das Material aufbringen musst und wo es geschnitten wird. Du kannst das Projekt auch markieren und frei auf der Matte verschieben.
3. Klebe dein Vinyl mit der farbigen Seite nach oben auf die Schneidematte. Das Vinyl sollte am besten ein bis zwei Zentimeter größer sein als der Schriftzug. Drücke das Vinyl mit einer Rakel fest.

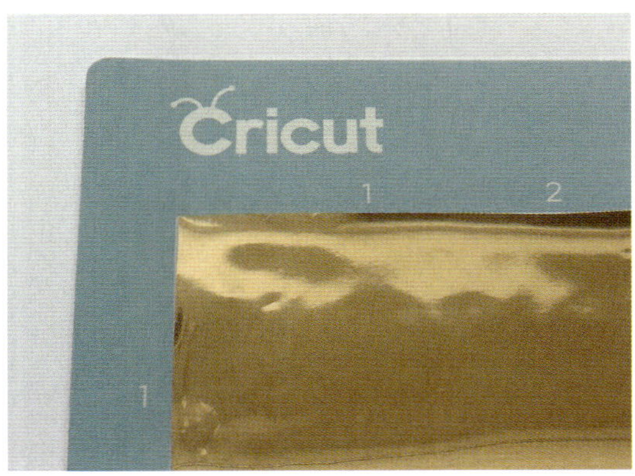

Einstellung des Grundmaterials

1. Schalte deinen Cricut Maker 3 ein.
2. Klicke auf FORTFAHREN im *Cricut Design Space*.
3. Wähle dein Grundmaterial aus. Klicke auf ALLE MATERIALIEN DURCHSTÖBERN und wähle in der Kategorie VINYL > VINYL aus oder ein anderes Material, das zu den Eigenschaften deines Vinyls oder deiner Klebefolie passt. Materialien, die du häufiger verwendest, kannst du in der Materialauswahl mit einem Lesezeichen am rechten Rand markieren. Diese Materialien werden dir direkt unter »Basismaterial einstellen« angezeigt.

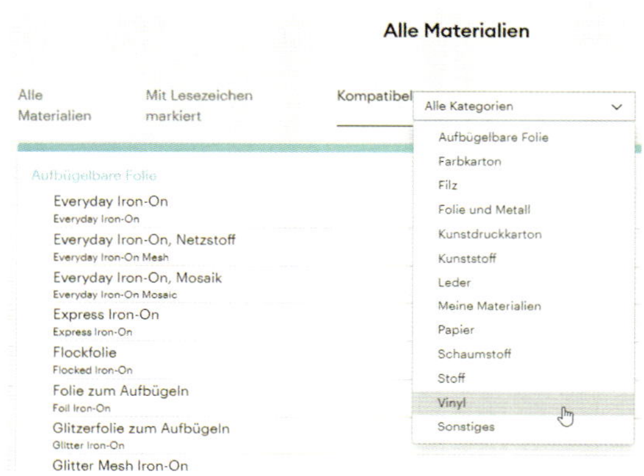

4. Klicke anschließend auf FERTIG.

Werkzeuge und Material laden

1. Das Programm sagt dir nun, welches Werkzeug du in deinem Cricut Maker 3 einsetzen musst.

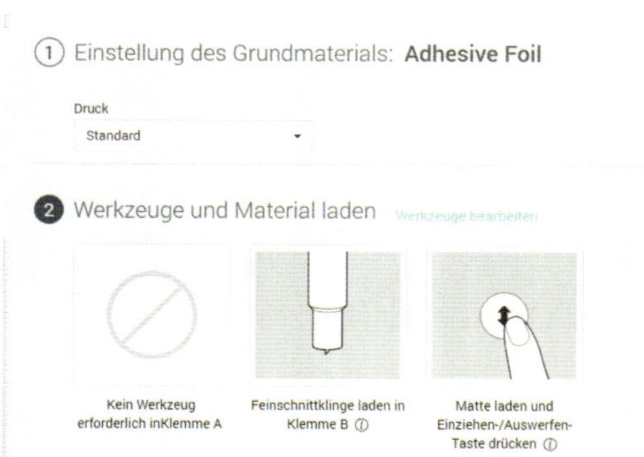

2. Das Programm führt dich durch alle Arbeitsschritte.

Nach dem Plotten

Wenn der Cricut Maker 3 alle Arbeitsschritte ausgeführt hat und du die Schneidematte wieder entnommen hast, löse das Vinyl mit seiner Unterseite vorsichtig von der Schneidematte ab.

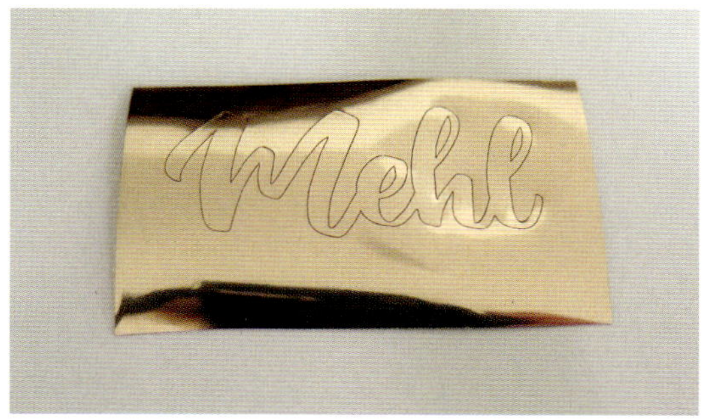

5.6.4 Schriftzug entgittern

Entferne mit einem Entgitterhaken alle Vinylteile, die nicht zu deinem Schriftzug gehören und die du nicht aufkleben möchtest.

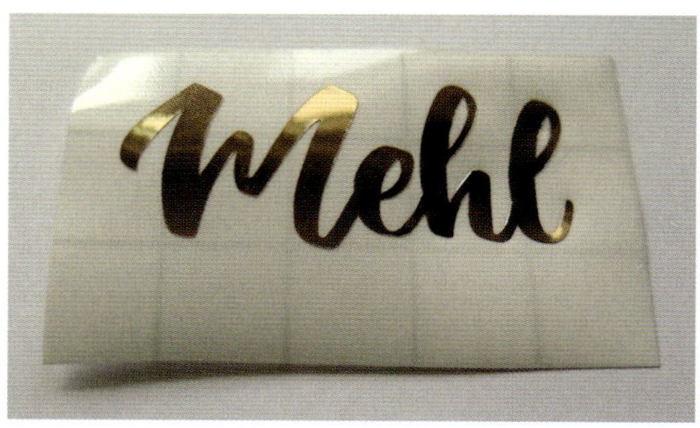

5.6.5 Transferfolie aufkleben

1. Schneide ein Stück Transferfolie in passender Größe zu deinem Schriftzug aus. Achte darauf, dass die Klebestärke der Transferfolie zu deinem Vinyl passt.
2. Löse die Unterseite der Transferfolie ab und platziere die durchsichtige Transferfolie auf deinem Schriftzug. Drücke

die Transferfolie mit einer Rakel an den Schriftzug an.

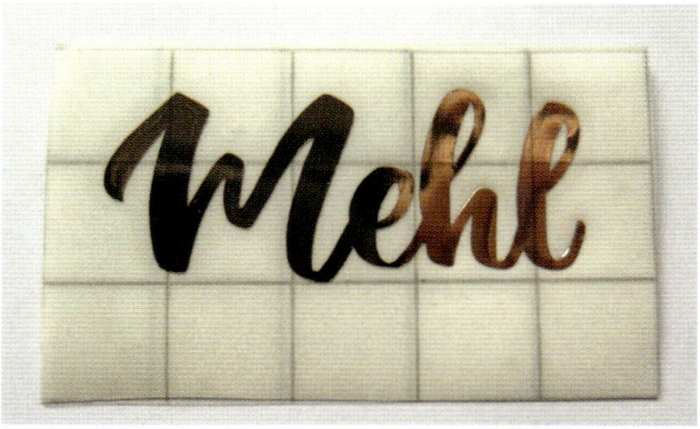

3. Löse die Unterseite des Vinyls ab und achte darauf, dass der Vinylschriftzug an der Transferfolie kleben bleibt.

5.6.6 Schriftzug aufkleben und Transferfolie entfernen

1. Positioniere den Schriftzug mit der Transferfolie auf deinem Wunschuntergrund. Dieser sollte fettfrei, glatt, trocken und sauber sein.

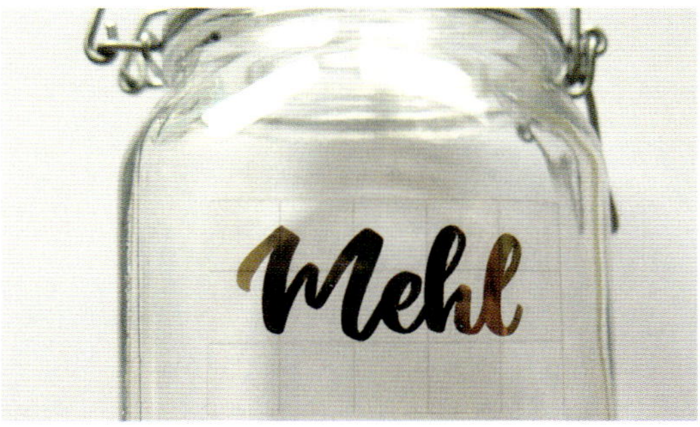

2. Drücke den Schriftzug mit der Rakel fest und löse die Transferfolie vorsichtig ab, sodass der Schriftzug auf dem Untergrund kleben bleibt.

Hinweis

Projekt mit Smart Vinyl umsetzen

Du kannst das Projekt auch mit Smart Vinyl (ohne Schneidematte) umsetzen. Beachte dabei, dass das Smart-Vinyl-Material eine Mindestgröße von 15 x 33 cm besitzen muss. Wähle dann nach dem Arbeitsschritt HERSTELLEN aus, dass du Smart-Material plotten möchtest.

Die Vorteile bei der Nutzung von Smart-Vinyl sind, dass das Material nicht auf der Matte verrutschen kann und der Cricut Maker 3 schneller arbeitet.

Tipp 1: Um ein Stück Smart-Vinyl mehrmals nutzen zu können, füge ein Rechteck oder einen Offset um dein Projekt herum ein. So kannst du dieses nach dem Plotten entgittern und mit Transfer-Folie ablösen, ohne das Smart Vinyl zerschneiden zu müssen. Beim nächsten Projekt musst du vor dem Plotten dann darauf achten, das Projekt in der Vorschau an einer ungenutzten Stelle auf dem Smart-Vinyl-Stück zu platzieren.

Tipp 2: Reststücke des Smart-Vinyl, die nicht den Mindestmaßen entsprechen, musst du nicht wegwerfen. Nutze sie einfach wie gewöhnliches Vinyl auf einer Schneidematte.

5.7 Projekt 3: Material Bügelfolie: Geschenksäckchen Vogel

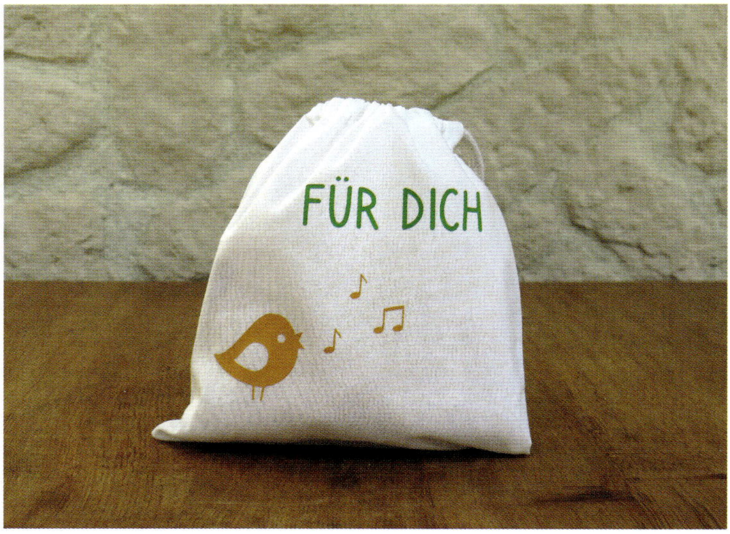

In diesem Projekt lernst du folgende Arbeitsschritte:

- eine Vorlage in den Arbeitsbereich hochladen
- eine Vorlage markieren
- die Größe einer Vorlage verändern
- mit Text arbeiten
- Material auswählen
- Plotterwerkzeuge festlegen
- Motive und Schriftzüge entgittern
- Motive und Schriftzüge aufbügeln

Material

- Cricut Maker 3 mit Feinschnittklinge (im Lieferumfang enthalten)
- PC bzw. Laptop mit *Cricut Design Space*-Software oder Handy bzw. Tablet mit *Cricut Design Space*-App
- Schneidematte
- Bügelfolie (oder Smart Iron-on ohne Schneidematte) in deiner Lieblingsfarbe
- Geschenksäckchen z.B. in der Größe 19,5 cm x 16 cm. Das Material sollte sich dabei für deine Bügelfolie eignen (z.B. 100% Baumwolle)
- Rakel
- Entgitterhaken
- Haushaltsbügeleisen oder eine Cricut-Heißpresse und geeignete Unterlage (kein Bügelbrett, besser z.B. Bügeldecke oder -kissen)
- Backpapier oder Teflon-Bügelfolie
- Vorlage: 5_7_Geschenksaeckchen_Vogel

Dieses Projekt besteht aus zwei verschiedenfarbigen Teilen – einem Motiv und einem Text. Diese werden in dieser Anleitung getrennt bearbeitet. Natürlich ist es auch möglich, Motiv und Schrift zusammen im Arbeitsbereich zu bearbeiten, wenn du mit der Arbeit mit verschiedenen Farben vertraut bist.

5.7.1 Vorlage für Motiv hochladen

1. Lade die Vorlage aus dem Internet herunter (siehe Abschnitt 4.1).

2. Starte das *Cricut Design Space*-Programm (Desktop-Version oder App) und melde dich gegebenenfalls an.

Desktop-Version

1. Du befindest dich auf der Startseite. Klicke auf Neues Projekt. So gelangst du zum Arbeitsbereich.

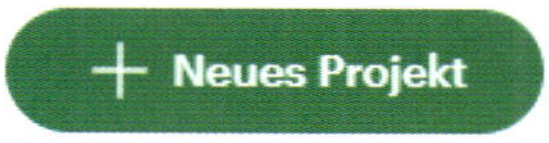

2. Klicke auf Hochladen > Bild hochladen und dann auf Durchsuchen. Hier musst du den Ordner wählen, in dem die Vorlage liegt, die du öffnen willst. Wenn du die Vorlagen gerade heruntergeladen hast, findest du sie vermutlich im Ordner Downloads. Diese Vorlage sollte die Endung .svg haben.

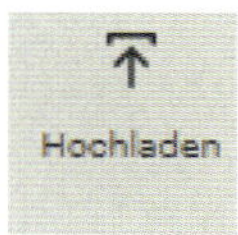

3. Klicke einmal auf die Vorlage 5_7_Geschenksaeckchen_Vogel und anschließend auf Öffnen. Dann siehst du im Programm ein Vorschaubild deiner Vorlage und kannst auf der rechten Seite die Bildbezeichnung bzw. den Namen der Vorlage im Formularfeld verändern, wenn du möchtest.
4. Klicke auf Hochladen. Du findest die Vorlage nun in der Kategorie Zuletzt hochgeladen unten links. Wähle sie aus (ein grüner Rahmen erscheint) und klicke auf Zum Arbeitsbereich hinzufügen. Das Projekt erscheint daraufhin in deinem Arbeitsbereich.
5. Die Vorlage wird nun im Arbeitsbereich angezeigt. Ihre Position ist zunächst nicht relevant.

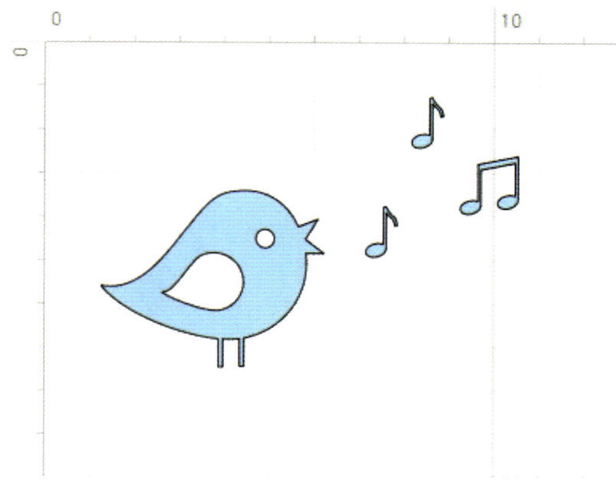

App

1. Tippe oben rechts auf die Schaltfläche Arbeitsbereich.
2. Tippe auf Hochladen > Aus der Fotobibliothek auswählen und rufe die Vorlage 5_7_Geschenksaeckchen_Vogel auf. Diese soll die Endung .svg haben.

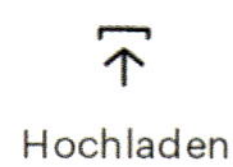

3. Gib dann eine Bildbezeichnung ein und tippe auf Hochladen .
4. Die Vorlage wird nun im Arbeitsbereich angezeigt. Ihre Position ist zunächst nicht relevant.

5.7.2 Das Motiv markieren

Desktop & App

Um das Motiv zu markieren, kannst du es einfach anklicken (**App:** antippen). Es erscheint dann ein Rahmen um das markierte Objekt.

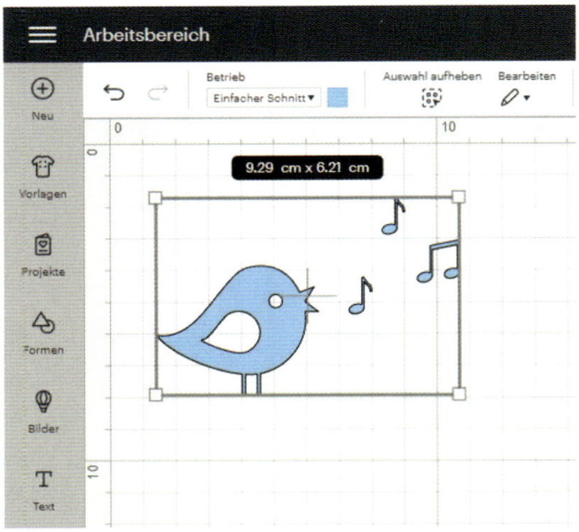

5.7.3 Größe des Motivs festlegen

Lege nun die Größe des Motivs fest. Miss dazu dein Geschenksäckchen aus und überlege dir, wie groß das Motiv sein soll.

Desktop-Version

1. Markiere das Motiv.
2. Im oberen Menü findest du den Abschnitt GRÖSSE. Dort kannst du die Breite (B) und Höhe (H) in Zentimetern eingeben.

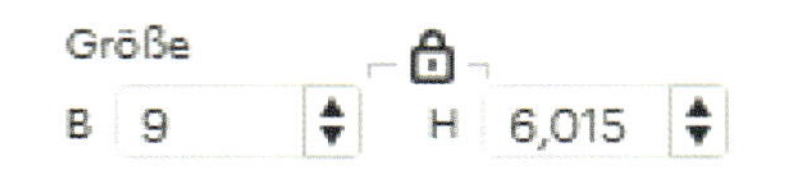

3. Klicke im Menü unten rechts auf VERBINDEN, damit die Anordnung der Elemente erhalten bleibt.

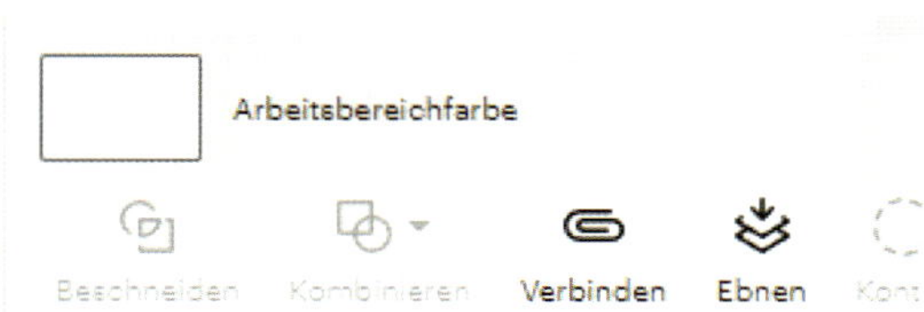

App

1. Markiere das Motiv.
2. Tippe auf BEARBEITEN. Dort kannst du die Breite und Höhe in Zentimetern eintragen.

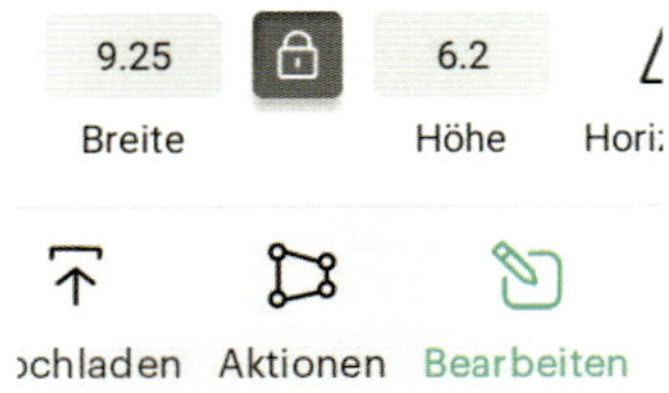

3. Klicke im Menü unten auf AKTION > VERBINDEN, damit die Anordnung der Elemente erhalten bleibt.

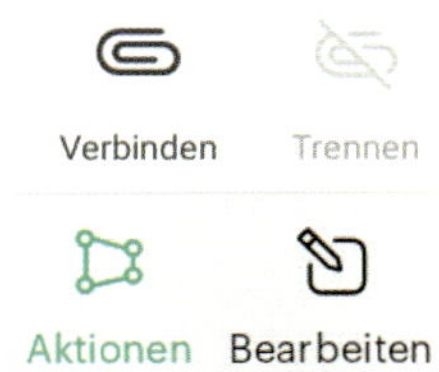

Hinweis

Wenn das kleine Vorhängeschloss-Symbol zwischen Breite und Höhe geschlossen ist, verändert sich die jeweils andere Größe proportional mit. Bei geöffnetem Vorhängeschloss-Symbol ist dies nicht der Fall.

Tipp

Alternativ hast du die Möglichkeit, die Größe direkt am Objekt zu verändern, indem du an den Anfassern an den Ecken ziehst. Wenn das Vorhängeschloss geöffnet ist, kannst du die Breite und Höhe unabhängig voneinander verändern. In der Desktop-Version kannst du Höhe und Breite zusätzlich unabhängig von der Einstellung des Vorhängeschlosses verändern, indem du an den Seitenlinien ziehst.

5.7.4 Motiv herstellen

Desktop-Version

1. Klicke auf Herstellen. Wähle anschließend aus, dass du dein Projekt auf einer Matte plotten möchtest. Jetzt siehst du dein Projekt auf der Schneidematte und weißt so, wo du das Material aufbringen musst und wo es geschnitten wird. Du kannst das Projekt auch markieren und frei auf der Matte verschieben.

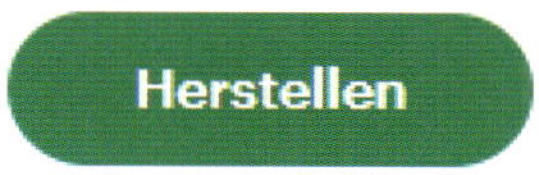

2. Wenn das Motiv so aufgebügelt werden soll, wie du es im Arbeitsbereich siehst, musst du es zuerst noch spiegeln. Aktiviere hierzu die Option Spiegeln. Du findest die Option in der linken Leiste.

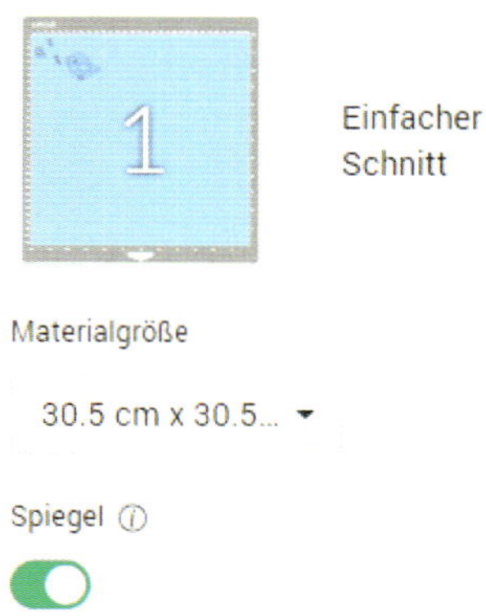

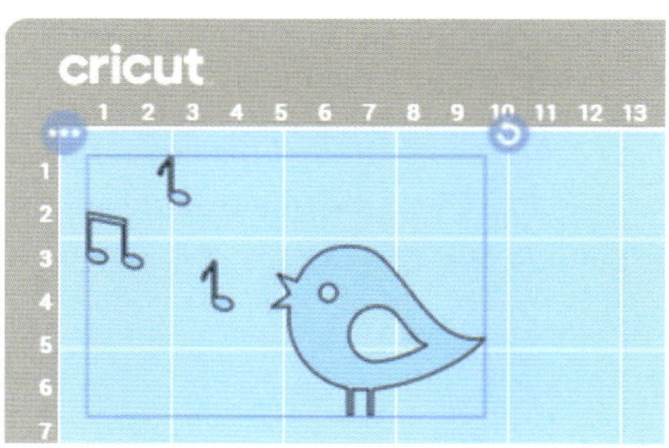

3. Klebe deine Bügelfolie mit der farbigen Seite nach unten auf die Schneidematte (beachte die Hinweise des Herstellers der Bügelfolie). Die Bügelfolie sollte am besten ein bis zwei Zentimeter größer sein als das Motiv. Drücke die Bügelfolie mit einer Rakel fest.

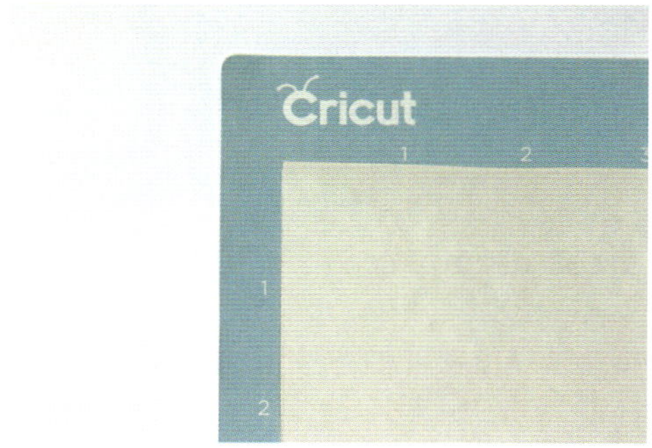

App

1. Tippe auf Herstellen oben rechts. Wähle anschließend aus, dass du dein Projekt auf einer Matte plotten möchtest. Im nächsten Schritt wird die Herstellung vorbereitet und du siehst in einer Übersicht den eingestellten Betrieb, die Materialladung und -größe.

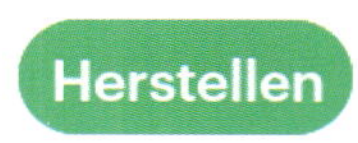

2. Wenn das Motiv so aufgebügelt werden soll, wie du es im Arbeitsbereich siehst, musst du es zuerst noch spiegeln. Dazu ziehst du den Schieberegler neben Spiegeln (Für Iron-on) nach rechts. Der Schieberegler wechselt dann seine Farbe zu grün und dein Objekt auf der Matte wird gespiegelt. Tippe anschließend auf Weiter. Jetzt siehst du dein Projekt auf der Schneidematte und weißt so, wo du das Material aufbringen musst und wo es geschnitten wird. Du kannst das Projekt auch markieren und frei auf der Matte verschieben oder drehen.

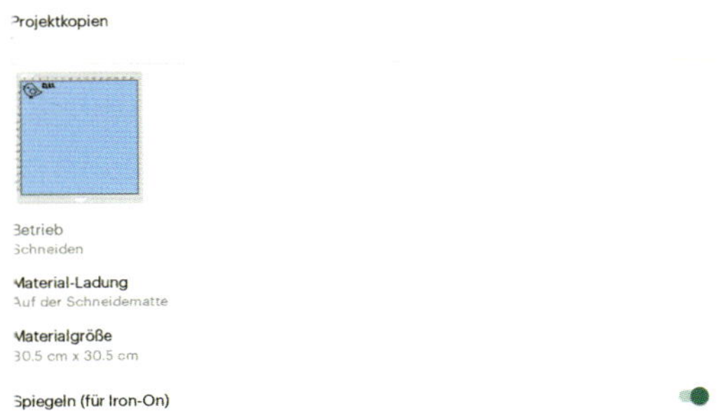

3. Klebe deine Bügelfolie mit der farbigen Seite nach unten auf die Schneidematte (beachte die Hinweise des Herstellers der Bügelfolie). Die Bügelfolie sollte am besten ein bis zwei Zentimeter größer sein als das Motiv. Drücke die Bügelfolie mit einer Rakel fest.

Tipp

Auch im Arbeitsbereich kannst du über die entsprechende Schaltfläche SPIEGELN in der oberen Menüleiste Objekte um die vertikale und horizontale Achse spiegeln (App: Menüpunkt BEARBEITEN > HORIZONTAL bzw. VERTIKAL).

Desktop & App

Einstellung des Grundmaterials

1. Schalte deinen Cricut Maker 3 ein.
2. Klicke auf FORTFAHREN im *Cricut Design Space*.
3. Wähle dein Grundmaterial aus. Klicke auf ALLE MATERIALIEN DURCHSTÖBERN und wähle in der Kategorie AUFBÜGELBARE FOLIE > FOLIE ZUM AUFBÜGELN aus oder ein anderes Material, das zu deiner Bügelfolie passt. Eventuell findest du genaue Angaben vom Hersteller der Bügelfolie. Materialien, die du häufiger verwendest, kannst du in der Materialauswahl mit einem Lesezeichen am rechten Rand markieren. Diese Materialien werden dir direkt unter BASISMATERIAL EINSTELLEN angezeigt.

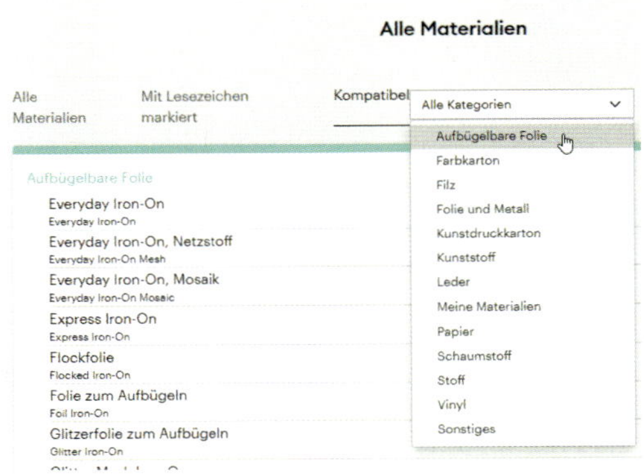

4. Klicke anschließend auf FERTIG.

Werkzeuge und Material laden

1. Das Programm sagt dir nun, welches Werkzeug du in deinem Cricut Maker 3 einsetzen musst.

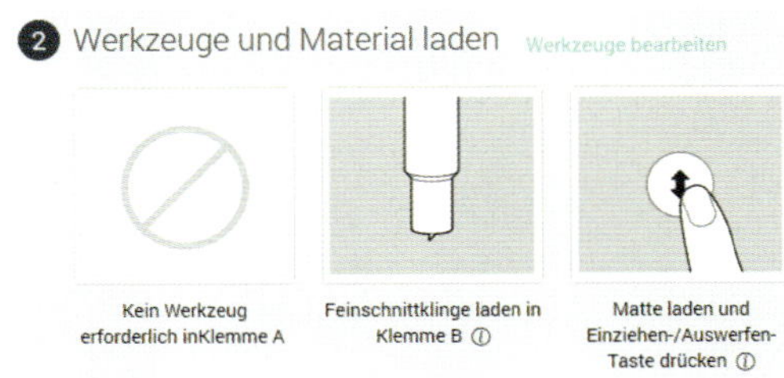

2. Das Programm führt dich anschließend durch alle Arbeitsschritte.

Nach dem Plotten

1. Wenn der Cricut Maker 3 alle Arbeitsschritte ausgeführt hat und du die Schneidematte wieder entnommen hast, löse die Bügelfolie mit ihrer Unterseite vorsichtig von der Schneidematte ab.
2. Lege die bearbeitete Bügelfolie zunächst zur Seite. Diese bearbeitest du in einem späteren Schritt weiter.
3. Klicke im Design Space auf FERTIG.

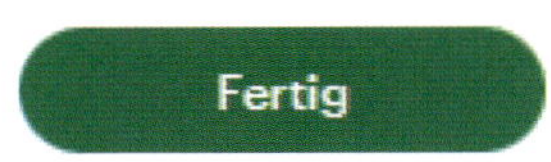

4. Gehe zurück in den Arbeitsbereich. Markiere und lösche dort das Motiv für einen leeren Arbeitsbereich.

5.7.5 Mit Text arbeiten

Desktop & App

Miss dein Geschenksäckchen aus und überlege dir, wie groß der Schriftzug sein soll. Anschließend fügst du den gewünschten Text in *Cricut Design Space* ein.

1. Klicke auf Text und schreibe deinen Wunschtext in das Textfeld (**App:** Menüband Text).

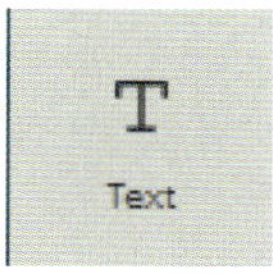

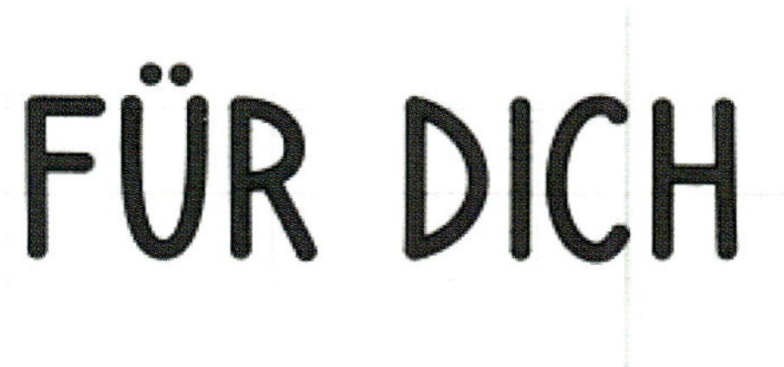

2. Diesen Text kannst du verschieben, indem du nach der Eingabe einmal außerhalb des Textfeldes klickst. Dabei verändert sich der Textrahmen und die Anfasser erscheinen. Klicke dann den Text an und ziehe ihn mit gedrückter Maustaste an die gewünschte Stelle (**App:** Tippe mit dem Finger auf den Text und ziehe ihn dann an die gewünschte Stelle).

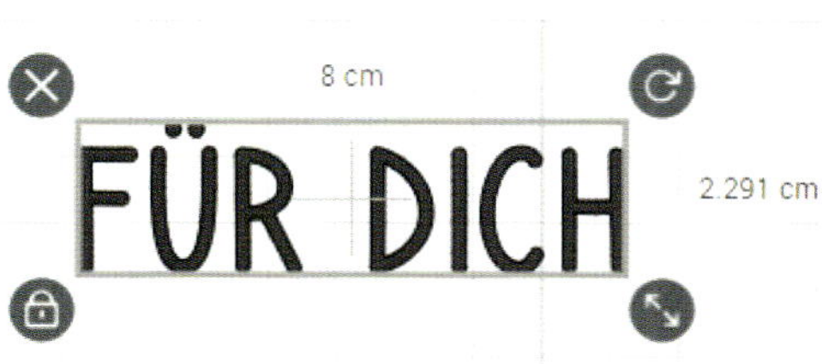

3. Mithilfe des oberen Textmenüs kannst du den Text anpassen (**App:** Menüpunkt Bearbeiten). Bei der Auswahl der Schriftart wähle den Reiter System aus, um zu kostenfreien Schriftarten zu gelangen, die du auf deinem Computer zur Verfügung hast. Wähle eine Schriftart aus. Deine Lieblingsschriftarten kannst du mit dem Lesezeichen am rechten Rand in der Schriftauswahl markieren. Diese findest du anschließend im Reiter Mit Lesezeichen markiert schnell wieder.

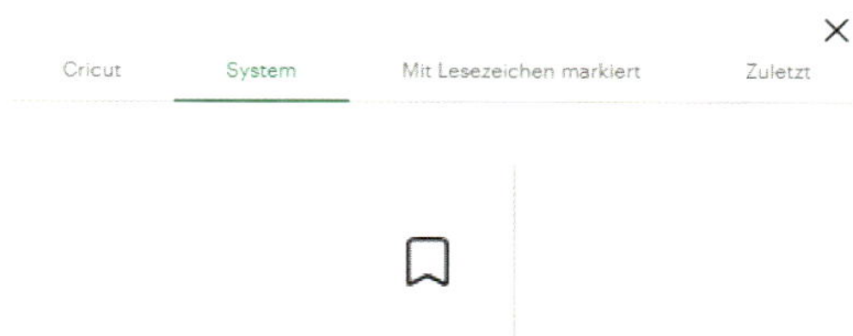

4. Passe die Schriftgröße in der Menüleiste an. Du kannst die Schriftgröße auch verändern, indem du Breite und Höhe des Textfeldes anpasst – entweder über die Eingabe beim Menüpunkt Grösse (**App:** Bearbeiten > Menüfeld Grösse) oder durch Ziehen an einer Ecke des Markierungsrahmens. Achte dabei darauf, dass das Vorhängeschloss-Symbol geschlossen ist.

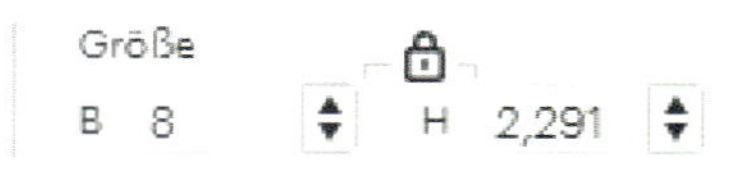

5. Der Text ist automatisch so eingestellt, dass er geschnitten wird.

Hinweis

Wenn du eine Schreibschrift gewählt hast, bei der sich die Buchstaben überschneiden, markiere den Text und benutze die Funktion Kombinieren > Verschweissen (App: Menüpunkt Aktionen > Kombinieren > Verschweissen).

Tipp

Im Foto wurde die Schriftart LUMIE verwendet.

Tipp

Du kannst die folgenden Merkmale der Schrift verändern:

- Schriftart
- Schriftschnitt (z.B. kursiv oder fett)
- Schriftgrad bzw. -größe
- Sperrsatz (Abstand zwischen den einzelnen Buchstaben des Wortes)
- Zeilenabstand
- Ausrichtung des Textes
- Kurve, um den Text zu biegen (**nur Desktop-Version**)
- Erweitert, um ein Wort z.B. in einzelne Buchstaben zu zerlegen (**App:** Menüpunkt AKTION > BUCHSTABEN ABGRENZEN)

5.7.6 Schriftzug herstellen

Um den Schriftzug herzustellen, sind die gleichen Arbeitsschritte notwendig wie zum Herstellen des Motivs.

5.7.7 Motiv und Schriftzug entgittern

Entferne dabei von der Trägerfolie mit einem Entgitterhaken alle Folienteile, die nicht zu deinem Motiv oder Schriftzug gehören und die du nicht aufbügeln möchtest.

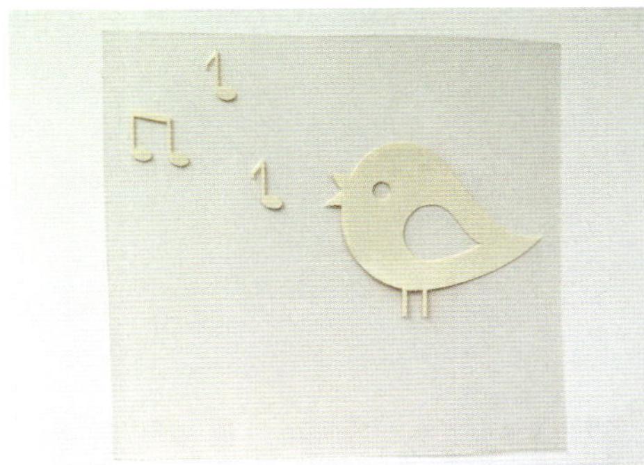

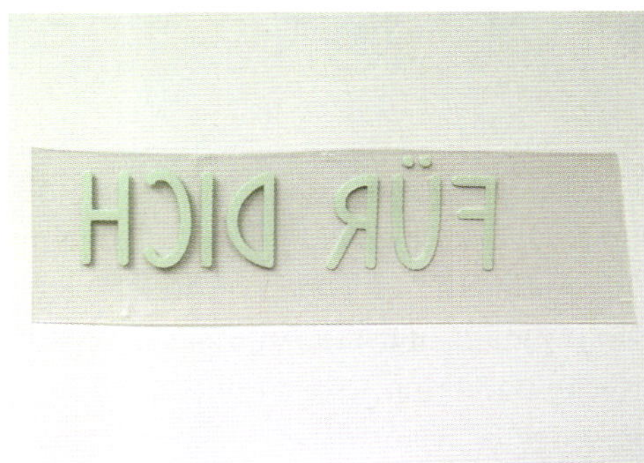

5.7.8 Motiv und Schriftzug aufbügeln

Hinweis

Du kannst zum Aufbügeln eine spezielle Heißpresse oder ein Haushaltsbügeleisen verwenden. Wenn du ein Bügeleisen benutzt, verwende kein Bügelbrett, sondern eine Bügeldecke, ein Bügelkissen oder eine andere geeignete Unterlage. Informationen zu der passenden Bügeltemperatur und -dauer findest du teilweise in den Angaben des Bügelfolien-Herstellers. Generell sollte die Temperatur passend zum Stoff gewählt werden und das Bügeleisen ca. 10 bis 15 Sekunden lang aufgepresst werden.

1. Klebe zuerst das Motiv mit der überstehenden Klebefolie (farbige Seite nach oben) auf den glatten, sauberen und fusselfreien Stoff.

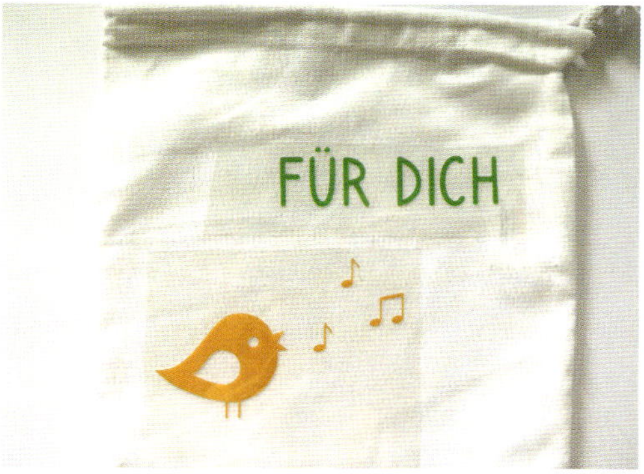

2. Lege Backpapier oder Teflon-Bügelfolie darüber.

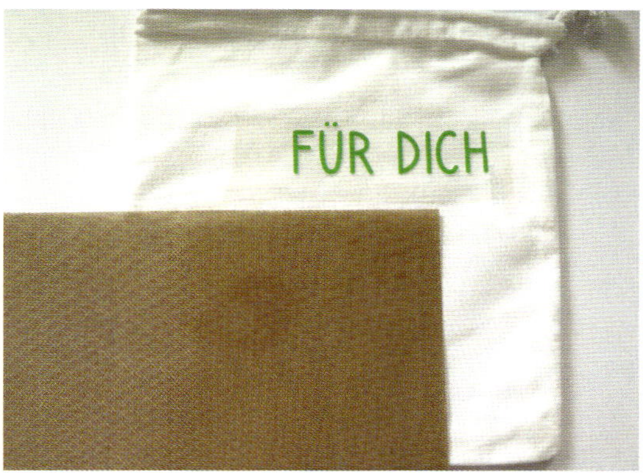

3. Presse das aufgeheizte Bügeleisen für die passende Dauer an den Stellen des Motivs auf das Backpapier. Durch die Hitze verbindet sich die Bügelfolie mit dem Stoff.
4. Die durchsichtige Folie kann anschließend vorsichtig abgezogen werden. Sollten sich Stoff und Folie noch nicht ausreichend verbunden haben, wiederhole das Aufpressen.
5. Nachdem du das Motiv aufgebügelt und die durchsichtige Folie des Motivs entfernt hast, klebe den Schriftzug an die gewünschte Position und wiederhole den Vorgang. Achte dabei darauf, dass auch das bereits aufgedruckte Motiv nicht ohne Backpapier oder Teflon-Bügelfolie mit dem Bügeleisen in Kontakt kommt.

Hinweis

Falls du das erste Mal Motive aus einer neuen Bügelfolie aufbügelst, teste die Bügelfolie am besten auf einem alten Stoffrest, um das passende Vorgehen herauszufinden.

Hinweis

Projekt mit Smart Iron-on umsetzen

Du kannst das Projekt auch mit Smart Iron-on (ohne Schneidematte) umsetzen. Beachte dabei, dass das Smart-Iron-on-Material eine Mindestgröße von 15 x 33 cm besitzen muss. Wähle dann nach dem Arbeitsschritt Herstellen aus, dass du Smart-Material plotten möchtest.

Tipp: Reststücke des Smart Iron-on, die nicht den Mindestmaßen entsprechen, musst du nicht wegwerfen. Nutze diese einfach wie gewöhnliche Aufbügelfolie auf einer Schneidematte.

5.8 Projekt 4: Funktion »Drucken, dann schneiden«: Label

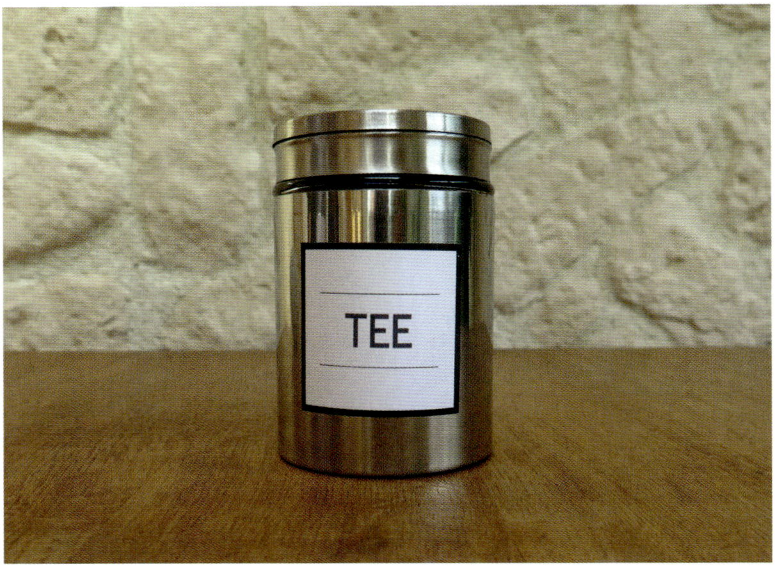

Die Funktion Drucken, dann schneiden beinhaltet, dass Schrift oder Motive zuerst mit dem Drucker gedruckt und anschließend Umrisse vom Cricut Maker 3 ausgeschnitten werden. So kannst du z.B. Labels (Etiketten), Sticker oder Papierformen erstellen.

Um diese Funktion nutzen zu können, benötigst du einen Drucker, der mit dem Endgerät verbunden ist, auf dem du auch mit dem *Cricut Design Space* arbeitest.

In diesem Projekt lernst du folgende Arbeitsschritte:

- eine Vorlage in den Arbeitsbereich hochladen
- eine Vorlage markieren
- die Größe einer Vorlage verändern
- mit Text arbeiten
- mit der Funktion Drucken, dann schneiden arbeiten

Material

- Cricut Maker 3 mit Feinschnittklinge (im Lieferumfang enthalten)
- PC bzw. Laptop mit *Cricut Design Space*-Software oder Handy bzw. Tablet mit *Cricut Design Space*-App
- Drucker, der mit dem Endgerät verbunden ist, auf dem du auch mit dem *Cricut Design Space* arbeitest
- Schneidematte
- Bedruckbares Vinyl oder bedruckbares Etikettenpapier (ganzseitig, nicht unterteilt)
- Vorlage: 5_8_Label

5.8.1 Label hochladen

1. Lade die Vorlage aus dem Internet herunterladen (siehe Abschnitt 4.1).

2. Starte das *Cricut Design Space*-Programm (Desktop-Version oder App) und melde dich gegebenenfalls an.

Desktop-Version

1. Du befindest dich auf der Startseite. Klicke auf Neues Projekt. So gelangst du zum Arbeitsbereich.

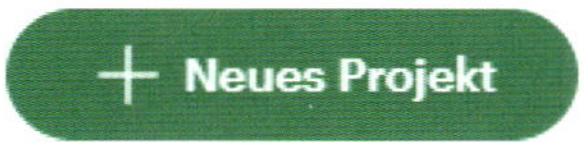

2. Klicke auf Hochladen > Bild hochladen und dann auf Durchsuchen. Hier musst du den Ordner wählen, in dem die Vorlage liegt, die du öffnen willst. Wenn du die Vorlagen gerade heruntergeladen hast, findest du sie vermutlich im Ordner Downloads. Diese Vorlage sollte die Endung .svg haben.

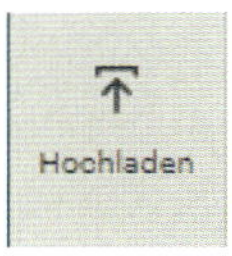

3. Klicke einmal auf die Vorlage 5_8_Label und anschließend auf Öffnen. Dann siehst du im Programm ein Vorschaubild deiner Vorlage und kannst auf der rechten Seite die Bildbezeichnung bzw. den Namen der Vorlage im Formularfeld verändern, wenn du möchtest.
4. Klicke dann auf Hochladen. Du findest die Vorlage nun in der Kategorie Zuletzt hochgeladen unten links. Wähle sie aus (ein grüner Rahmen erscheint) und klicke auf Zum Arbeitsbereich hinzufügen. Das Projekt erscheint daraufhin in deinem Arbeitsbereich.
5. Die Vorlage wird im Arbeitsbereich angezeigt. Ihre Position ist zunächst nicht relevant.

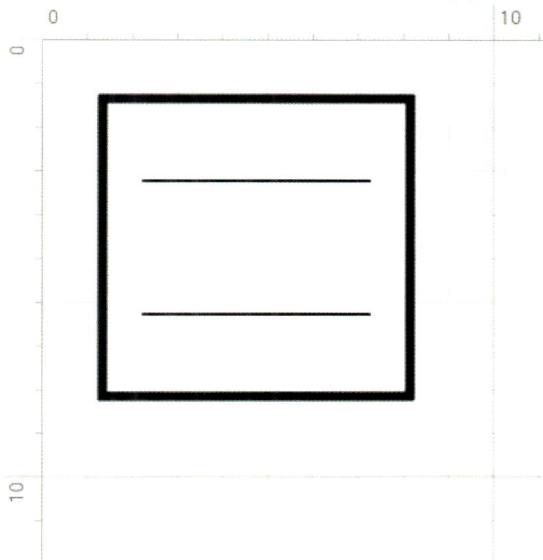

App

1. Tippe oben rechts auf die Schaltfläche Arbeitsbereich.
2. Tippe auf Hochladen > Aus der Fotobibliothek auswählen und rufe die Vorlage 5_8_Label auf. Diese soll die Endung .svg haben.

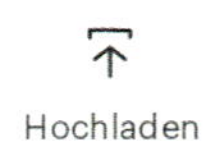

3. Gib dann eine Bildbezeichnung ein und tippe auf Hochladen.
4. Wähle in der Übersicht die Vorlage erneut aus (ein grüner Rahmen erscheint) und tippe auf Hinzufügen.
5. Die Vorlage wird nun im Arbeitsbereich angezeigt. Ihre Position ist zunächst nicht relevant.

5.8.2 Das Label markieren

Desktop & App

Um das Label zu markieren, kannst du es einfach anklicken (**App:** antippen). Es erscheint dann ein Rahmen um das markierte Objekt.

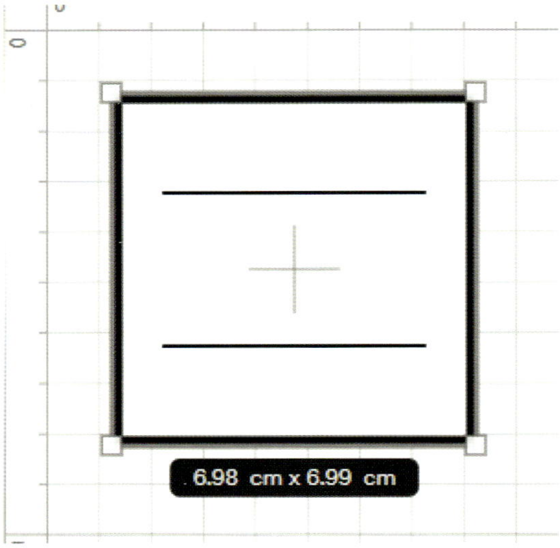

5.8.3 Größe des Labels festlegen

Lege nun die Größe für dein Label fest. Miss dazu den Untergrund (z.B. die Box oder das Glas) aus und überlege dir, wie groß das Label sein soll.

Desktop-Version

1. Markiere das Label.
2. Im oberen Menü findest du den Abschnitt GRÖSSE. Dort kannst du die Breite (B) und Höhe (H) in Zentimetern eingeben.

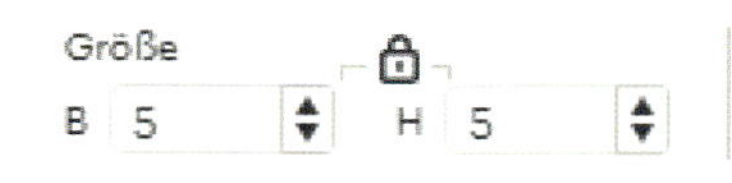

App

1. Markiere das Label.
2. Tippe auf BEARBEITEN. Dort kannst du die Breite und Höhe in Zentimetern eintragen.

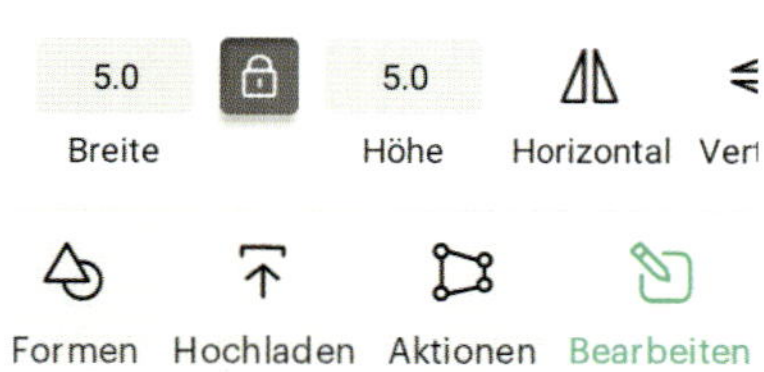

Hinweis

Wenn das kleine Vorhängeschloss-Symbol zwischen Höhe und Breite geschlossen ist, verändert sich die jeweils andere Größe proportional mit. Bei geöffnetem Vorhängeschloss-Symbol ist dies nicht der Fall.

Tipp

Alternativ hast du die Möglichkeit, die Größe direkt am Objekt zu verändern, indem du an den Anfassern an den Ecken ziehst. Wenn das Vorhängeschloss geöffnet ist, kannst du die Breite und Höhe unabhängig voneinander verändern. In der Desktop-Version kannst du Höhe und Breite zusätzlich unabhängig von der Einstellung des Vorhängeschlosses verändern, indem du an den Seitenlinien ziehst.

Hinweis

Label duplizieren: Um den Platz auf deinem Material möglichst gut auszunutzen, kannst du darüber nachdenken, gleich mehrere Labels gleichzeitig herzustellen (z.B. für verschiedene Kräuter). Hierzu musst du die Vorlage beliebig oft duplizieren. Anschließend kannst du jedes Label dann unterschiedlich beschriften.

5.8.4 Mit Text arbeiten

Desktop & App

Als Nächstes musst du den gewünschten Text auf dem Label platzieren.

1. Klicke auf Text und schreibe deinen Wunschtext in das Textfeld (**App:** Menüband Text.

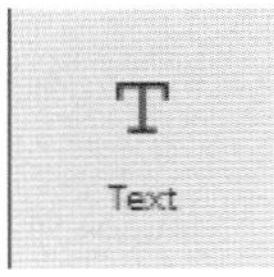

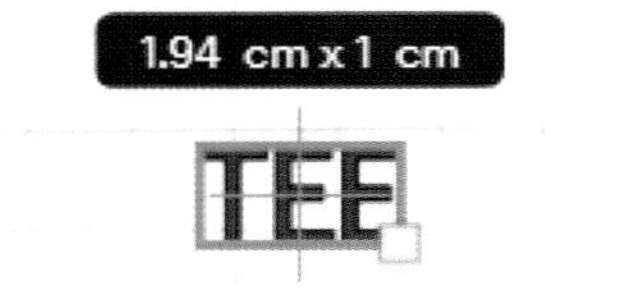

2. Diesen Text kannst du verschieben, indem du nach der Eingabe einmal außerhalb des Textfeldes klickst. Dabei verändert sich der Textrahmen und die Anfasser erscheinen. Klicke dann den Text an und ziehe ihn mit gedrückter Maustaste an die gewünschte Stelle.

3. Mithilfe des oberen Textmenüs kannst du den Text anpassen (**App:** Menüpunkt Bearbeiten). Bei der Auswahl der Schriftart wähle den Reiter System aus, um zu kostenfreien Schriftarten zu gelangen, die du auf deinem Computer zur Verfügung hast. Wähle eine Schriftart aus. Deine Lieblingsschriftarten kannst du mit dem Lesezeichen am rechten Rand in der Schriftauswahl markieren. Diese findest du anschließend im Reiter Mit Lesezeichen markiert schnell wieder.

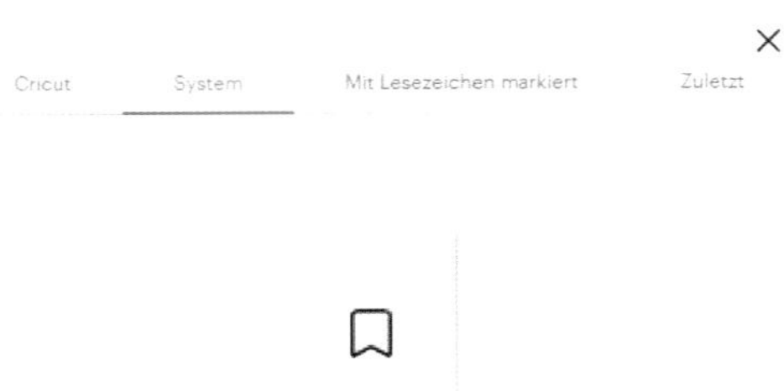

4. Passe die Schriftgröße in der Menüleiste an. Du kannst die Schriftgröße auch verändern, indem du Breite und Höhe des Textfeldes anpasst – entweder über die Eingabe beim Menüpunkt Grösse (**App:** Bearbeiten > Menüfeld Grösse) oder durch Ziehen an einer Ecke des Markierungsrahmens. Achte dabei darauf, dass das Vorhängeschloss-Symbol geschlossen ist.

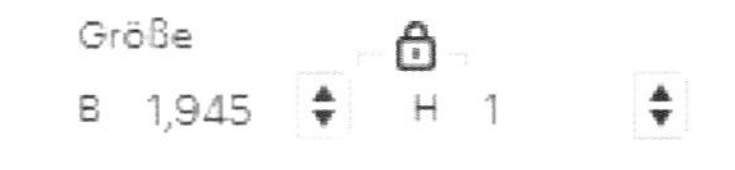

5. Der Text ist automatisch so eingestellt, dass er geschnitten wird. Das wird jedoch in einem späteren Arbeitsschritt noch einmal verändert.

6. Du kannst die Farbe des Textes verändern, indem du im Abschnitt Betrieb das farbige bzw. schwarze Quadrat anklickst (**App:** Bearbeiten > Betrieb > Materialfarbe).

7. Markiere Label und Text gleichzeitig. Ziehe dazu mit gedrückter linker Maustaste ein Rechteck über beide Objekte (**App:** Mit dem Finger ein Rechteck über beide Objekte ziehen). Alternativ kannst du am rechten Bildschirmrand beide Ebenen markieren, indem du sie mit gedrückter Umschalttaste nacheinander einmal anklickst (**App:** Ebenen > Antippen der Ebenen).

8. Klicke anschließend im oberen Menü auf Ausrichten > Zentrieren (**App:** Bearbeiten > Ausrichten > Zentrieren. Alternativ kannst du den Text bereits beim Verschieben mithilfe der *Smart Guide-Führungen* am Rechteck ausrichten lassen. Dies wird durch farbige Hilfslinien angezeigt).

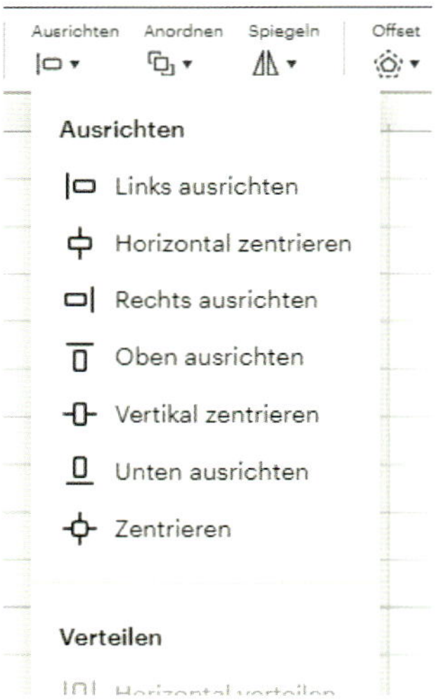

Tipp

Du kannst folgende Merkmale der Schrift verändern:

- **Schriftart**
- **Schriftschnitt (z.B. kursiv oder fett)**
- **Schriftgrad bzw. -größe**
- **Sperrsatz (Abstand zwischen den einzelnen Buchstaben des Wortes)**
- **Zeilenabstand**
- **Ausrichtung des Textes**
- **Kurve, um den Text zu biegen (nur Desktop-Version)**
- **Erweitert, um ein Wort z.B. in einzelne Buchstaben zu zerlegen (App: Menüpunkt Aktion > Buchstaben abgrenzen)**

5.8.5 Label herstellen

Desktop-Version

1. Markiere das Label und den Text.
2. Klicke dann unten rechts im Menü auf Ebnen. Dadurch werden der Text und die Linien des Labels gedruckt und nur die Außenkanten des Labels geschnitten.

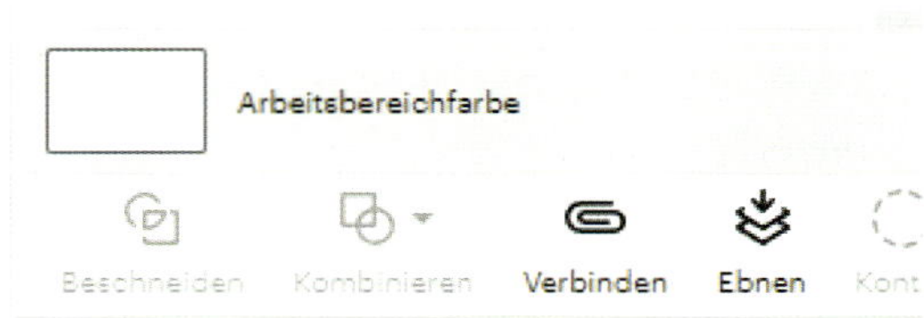

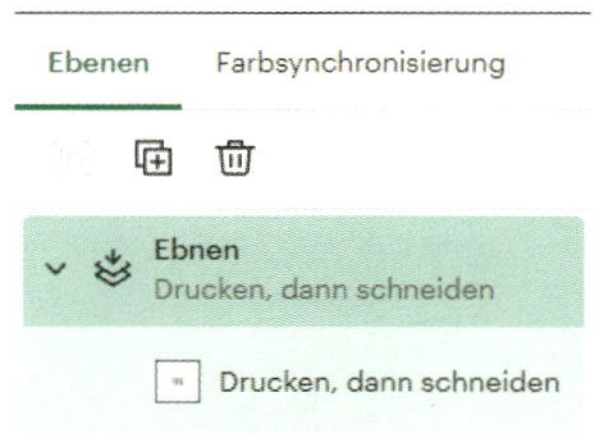

3. Klicke anschließend oben rechts auf Herstellen. Jetzt siehst du dein Projekt auf der Schneidematte. Die Software fügt einen schwarzen Rahmen ein, mit dem der Cricut Maker 3 später die Position der Objekte erkennt. Dadurch verkleinert sich dein maximaler Arbeitsbereich etwas. Du kannst das Projekt auch markieren und frei auf der Matte verschieben.

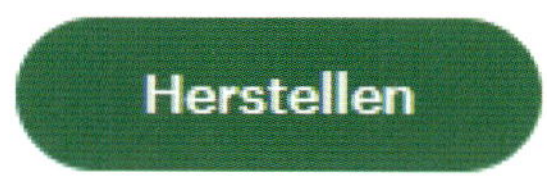

App

1. Markiere das Label und den Text.
2. Tippe dann im Menüpunkt Aktionen auf Ebnen. Dadurch werden der Text und die Linien des Labels gedruckt und nur die Außenkanten des Labels geschnitten.

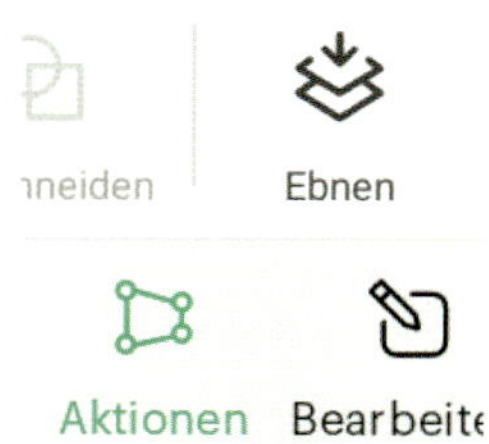

3. Tippe oben rechts auf Herstellen und anschließend auf Weiter. Jetzt siehst du dein Projekt auf der Schneidematte. Die Software fügt einen schwarzen Rahmen ein, mit dem der Cricut Maker 3 später die Position der Objekte erkennt. Dadurch verkleinert sich dein maximaler Arbeitsbereich etwas. Du kannst das Projekt auch markieren und frei auf der Matte verschieben.

Herstellen

Hinweis

Wenn du die Funktion Drucken, dann schneiden noch nie ausgeführt hast, solltest du einen Probedurchlauf mit normalem Druckerpapier machen. So kannst du sehen, ob dein Projekt beim Drucken richtig skaliert wird und ob der Plotter richtig kalibriert ist.

Desktop-Version & App

Drucken des Labels

1. Klicke auf Fortfahren (**App:** Weiter), um das Projekt im nächsten Schritt an den Drucker zu senden.
2. Klicke auf An Drucker senden. Im sich öffnenden Fenster wählst du deinen Drucker aus der Liste aus. Die Option Anschnitt hinzufügen ist relevant, wenn Objekte bis zum geschnittenen Rand bedruckt werden sollen. Bei diesem Projekt ist das jedoch nicht der Fall, sodass du sie auch ausschalten kannst.

1 Drucken auf 21.6 cm x 27.9 cm (Letter)

Drucke Bilder auf einem Drucker deiner Wahl

An Drucker senden

3. Lege dein Material in den eingeschalteten Drucker und klicke dann auf Drucken. Dein Objekt wird nun von deinem Drucker gedruckt.
4. Wenn der Drucker fertig ist, entnimm das bedruckte Material und lass es gegebenenfalls kurz trocken.
5. Klebe das Material dann wie im Programm angezeigt in die obere linke Ecke deiner Schneidematte und drücke es mit einer Rakel fest.

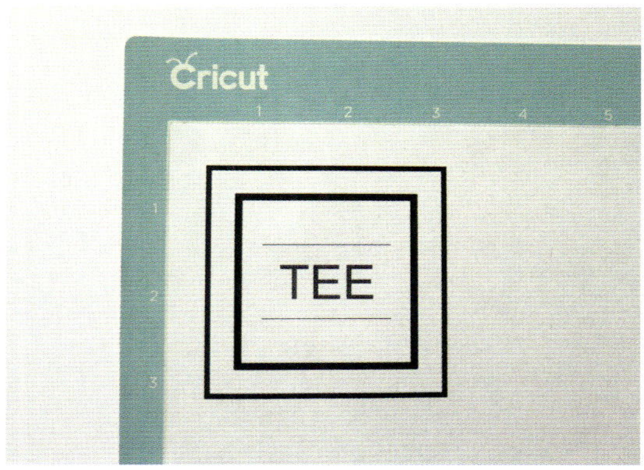

Einstellung des Grundmaterials

1. Klicke auf Weiter im *Cricut Design Space*.
2. Wähle dein Grundmaterial aus. Klicke auf Alle Materialien durchstöbern und wähle ein passendes Material aus:
   - für Druckerpapier: Kategorie Papier, z.B. Kopierpapier – 75 g/m²
   - für Etikettenpapier: Kategorie Papier, z.B. Bedruckbares Aufkleberpapier (weiss)
   - für bedruckbares Vinyl: Kategorie Vinyl, z.B. Bedruckbares Vinyl

   Materialien, die du häufiger verwendest, kannst du in der Materialauswahl mit einem Lesezeichen am rechten Rand markieren. Diese Materialien werden dir direkt unter Basismaterial einstellen angezeigt.

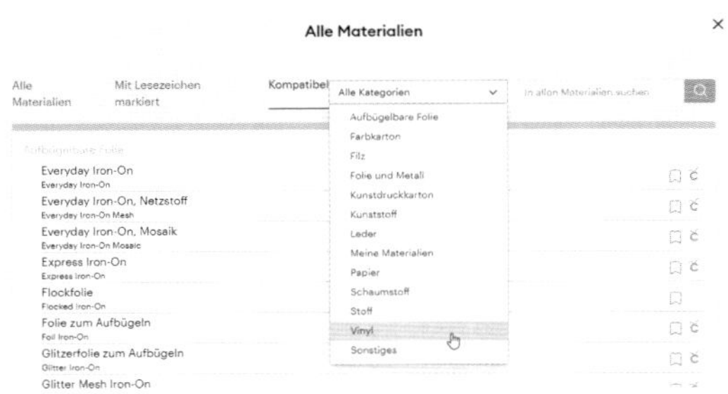

3. Klicke anschließend auf Fertig.

Werkzeuge und Material laden

1. Das Programm sagt dir nun, welches Werkzeug du in deinem Cricut Maker 3 einsetzen musst.

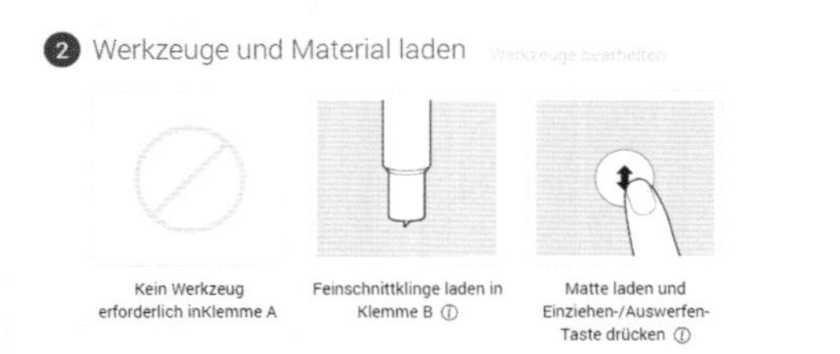

2. Das Programm führt dich durch alle Arbeitsschritte. Als Erstes erkennt der Cricut Maker 3 den schwarzen Rahmen. Dabei sollte er nicht in sehr hellem Licht stehen, da es ansonsten zu Problemen bei der Erkennung kommen kann. Anschließend schneidet der Cricut Maker 3 die vorgegebenen Umrisse.

Nach dem Plotten

Wenn der Cricut Maker 3 alle Arbeitsschritte ausgeführt hat und du die Schneidematte wieder entnommen hast, musst du das Material vorsichtig von der Schneidematte lösen.

1. Drehe dazu die Schneidematte mit dem Material nach unten und löse sie vorsichtig vom Material ab. So wird das Material nicht unnötig gewellt. Ein kleiner Spatel kann beim Ablösen hilfreich sein.
2. Entferne alle übrigen Materialreste von der Schneidematte (z.B. mit dem Spatel oder einer Pinzette).

5.9 Projekt 5: Vorlage selbst erstellen: Geschenkanhänger Stern

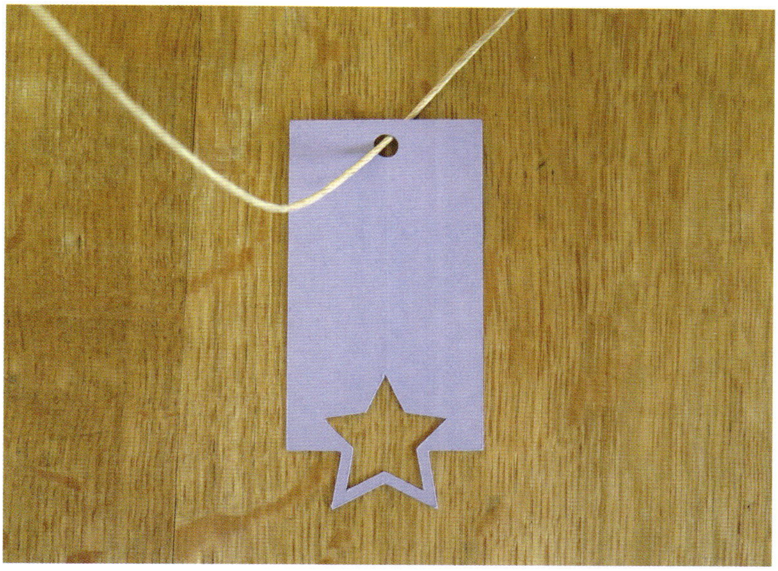

In diesem Projekt lernst du folgende Arbeitsschritte:

Objekte
- anordnen
- gruppieren

Formen
- erstellen
- duplizieren
- einfärben
- ausrichten
- anordnen
- gruppieren
- löschen
- verschweißen
- beschneiden
- positionieren
- drehen

Material

- Cricut Maker 3 mit Feinschnittklinge, (im Lieferumfang enthalten)
- PC bzw. Laptop mit *Cricut Design Space*-Software oder Handy bzw. Tablet mit *Cricut Design Space*-App
- Schneidematte
- Gegebenenfalls schwarzer Cricut-Stift
- Tonpapier

5.9.1 Anhänger erstellen

Desktop-Version

1. Du befindest dich auf der Startseite. Klicke auf NEUES PROJEKT. So gelangst du zum Arbeitsbereich.

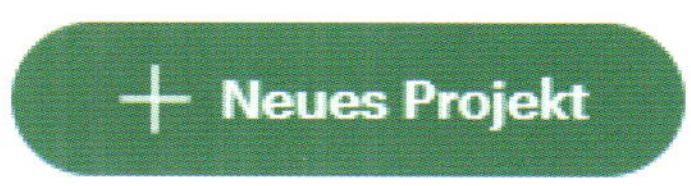

2. Klicke auf FORMEN und anschließend auf das Quadrat.

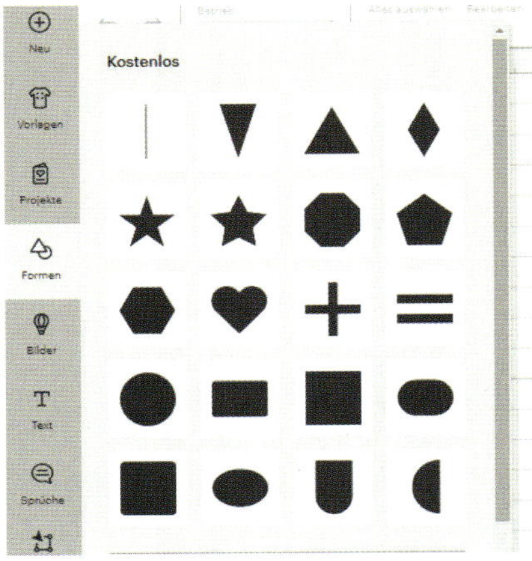

3. Markiere das Quadrat, indem du es einmal anklickst. Klicke im oberen Menü unter dem Abschnitt GRÖSSE auf das Vorhängeschloss-Symbol, um es zu öffnen. Verändere danach im gleichen Abschnitt die Breite auf 4 cm und die Höhe auf 7 cm, sodass du ein Rechteck erhältst.

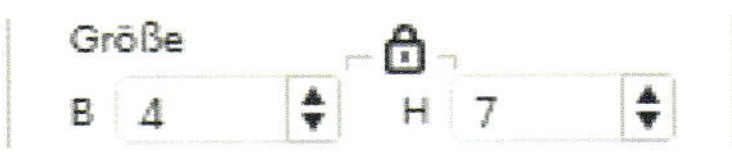

4. Klicke auf FORMEN und anschließend auf den Kreis.

5. Markiere den Kreis, indem du ihn einmal anklickst, und verschiebe ihn nach rechts neben das Rechteck.

6. Lass den Kreis markiert und verändere im oberen Menü unter dem Abschnitt GRÖSSE die Breite und Höhe des Kreises auf 0,5 cm.

7. Lass den Kreis markiert und klicke im oberen Menü im Abschnitt BETRIEB auf das dunkelgraue Quadrat. Wähle dann eine beliebige Farbe aus, indem du sie einmal anklickst. So heben sich für die weiteren Bearbeitungsschritte die Formen farblich voneinander ab.

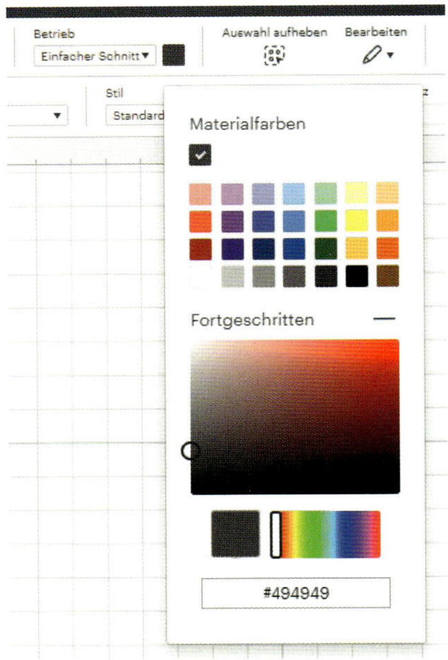

8. Klicke einmal auf den markierten Kreis und verschiebe ihn in den oberen Bereich des Rechtecks.

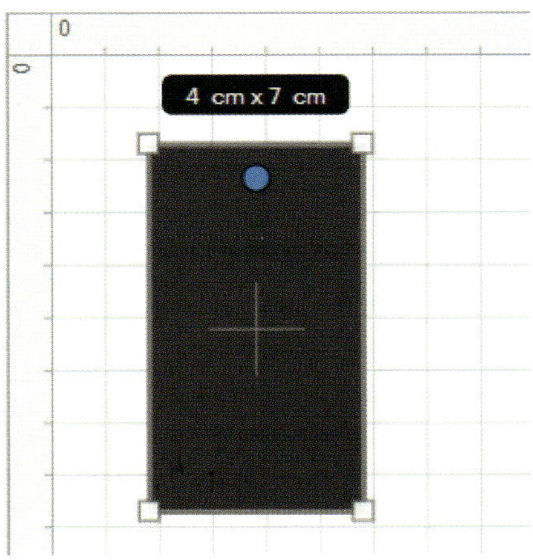

9. Markiere Rechteck und Kreis gleichzeitig. Ziehe dazu mit gedrückter linker Maustaste ein Rechteck über beide Formen. Alternativ kannst du am rechten Bildschirmrand beide Ebenen markieren, indem du sie mit gedrückter Umschalttaste nacheinander einmal anklickst.

10. Klicke anschließend im oberen Menü auf Ausrichten > Horizontal zentrieren.

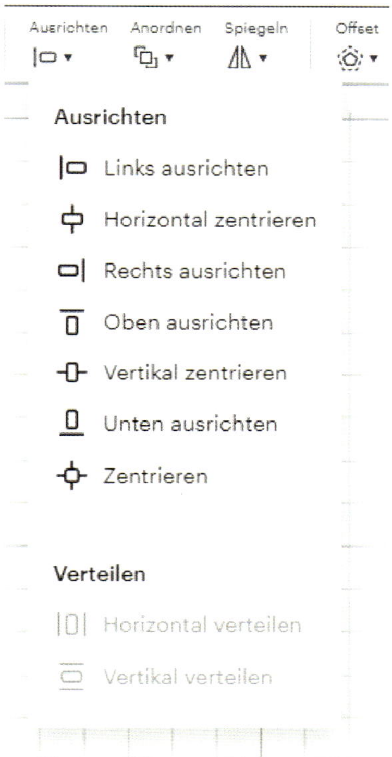

11. Lass beide Objekte markiert und klicke im Menü unten rechts auf Beschneiden.

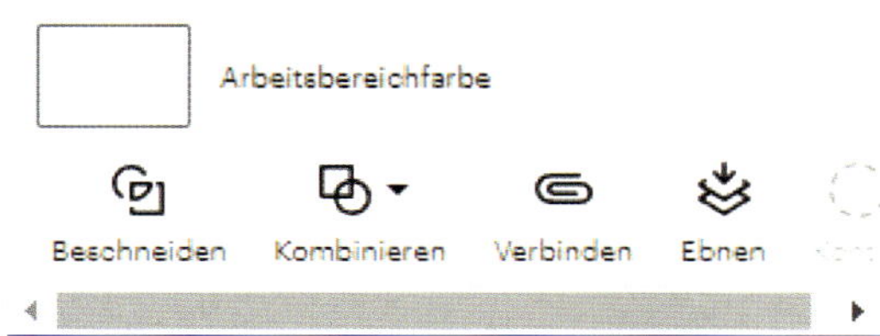

12. Nun hast du einen Anhänger und zwei Kreise. Alle Formen siehst du in der Ebenen-Übersicht auf der rechten Seite. Markiere den Anhänger, indem du ihn einmal anklickst, und verschiebe ihn nach rechts ungefähr in die Mitte des Arbeitsbereichs. Die beiden Kreise kannst du nacheinander markieren und löschen. Drücke dazu die Entfernen-Taste oder auf das Mülleimer-Symbol oben rechts über der Ebenen-Ansicht.

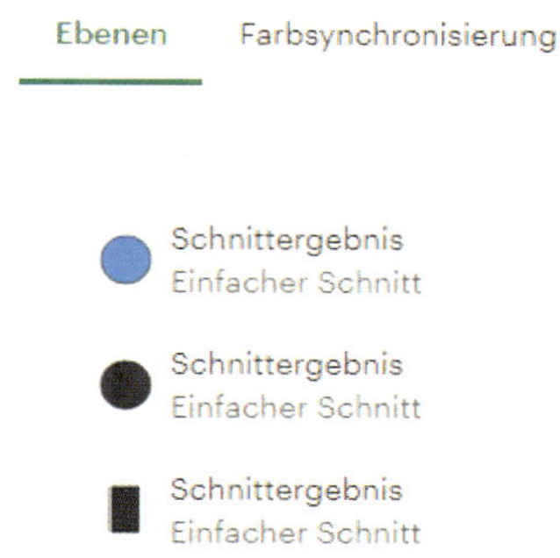

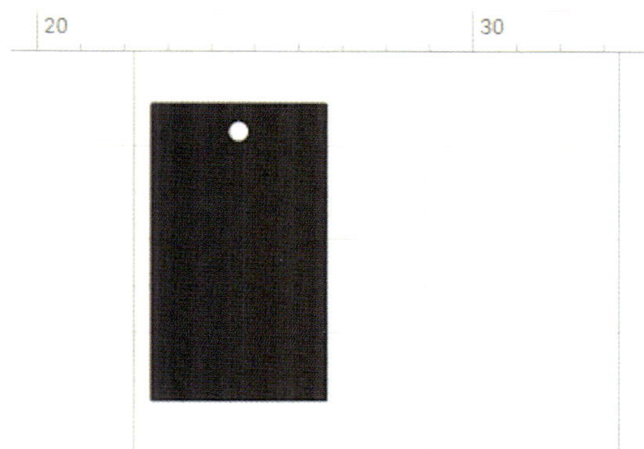

App

1. Du befindest dich auf der Startseite. Tippe oben rechts auf die Schaltfläche Arbeitsbereich.

2. Tippe auf Formen und anschließend auf das Quadrat.

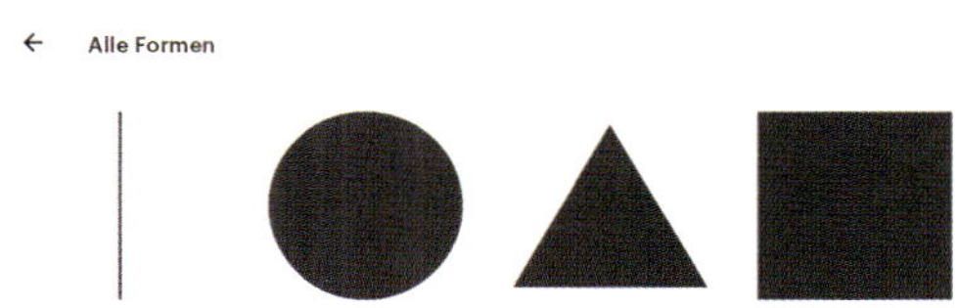

3. Markiere das Quadrat, indem du es einmal antippst. Tippe auf Bearbeiten. Tippe dann auf das Vorhängeschloss-Symbol zwi-

schen Breite und Höhe, um es zu öffnen. Verändere danach im gleichen Abschnitt die Breite auf 4 cm und die Höhe auf 7 cm, sodass du ein Rechteck erhältst.

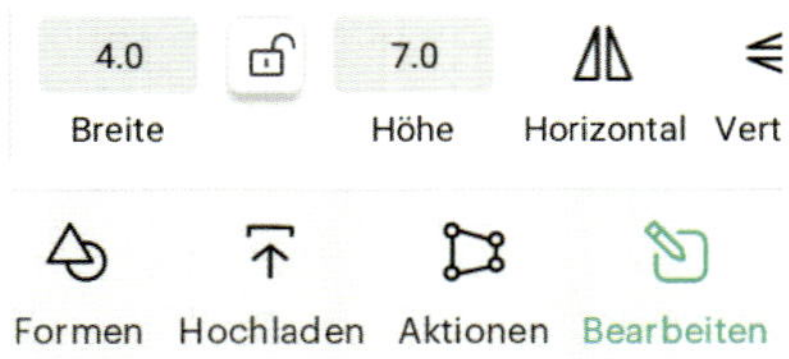

4. Tippe auf Formen und anschließend auf den Kreis.
5. Markiere den Kreis, indem du ihn einmal antippst, und verschiebe ihn nach rechts neben das Rechteck.
6. Lass den Kreis markiert und tippe auf Bearbeiten. Verändere die Breite und Höhe des Kreises auf 0,5 cm.
7. Lass den Kreis markiert und tippe im Menü Bearbeiten > Betrieb auf Materialfarbe. Wähle dann eine beliebige Farbe aus, indem du sie einmal antippst. So heben sich für die weiteren Bearbeitungsschritte die Formen farblich voneinander ab. Gehe dann mit dem Pfeil oben links zweimal zurück, sodass du wieder zum Arbeitsbereich gelangst.

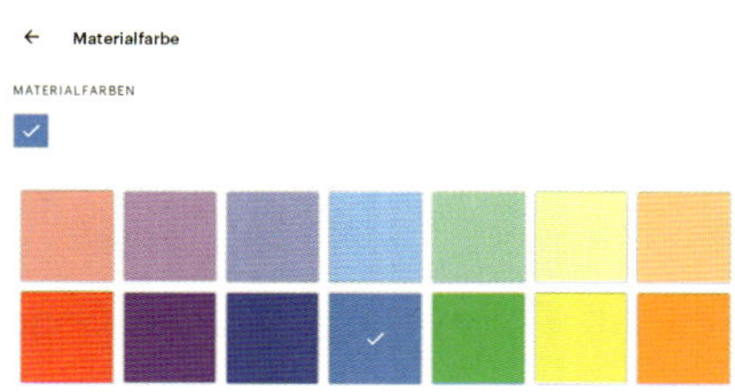

8. Tippe einmal auf den markierten Kreis und verschiebe ihn in den oberen Bereich des Rechtecks.

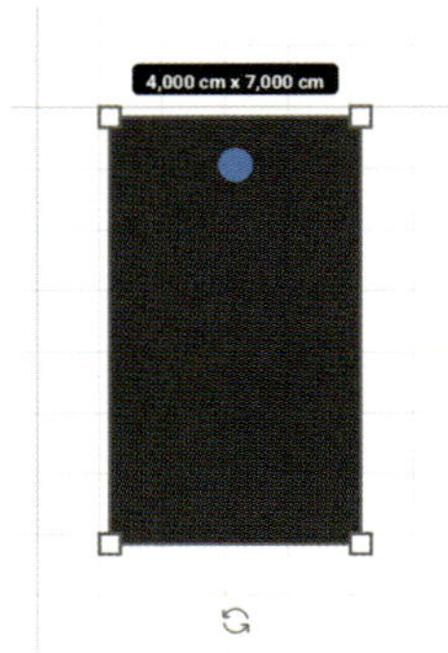

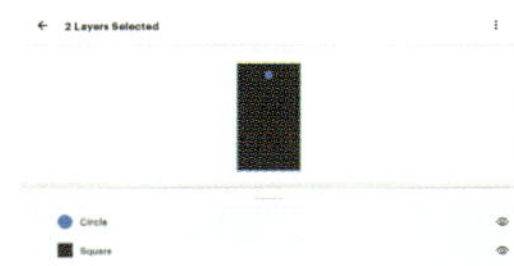

9. Markiere Rechteck und Kreis gleichzeitig. Ziehe dazu mit dem Finger ein Rechteck über beide Formen. Alternativ kannst du die Ebenen über den Menüpunkt Ebenen markieren, indem du die beiden Ebenen nacheinander antippst.
10. Tippe anschließend im Menü Bearbeiten auf Ausrichten > Horizontal ausrichten. Alternativ kannst du die Formen beim Verschieben mithilfe der *Smart Guide-Führungen* aneinander ausrichten lassen. Dies wird durch farbige Hilfslinien angezeigt. Die *Smart Guide-Führungen* aktivierst du unter dem Menüpunkt Einstellungen im Arbeitsbereich (Zahnradsymbol).

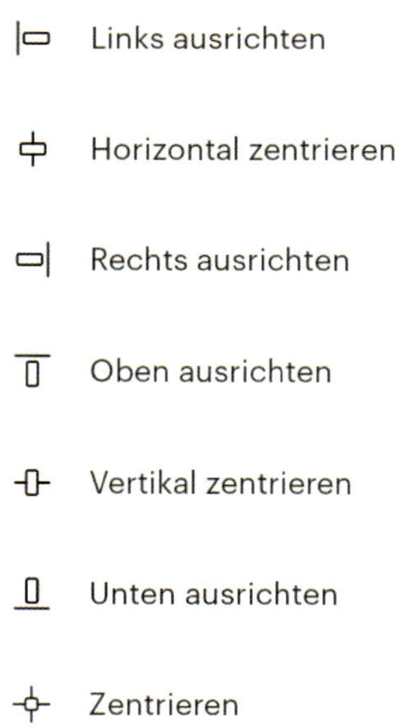

11. Lass beide Objekte markiert. Tippe auf Aktionen und dann auf Beschneiden.

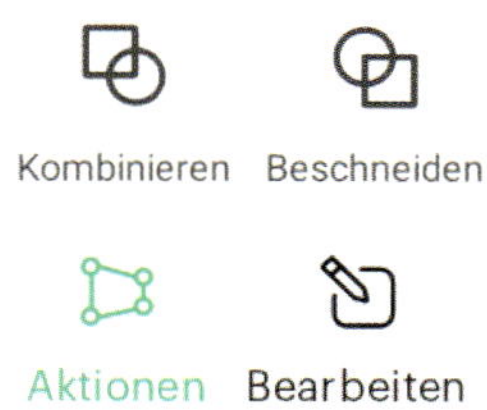

12. Nun hast du einen Anhänger und zwei Kreise. Alle Formen siehst du in der Ebenen-Übersicht auf der rechten Seite. Markiere den Anhänger, indem du ihn einmal antippst, und verschiebe ihn auf die linke Seite des Arbeitsbereichs. Die beiden Kreise kannst du nacheinander markieren und löschen. Tippe zum Löschen auf Aktionen > Löschen oder auf das Mülleimer-Symbol unterhalb der Ebenen-Übersicht.

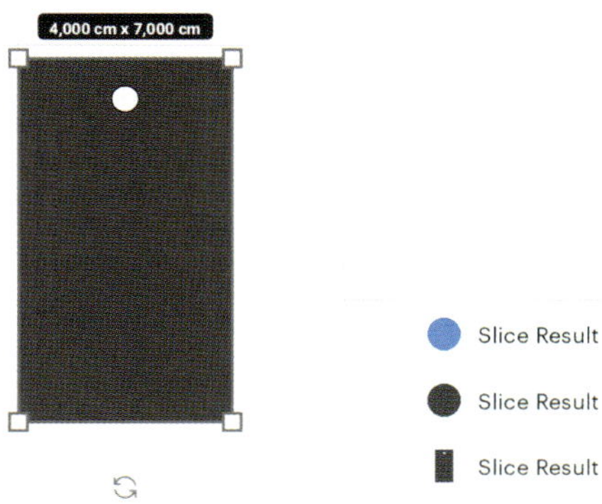

Tipp

Wenn du mindestens drei Objekte ausgewählt hast, kannst du diese nicht nur aneinander ausrichten und zentrieren, sondern auch gleichmäßig verteilen.

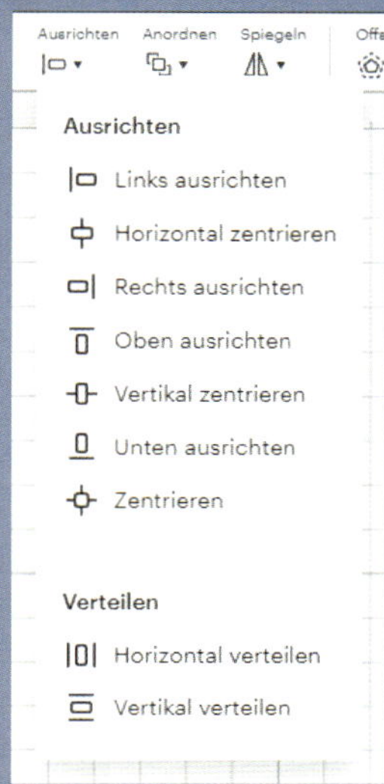

5.9.2 Sternform erstellen

Desktop-Version

1. Klicke auf Formen und anschließend auf den Stern.
2. Markiere den Stern, indem du ihn einmal anklickst, und klicke dann auf Duplizieren oben rechts im Menü.

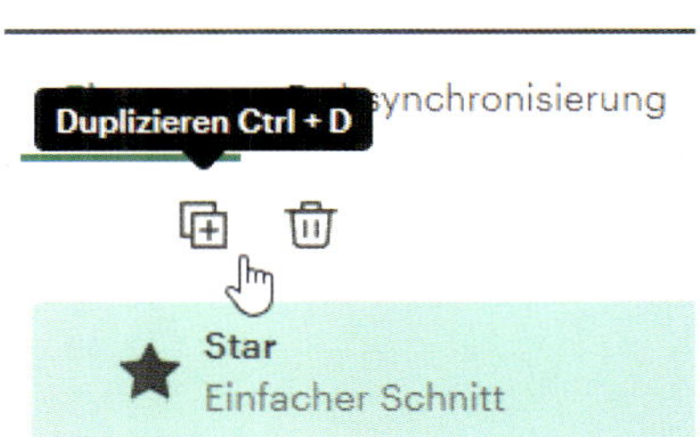

3. Markiere den zweiten Stern, indem du ihn einmal anklickst, und verschiebe ihn nach unten, sodass sich die beiden Sterne nicht mehr überlappen.

4. Markiere den ersten Stern, indem du ihn einmal anklickst. Verändere im oberen Menü unter dem Abschnitt GRÖSSE die Breite des Sterns auf 3,5 cm. Das Vorhängeschloss-Symbol sollte dabei geschlossen sein.

5. Markiere den zweiten Stern, indem du ihn einmal anklickst. Verändere im oberen Menü unter dem Abschnitt GRÖSSE die Breite des Sterns auf 2,5 cm. Das Vorhängeschloss-Symbol sollte dabei geschlossen sein.

6. Markiere einen der Sterne und klicke im oberen Menü im Abschnitt BETRIEB auf das dunkelgraue Quadrat. Wähle dann eine beliebige Farbe aus, indem du sie einmal anklickst. Wiederhole das Vorgehen für den anderen Stern mit einer anderen Farbe. So heben sich für die weiteren Bearbeitungsschritte die Formen farblich voneinander ab.

7. Markiere beide Sterne. Ziehe dazu mit gedrückter linker Maustaste ein Rechteck über beide Formen. Alternativ kannst du am rechten Bildschirmrand beide Ebenen markieren, indem du sie mit gedrückter Umschalttaste nacheinander einmal anklickst.

8. Klicke anschließend im oberen Menüband auf AUSRICHTEN > HORIZONTAL ZENTRIEREN. Nun sind beide Sterne mittig untereinander ausgerichtet.

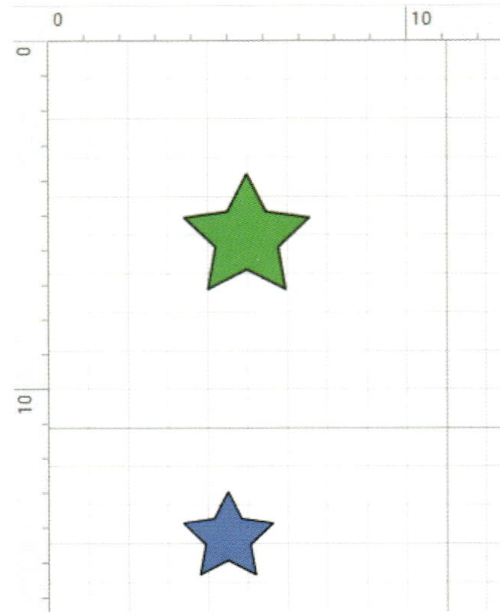

9. Markiere den größeren Stern. Gib im oberen Menü im Abschnitt POSITIONIEREN für »Y« eine Position von 3 ein.

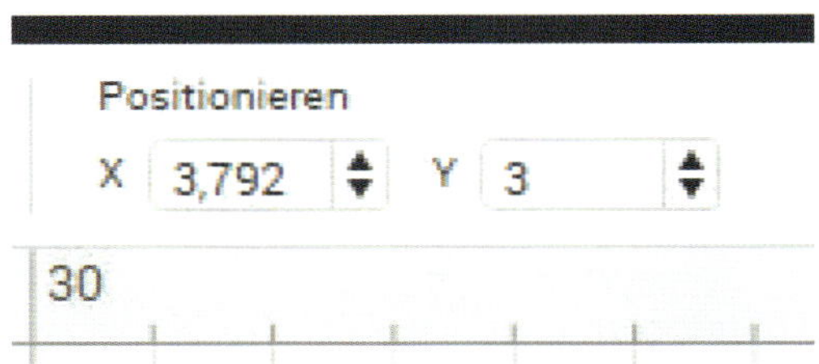

10. Markiere den kleineren Stern. Gib im oberen Menü im Abschnitt POSITIONIEREN für »Y« eine Position von 3,53 ein. Nun liegen beide Sterne mittig übereinander. (Die Funktion AUSRICHTEN > ZENTRIEREN ergibt an dieser Stelle aufgrund der Sternform leider nicht das gewünschte Ergebnis.)

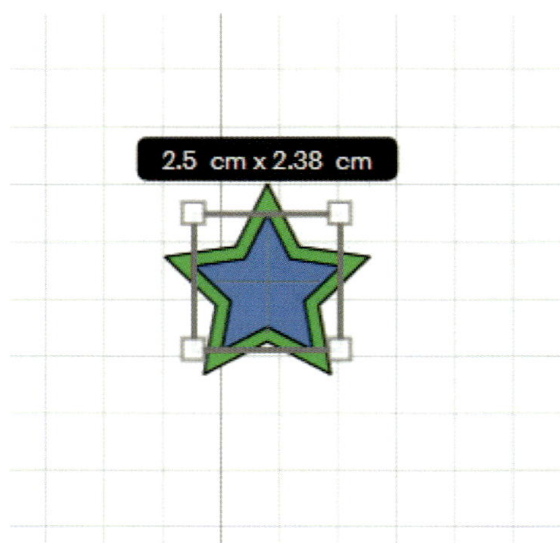

11. Falls der kleinere Stern hinter dem größeren Stern verschwunden ist, klicke rechts auf die Ebene des kleineren Sterns und anschließend im oberen Menü auf Anordnen > In den Vordergrund. Alternativ kannst du die Ebene im rechten Menü einfach anklicken und mit gedrückter Maustaste an die gewünschte Stelle verschieben.

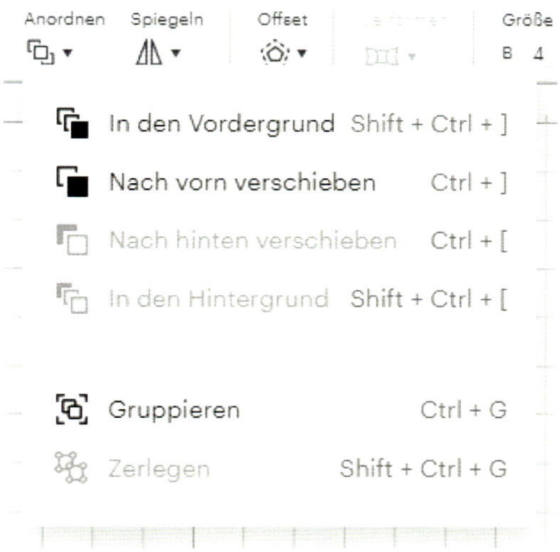

12. Markiere beide Sterne und klicke oben rechts im Menü auf Gruppieren. Nun bilden beide Sterne eine Gruppe. Das hat den Vorteil, dass sie sich nicht zueinander verschieben und du beide mit einem Klick markieren kannst.

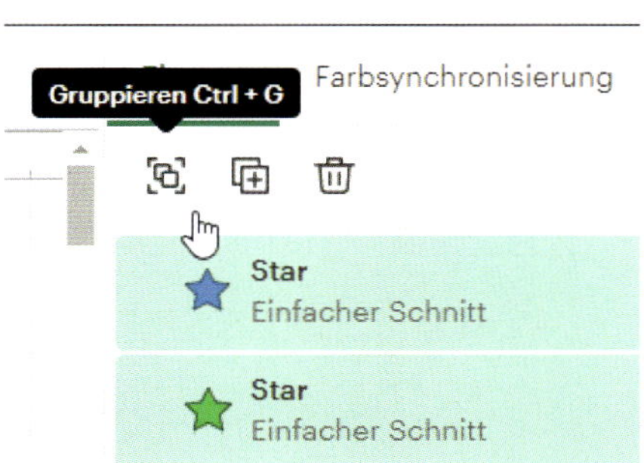

App

1. Tippe auf Formen und anschließend auf den Stern. (Hinweis: Die Form des Sterns in der App unterscheidet sich ein wenig von der Form in der Desktop-Version.)

2. Markiere den Stern, indem du ihn einmal antippst, und tippe dann auf Aktionen > Duplizieren.

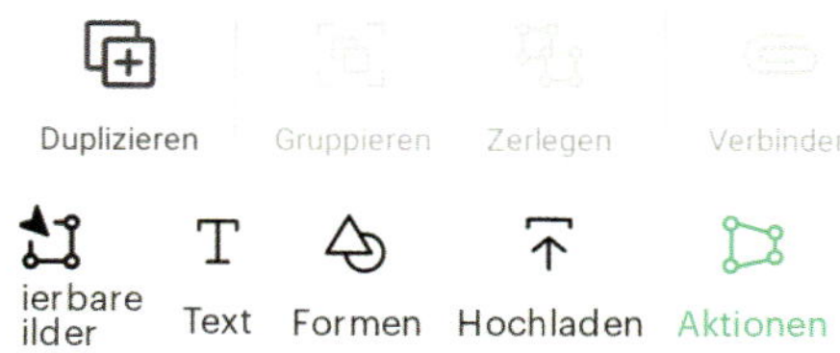

3. Markiere den zweiten Stern, indem du ihn einmal antippst, und verschiebe ihn nach unten, sodass sich die beiden Sterne nicht mehr überlappen.

4. Markiere den ersten Stern, indem du ihn einmal antippst. Verändere im Menü Bearbeiten die Breite des Sterns auf 3,5 cm. Das Vorhängeschloss-Symbol sollte dabei geschlossen sein.

5. Markiere den zweiten Stern, indem du ihn einmal antippst. Verändere im Menü Bearbeiten die Breite des Sterns auf 2,5 cm. Das Vorhängeschloss-Symbol sollte dabei geschlossen sein.

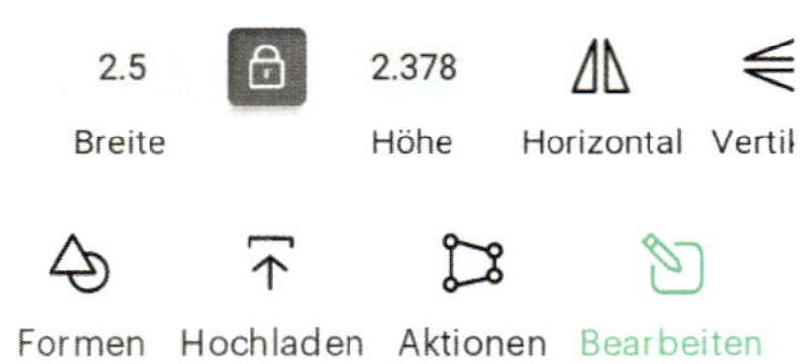

6. Markiere einen der Sterne und tippe im Menü Bearbeiten > Betrieb auf Materialfarbe. Wähle dann eine beliebige Farbe aus, indem du sie einmal antippst. Bestätige die Auswahl mit dem Haken oben rechts. Wiederhole das Vorgehen für den anderen Stern mit einer anderen Farbe. So heben sich für die weiteren Bearbeitungsschritte die Formen farblich voneinander ab.

7. Markiere beide Sterne. Ziehe dazu mit dem Finger ein Rechteck über beide Formen. Alternativ kannst du die Ebenen über den Menüpunkt Ebenen markieren,

indem du die beiden Ebenen nacheinander antippst.

8. Tippe anschließend im Menü Bearbeiten auf Ausrichten > Horizontal zentrieren. Nun sind beide Sterne mittig untereinander ausgerichtet.

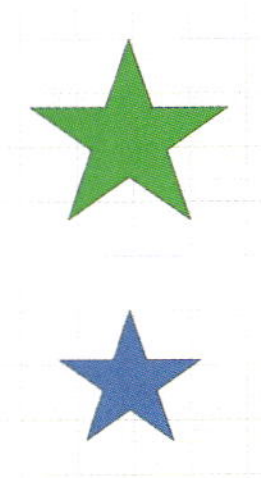

9. Markiere den größeren Stern. Gib im Menü Bearbeiten für Y-Position eine Position von 4 ein.

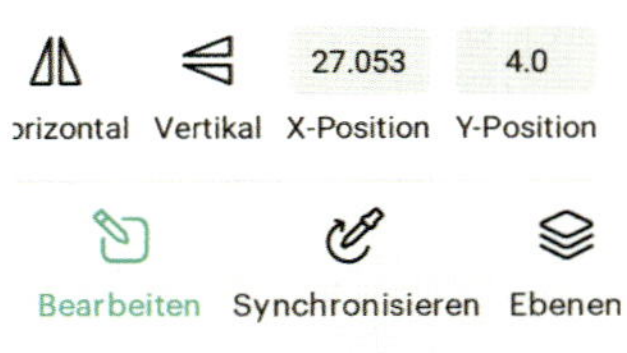

10. Markiere den kleineren Stern. Gib im Menü Bearbeiten für Y-Position eine Position von 4,53 ein. Nun liegen beide Sterne mittig übereinander. (Die Funktion Bearbeiten > Ausrichten > Zentrieren ergibt an dieser Stelle aufgrund der Sternform leider nicht das gewünschte Ergebnis.)

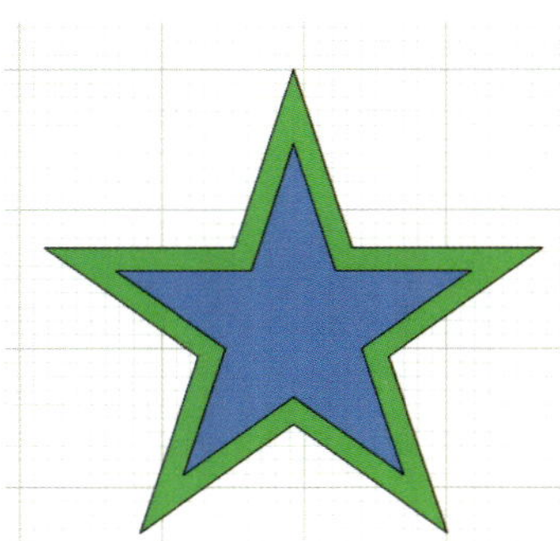

11. Falls der kleinere Stern hinter dem größeren Stern verschwunden ist, tippe auf den Menüpunkt Ebenen und markiere die Ebene des kleineren Sterns. Gehe dann zurück zum Arbeitsbereich und tippe im Menü Bearbeiten auf Anordnen > In den Vordergrund aus.

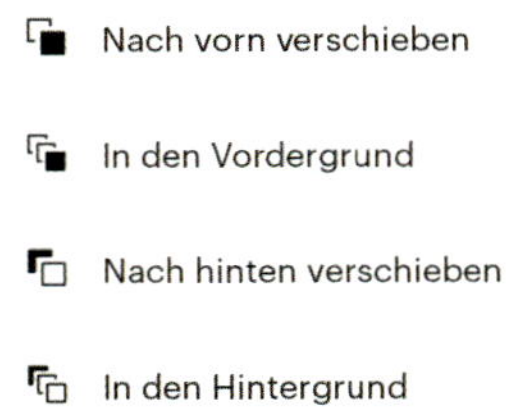

12. Markiere beide Sterne, tippe auf Aktionen und dann auf Gruppieren. Nun bilden beide Sterne eine Gruppe. Das hat den Vorteil, dass sie sich nicht zueinander verschieben und du beide mit einem Antippen markieren kannst.

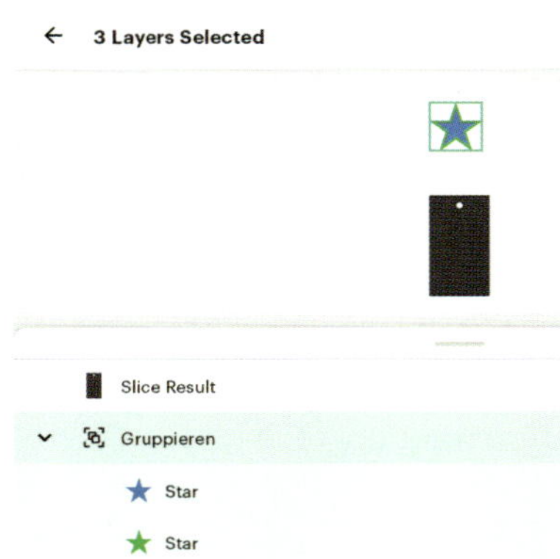

5.9.3 Anhänger und Stern zusammenfügen

Desktop-Version

1. Markiere die Stern-Gruppe. Klicke sie mit der linken Maustaste an und halte diese gedrückt, um beide Sterne gleichzeitig zu verschieben. Positioniere die Stern-Gruppe am unteren Rand des Anhängers, sodass sie unten teilweise über den Anhänger hinausragt.

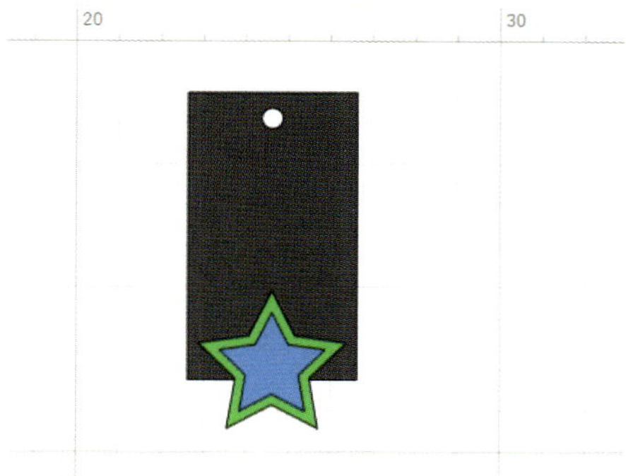

2. Markiere den Anhänger und die Stern-Gruppe. Ziehe dazu mit gedrückter linker Maustaste ein Rechteck über alle Formen. Alternativ kannst du am rechten Bildschirmrand die Ebene des Anhängers und der Stern-Gruppe markieren, indem du sie nacheinander einmal anklickst und dabei die Umschalttaste gedrückt hältst.

3. Klicke auf AUSRICHTEN > HORIZONTAL ZENTRIEREN.

4. Markiere die Stern-Gruppe und klicke im Menü rechts oben auf ZERLEGEN, um die Stern-Gruppe wieder aufzulösen.

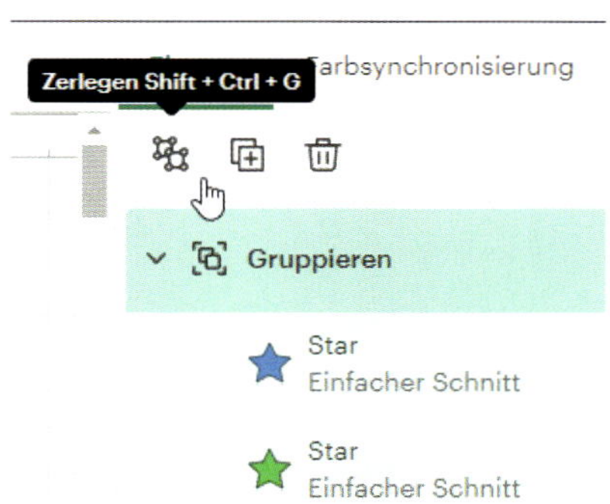

5. Markiere am rechten Rand die Ebenen des großen Sterns und des Anhängers, indem du sie mit gedrückter Umschalttaste nacheinander einmal anklickst. Klicke anschließend rechts unten auf KOMBINIEREN > VERSCHWEISSEN.

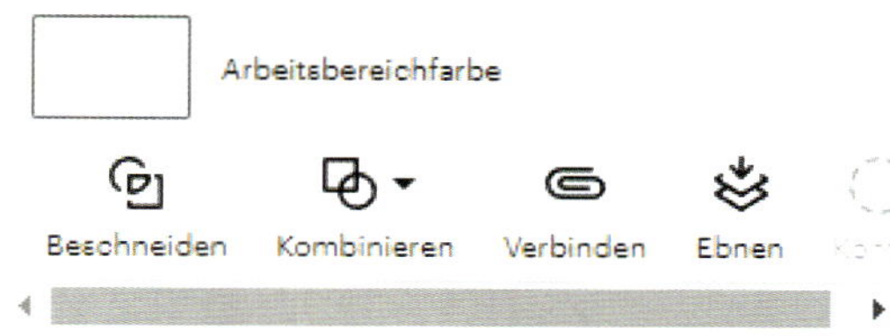

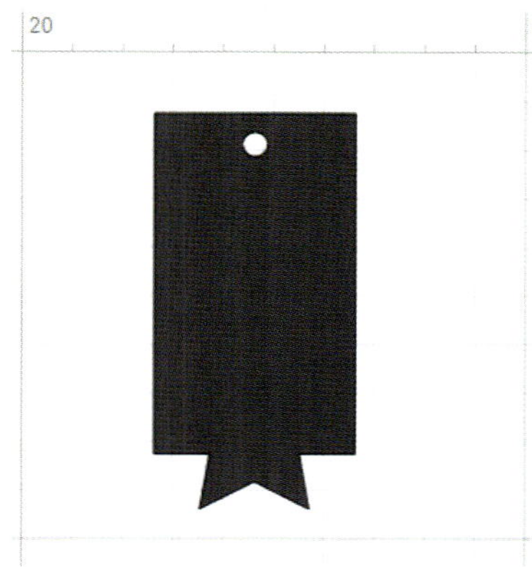

6. Markiere den kleinen Stern und den Anhänger. Ziehe dazu mit gedrückter linker Maustaste ein Rechteck über beide Formen. Alternativ kannst du am rechten Bildschirmrand beide Ebenen markieren, indem du sie mit gedrückter Umschalttaste nacheinander einmal anklickst. Klicke anschließend rechts unten auf BESCHNEIDEN.

7. Markiere den Anhänger, indem du ihn einmal anklickst, und verschiebe ihn nach links. Tippe zum Löschen auf AKTIONEN > LÖSCHEN oder auf das Mülleimer-Symbol unterhalb der Ebenen-Übersicht. Nun ist die Form des Anhängers fertig.

App

1. Markiere die Stern-Gruppe und verschiebe sie an den unteren Rand des Anhängers, sodass sie unten teilweise über den Anhänger hinausragt.

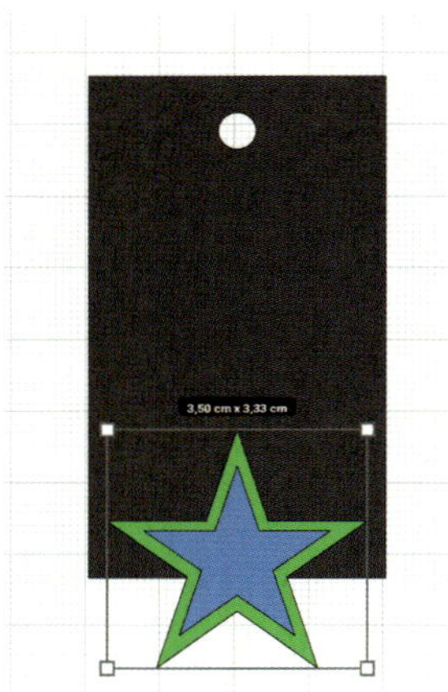

2. Markiere den Anhänger und die Stern-Gruppe. Ziehe dazu mit dem Finger ein Rechteck über beide Formen. Alternativ kannst du in der Ebenenansicht den Anhänger und die Stern-Gruppe markieren, indem du die Stern-Gruppe und den Anhänger nacheinander antippst.
3. Tippe anschließend im Menü Bearbeiten auf Ausrichten > Horizontal zentrieren.
4. Markiere die Stern-Gruppe, tippe auf Aktionen und dann auf Zerlegen, um die Stern-Gruppe wieder aufzulösen.

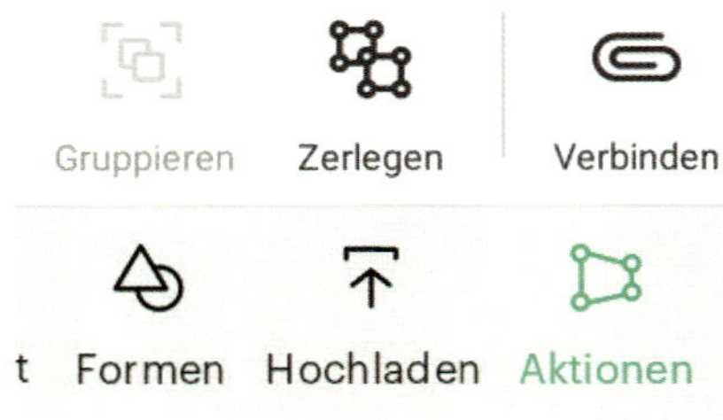

5. Markiere in der Ebenenansicht den großen Stern und den Anhänger, indem du beide Elemente nacheinander antippst. Tippe anschließend auf Aktionen > Kombinieren > Verschweissen.

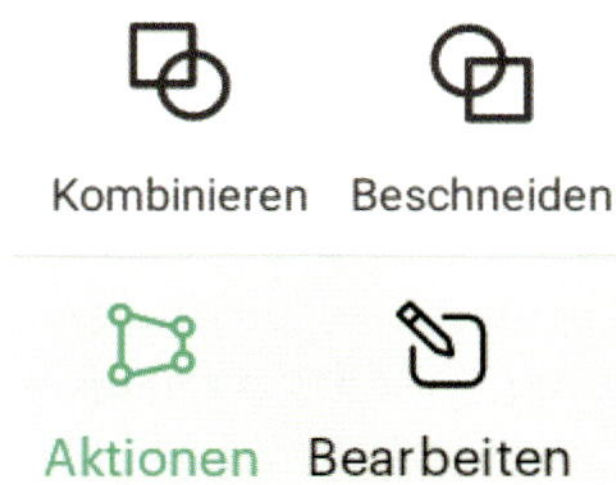

6. Markiere den kleinen Stern und den Anhänger. Ziehe dazu mit dem Finger ein Rechteck über beide Formen. Alternativ kannst du in der Ebenenansicht beide Elemente markieren, indem du beide nacheinander antippst. Tippe anschließend auf Aktionen > Beschneiden.
7. Markiere den Anhänger, indem du ihn einmal antippst, und verschiebe ihn nach rechts. Die beiden entstandenen Sterne kannst du nacheinander markieren und löschen. Tippe zum Löschen auf Aktionen > Löschen oder auf das Mülleimer-Symbol unterhalb der Ebenen-Übersicht. Nun ist die Form des Anhängers fertig.

> **Tipp**
>
> **Du kannst dem Anhänger noch Text hinzufügen (eine Anleitung findest du z.B. im Projekt 5.5. Projekt 1: Karte Wimpel).**

5.9.4 Anhänger herstellen

Desktop & App

1. Klicke auf HERSTELLEN. Wähle anschließend aus, dass du dein Projekt auf einer Matte plotten möchtest.

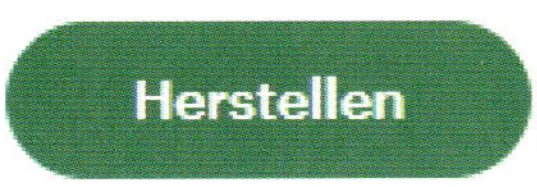

2. Jetzt siehst du dein Projekt auf der Schneidematte und weißt so, wo du das Material aufbringen musst und wo es geschnitten wird. Du kannst das Projekt auch markieren und frei auf der Matte verschieben.
3. Klebe dein Papier auf die Schneidematte. Das Papier sollte am besten ein bis zwei Zentimeter größer sein als der Anhänger. Drücke das Papier mit einer Rakel fest.

Einstellung des Grundmaterials

1. Schalte deinen Cricut Maker 3 ein.
2. Klicke auf FORTFAHREN im *Cricut Design Space*.
3. Wähle dein Grundmaterial aus. Klicke auf ALLE MATERIALIEN DURCHSTÖBERN und wähle in der Kategorie FARBKARTON > LEICHTER FARBKARTON aus oder ein anderes Material, das zu deinen Papier-Eigenschaften passt. Materialien, die du häufiger verwendest, kannst du in der Materialauswahl mit einem Lesezeichen am rechten Rand markieren. Diese Materialien werden dir direkt unter BASISMATERIAL EINSTELLEN angezeigt.

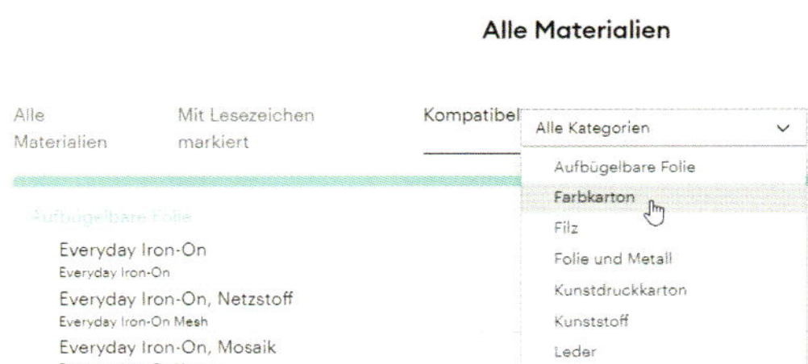

4. Klicke anschließend auf FERTIG.

Werkzeuge und Material laden

1. Das Programm sagt dir nun, welches Werkzeug du in deinem Cricut Maker 3 einsetzen musst.

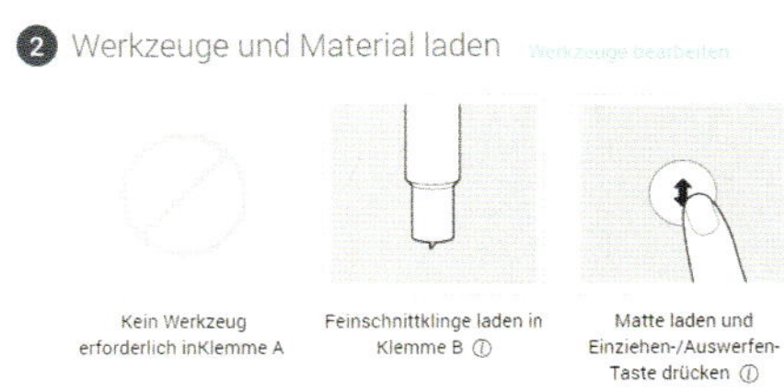

2. Das Programm führt dich durch alle Arbeitsschritte.

Nach dem Plotten

Wenn der Cricut Maker 3 alle Arbeitsschritte ausgeführt hat und du die Schneidematte wieder entnommen hast, musst du das Papier vorsichtig von der Schneidematte lösen.

1. Drehe dazu die Schneidematte mit dem Papier nach unten und löse sie vorsichtig vom Papier ab. So wird das Papier nicht unnötig gewellt. Ein kleiner Spatel kann beim Ablösen hilfreich sein.
2. Entferne alle übrigen Papierreste von der Schneidematte (z.B. mit Spatel oder einer Pinzette).

5.10 Weiterführende Informationen

5.10.1 Zuweisung von Linientypen und Funktionen

Du kannst Objekten einen Linientyp zuweisen (z.B. schneiden, falzen) oder diesen in einem Projekt verändern. Markiere dazu das Objekt und gehe zum Menüabschnitt Betrieb. Dort kannst du auswählen, ob die Linie z.B. geschnitten, gezeichnet oder gefalzt werden soll. Dort stehen einige Funktionen für deinen Cricut Maker 3 zur Verfügung. Beachte jedoch, dass du für manche Funktionen ein gesondertes Werkzeug benötigst, das nicht im Lieferumfang des Cricut Maker 3 enthalten ist. Die zugewiesene Funktion erscheint auch in der Ebenenansicht.

Hinweis

Wenn du einem Text eine Funktion (z.B. Zeichnen mit dem Stift oder Falzen) zugewiesen hast und anschließend die Schriftart veränderst, musst du die gewünschte Funktion erneut einstellen, da der Text nach einem Schriftartwechsel automatisch auf die Funktion Schneiden wechselt.

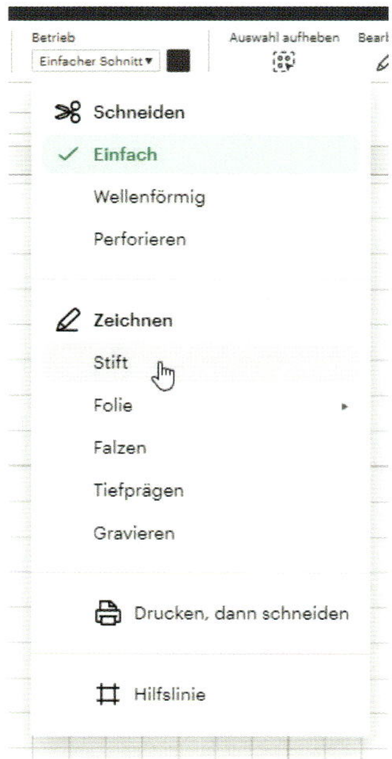

5.10.2 Objekte ausblenden

Du hast die Möglichkeit, Objekte, Formen oder Texte während der Bearbeitung auch auszublenden (und später wieder einzublenden). Fahre dazu mit dem Coursor in der Ebenen-Übersicht am rechten Rand über die entsprechende Ebene. Dabei erscheint auf der rechten Seite ein Augensymbol. Wenn du dieses anklickst, ist das entsprechende Objekt nicht mehr sichtbar. Das Auge in der Ebene ist durchgestrichen und die Ebene ist ausgegraut. Klicke erneut auf das Auge, um das Objekt wieder einzublenden. (**App:** Tippe auf Ebenen, wähle dann eine Ebene in der Ebenen-Übersicht aus und klicke auf das Augensymbol am rechten Rand der Ebene.)

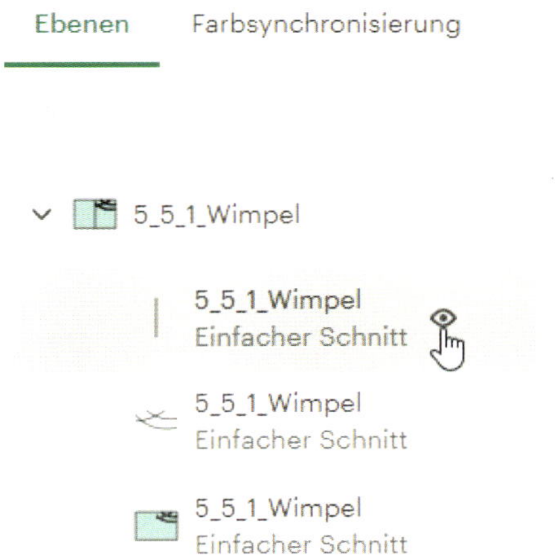

5.10.3 Objektfarben verwenden

Das Programm ordnet gleichfarbige Objekte demselben Material zu. Dadurch werden gleichfarbige Objekte zusammen hergestellt und verschiedenfarbige Objekte auf mehrere Schneidematten verteilt.

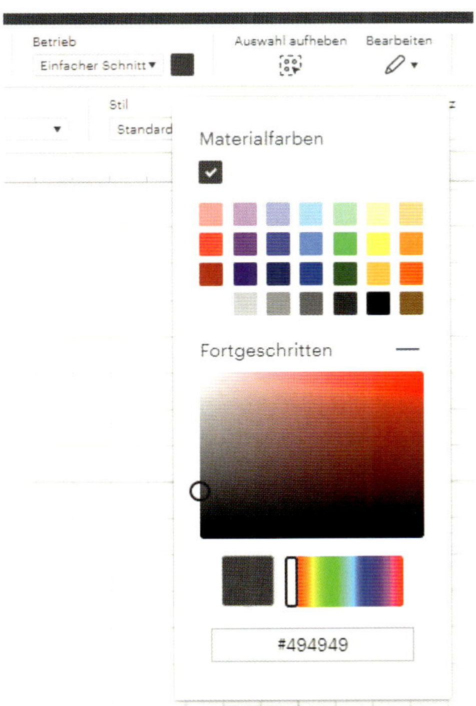

5.10.4 Ebenen beschriften

Damit du bei Projekten mit vielen Ebenen nicht durcheinander kommst, kannst du diese individuell beschriften. Gehe dazu in die Ebenenansicht und klicke doppelt auf die Ebenenbezeichnung. Es erscheint ein weißes Eingabefenster, in dem du deinen Wunschtext einfügen kannst (**App:** Gehe zur Ebenenansicht und aktiviere über die drei Punkte oben rechts den Menüpunkt Bearbeiten. Über das Stiftsymbol in der Ebene kannst du deinen Wunschtext einfügen).

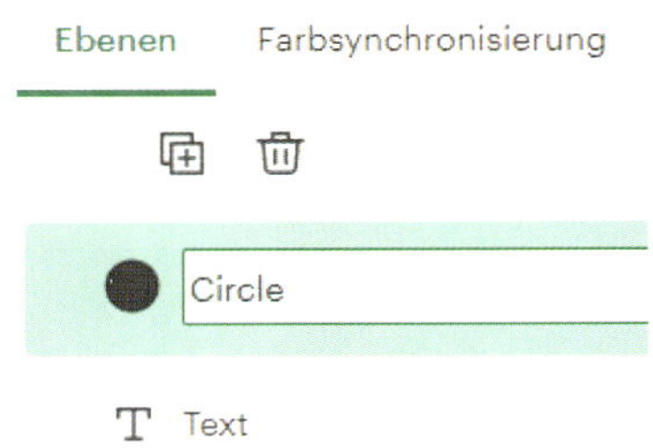

5.10.5 Objekte drehen

Um ein Objekt zu drehen, findest du den Menüpunkt Drehen in der oberen Menüleiste (**App:** Menüpunkt Bearbeiten). Dort kannst du angeben, um wie viel Grad du dein Objekt drehen möchtest. Alternativ kannst du das Objekt verdrehen, indem du den Cursor mit etwas Abstand zu einer der Objektecken bewegst. Dann erscheint ein gebogener Doppelpfeil und du kannst das Objekt beliebig drehen (**App:** Nutze das Kreissymbol mit zwei gebogenen Doppelpfeilen unter einem markierten Objekt, um dieses beliebig zu drehen).

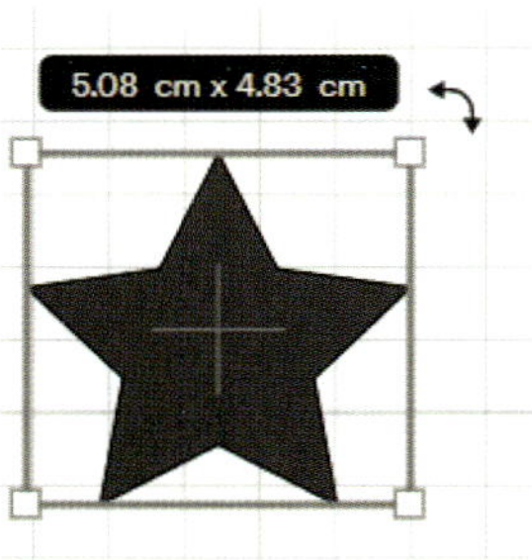

5.10.6 Funktion »Offset«

Mit der Funktion Offset kannst du einen dicken (meist weißen) Rahmen um Objekte herum einfügen. Dieser kann z.B. dazu dienen, die einzelnen unzusammenhängenden Buchstaben bei Schriftzügen zusammenzuhalten, oder auch als Design-Element.

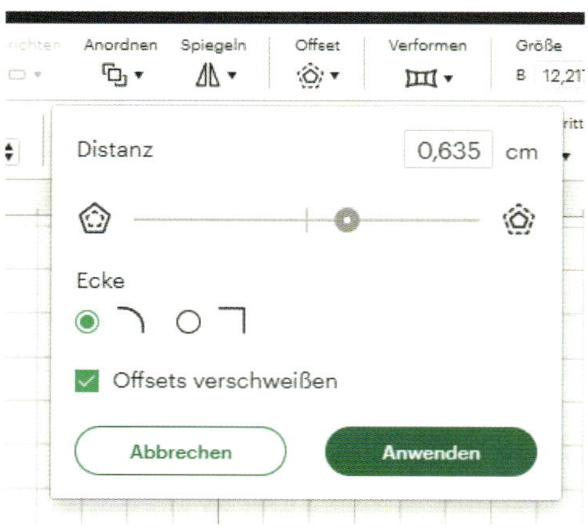

Um einen Offset zu erstellen, wähle dein Objekt aus (z.B. Text) und klicke auf die Offset-Schaltfläche im oberen Menüband. (**App:** Bearbeiten > Offset) Hier kannst du einen Offset nach außen (oder auch nach innen) festlegen und dabei die Größe bestimmen. Es entsteht dadurch ein neuer Umriss, dessen Farbe du festlegen kannst. Ein Projekt dazu findest du in Abschnitt 9.1.4.

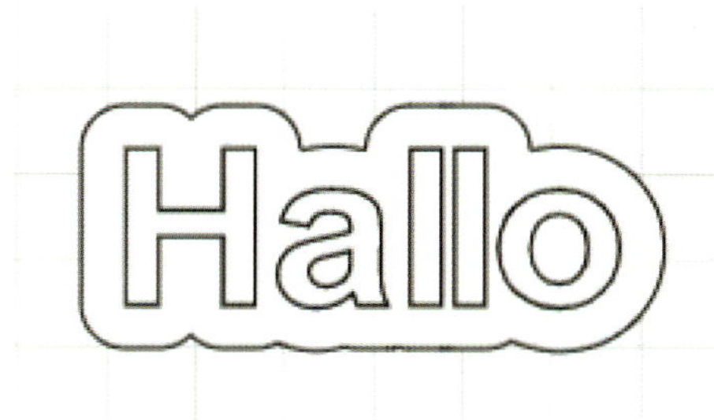

5.10.7 Snap Mat in der iOS-App

Bisher hast du nur in der iOS-App (mobile Apple-Geräte) die Möglichkeit, deine Schneidematte mit dem Material zu fotografieren und anschließend deine zu schneidenden Objekte an diesem Foto auszurichten.

6 Geschenke

In diesem Kapitel findest du viele Ideen zum Thema Geschenke. Dabei sind Projekte für Geschenke, z.B. Geschenkanhänger, Geschenkboxen, Karten und Geschenksäckchen. Du findest aber auch Projekte, die selbst ein Geschenk sein können, z.B. Lesezeichen und Taschen.

6.1 Geschenkanhänger

Geschenkanhänger sind nicht nur nützlich, um Geschenke für verschiedene Personen nicht durcheinanderzubringen. Sie können verpackte Geschenke auch schöner machen oder kleine Botschaften an den Beschenkten überbringen. In den nachfolgenden Abschnitten findest du sowohl klassische Anhänger als auch Anhänger mit ausgefalleneren Formen.

6.1.1 Geschenkanhänger in Formen

Schwierigkeit: leicht

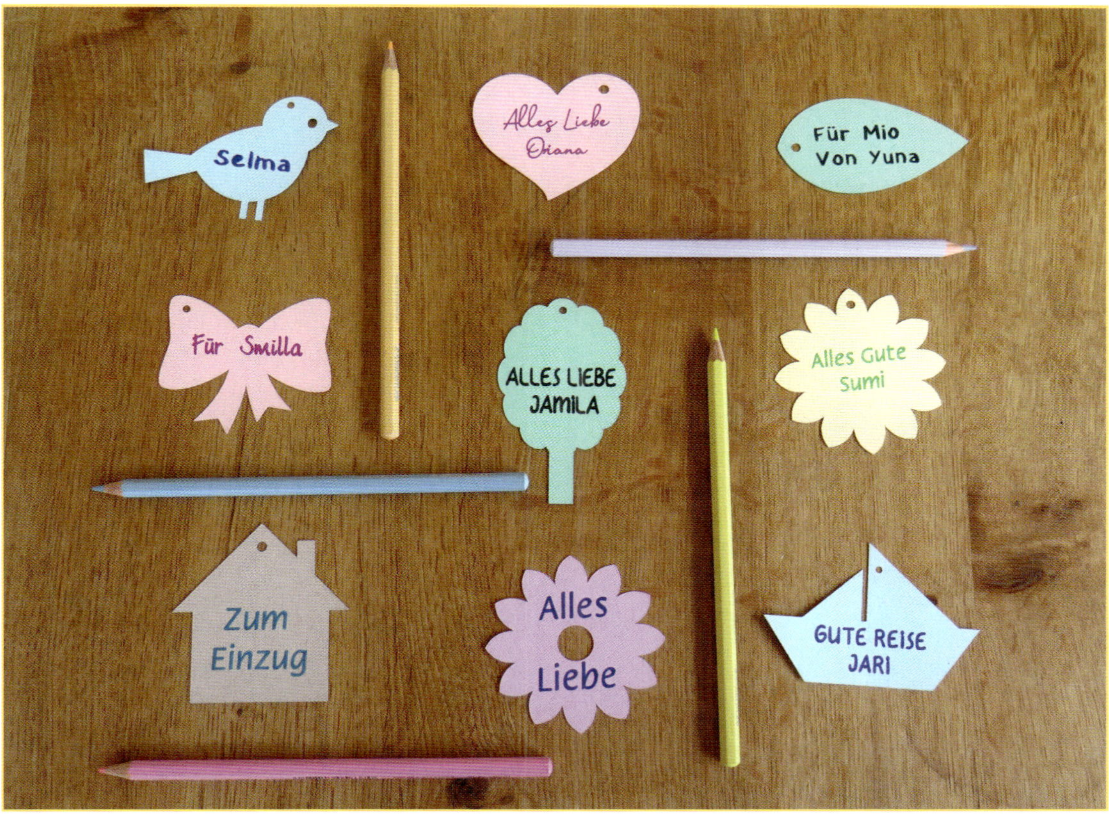

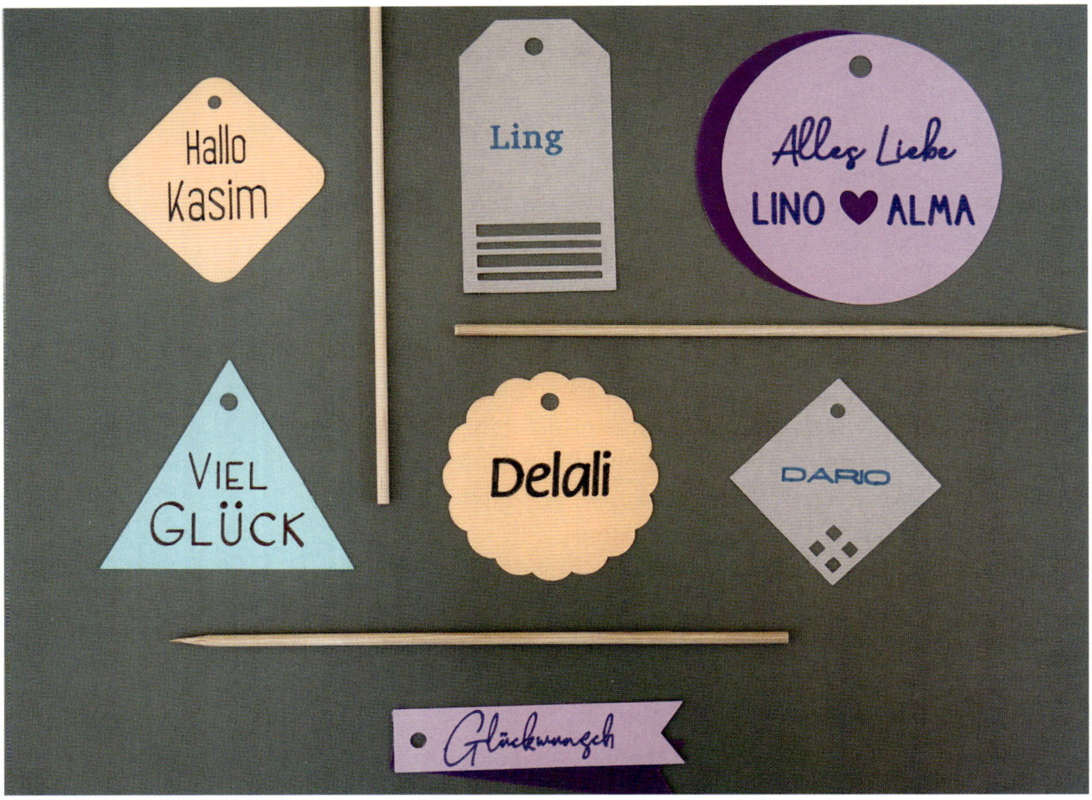

Material

- Fotokarton oder Tonpapier
- Gegebenenfalls Cricut-Stift
- Vorlagen: 6_1_1_Geschenkanhaenger_klassisch oder 6_1_1_Geschenkanhaenger_Formen

Größe des Projekts

Du kannst die Größe der Geschenkanhänger frei wählen.

Klassische Maße für Geschenkanhänger:

- Rund: 5–6 cm
- Rechteckig: 7 x 4 cm
- Quadratisch: 5–6 cm

Geschenkanhänger individualisieren

Platziere ein Textfeld auf dem Geschenkanhänger und schreibe deinen Wunschtext. Wähle Schriftart und Schriftgröße passend dazu aus. Lass den Text vom Plotter mit einem Cricut-Stift schreiben.

Verwendete Schriftarten: Klassische Geschenkanhänger: Dreieck – Tihana; Raute – Allegro; Blume – QTFloraline; Rechteck schmal – Summer Pisces; Rund – Lumie; Rechteck – Charter; Raute – 3616 Grammastile Geschenkanhänger, Formen: Haus, Blüten – QTFloraline; Boot, Baum – Hey Guys!Demo; Vogel, Blatt – Nekoto; Herz – Celliad; Schleife – Campbell

Variationen

Geschenkanhänger Papier-Upcycling

Nutze schönes Papier von Verpackungen einfach für Geschenkanhänger noch einmal. Führe vor dem Schneiden des Projekts mit unbekanntem Material einen Testschnitt durch, damit du deinen Cricut Maker 3 für das unbekannte Material richtig einstellst. Nutze beispielsweise Papierboxen von Taschentüchern oder Kosmetiktüchern. Für die

Rückseite schneidest du dann weißes Papier in gleicher Größe und klebst es zusammen.

Geschenkanhänger mit geschnittenen Namen
Du kannst auch Namen aus dem Geschenkanhänger herausschneiden lassen. Nutze dafür eine Stencil-Schriftart und wähle die Schriftgröße nicht zu klein.

Geschenkanhänger mit Formen
Du kannst aus Geschenkanhängern auch Formen ausschneiden (z.B. Kreise oder Sterne), um sie so noch interessanter zu gestalten. Du kannst aus verschiedenen Formen auch eigene Motive schaffen (z.B. aus drei Dreiecken und einem Rechteck eine Tanne).

Geschenkanhänger als Ornamente
Du kannst Geschenkanhänger auch als Ornamente für Zweige oder Fenster nutzen, wenn du beispielsweise weitere Formen herausschneidest. Aus verschiedenen Ornamenten kannst du außerdem auch ein Mobile gestalten.

Tipp

Diese Geschenkanhänger wirken besonders schön, wenn sie aus bedrucktem oder gemustertem Papier hergestellt werden. Doch auch strukturiertes oder Metallic-Papier kann sehr ansprechend sein. Besonders bei den klassischen Formen lassen sich verschiedene Anhänger auch sehr gut kombinieren.

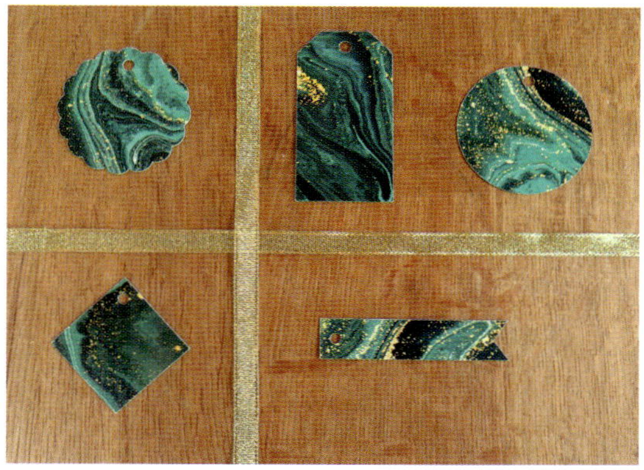

6.1.2 Monogramm-Anhänger

Schwierigkeit: leicht
Projekt ohne Vorlage

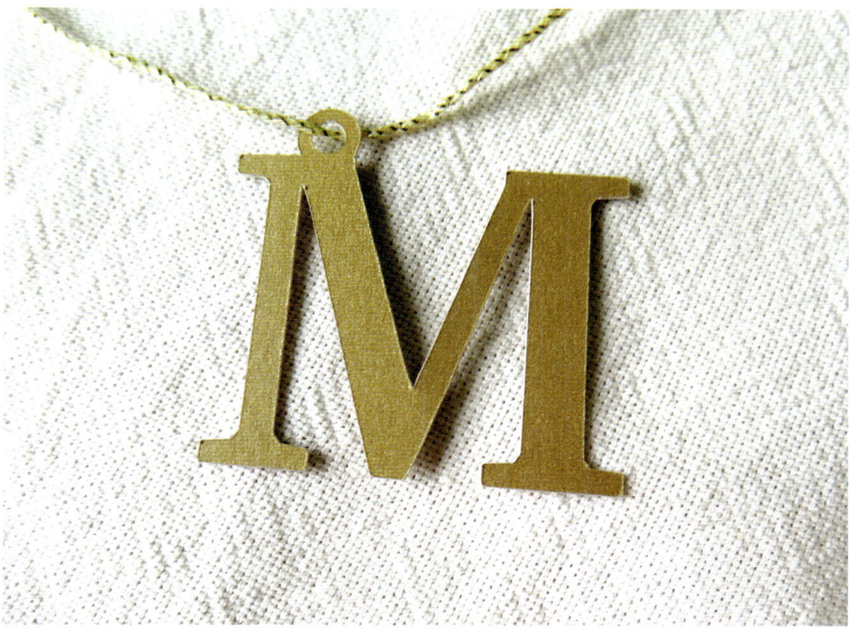

1. Erstelle ein neues Textfeld und gib den gewünschten Anfangsbuchstaben als Großbuchstaben ein.
2. Verändere die Höhe des Buchstabens auf 4 cm. Halte das Vorhängeschloss geschlossen, damit sich die Breite proportional mitverändert.
3. Erstelle zwei Kreise. Einen mit einem Durchmesser von 1 cm und einen weiteren mit einem Durchmesser von 0,5 cm.
4. Lege die beiden Kreise übereinander, sodass der kleinere Kreis im Vordergrund ist, klicke dafür auf ANORDNEN > IN DEN VORDERGRUND. Damit beide Kreise genau mittig übereinander platziert sind, markiere beide Kreise und klicke auf AUSRICHTEN > ZENTRIEREN.

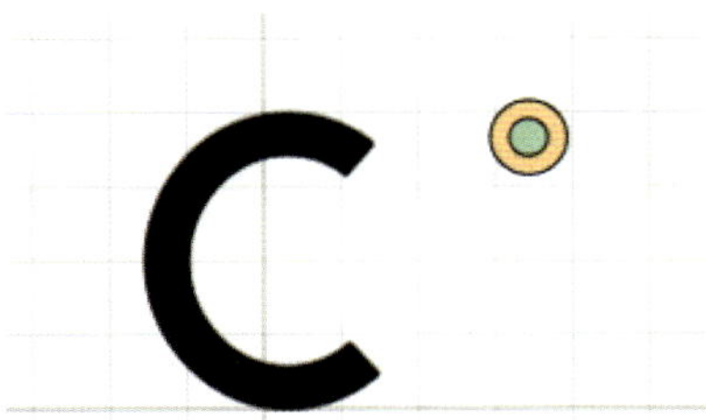

5. Lass beide Kreise markiert und zentriert und klicke anschließend auf BESCHNEIDEN. Daraus entsteht dann ein Ring.

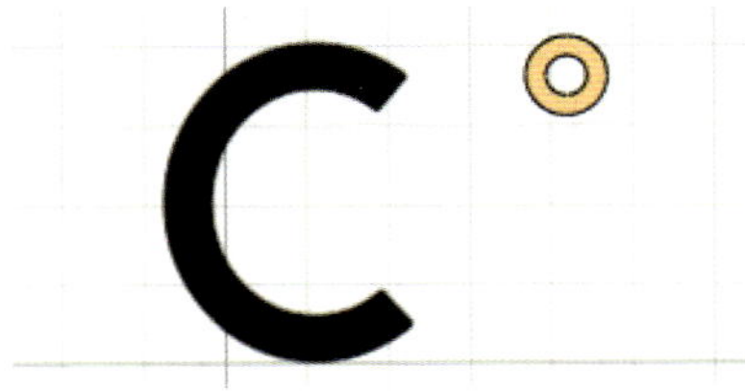

6. Platziere den Ring an die gewünschte Stelle am Buchstaben und klicke auf KOMBINIEREN > VERSCHWEISSEN. Sollte der Ring nach dem Verschweißen plötzlich gefüllt sein, mache den Arbeitsschritt rückgängig. Platziere den Ring neu, sodass er weniger mit dem Buchstaben überlappt. Zum Schluss kannst du die Größe des Anhängers noch anpassen und ihn herstellen.

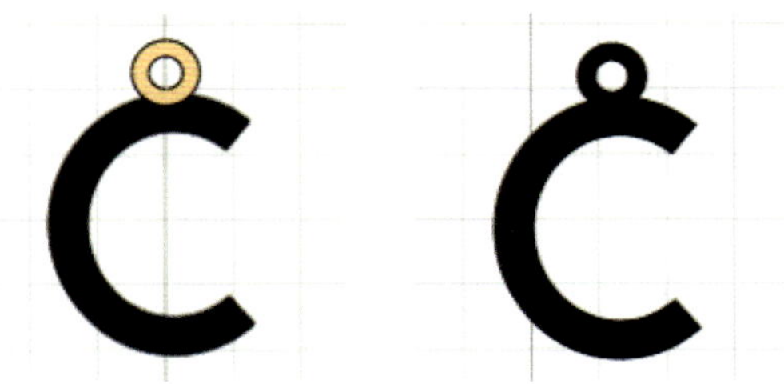

6.1.3 Geschenkanhänger mit Namen

Schwierigkeit: mittel
Projekt ohne Vorlage

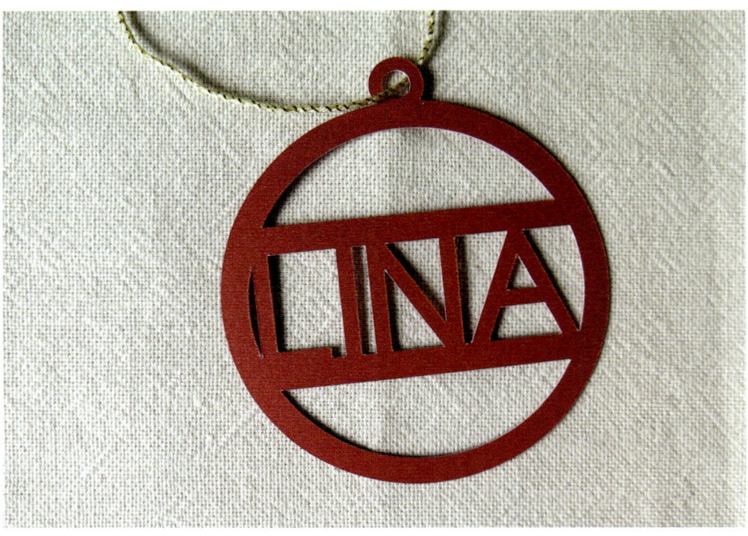

1. Erstelle zwei Kreise mit einem Durchmesser von 7 cm bzw. 6 cm. Markiere beide Kreise. Klicke auf Ausrichten > Zentrieren und anschließend auf Beschneiden. So erhältst du den äußeren Ring für den Anhänger.

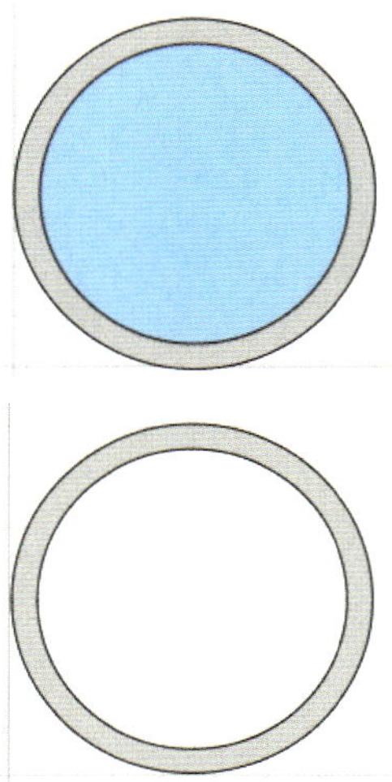

2. Wiederhole den ersten Arbeitsschritt mit zwei Kreisen im Durchmesser von 1 cm bzw. 0,5 cm.

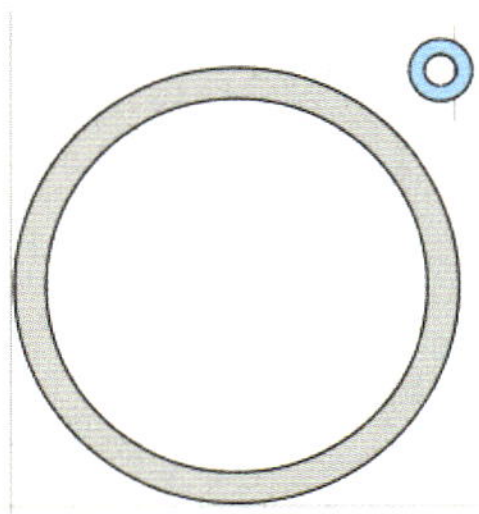

3. Schreibe einen Namen in Großbuchstaben und ziehe das Textfeld in die Mitte des großen Rings. Wähle die Größe des Textes so, dass der Name mit dem Rand des großen Rings leicht überlappt. Markiere das Textfeld und den Ring. Klicke auf Ausrichten > Zentrieren und anschließend auf Kombinieren > Verschweissen. Nun sind das Textfeld und der großen Ring miteinander verbunden.

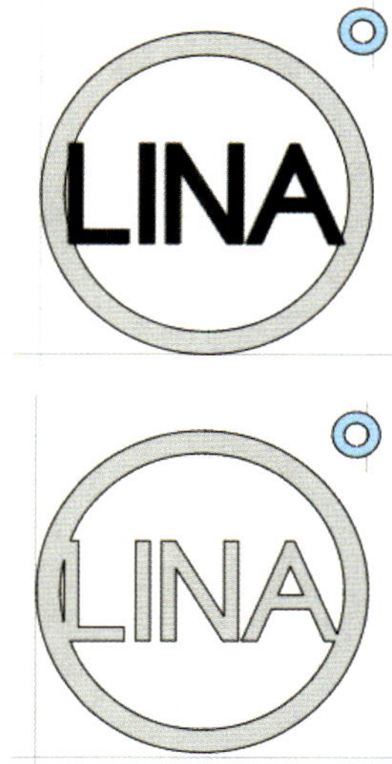

4. Füge dann zwei schmale Rechtecke mit 0,5 cm Höhe ein. Die Breite der Rechtecke ist abhängig von der Größe der Schrift (und somit von der Länge des Namens) und muss bis zum Ring reichen, darf jedoch nicht darüber hinausgehen.

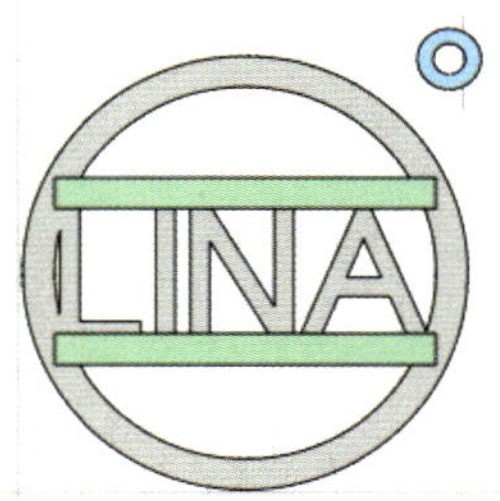

5. Markiere den Ring mit Schrift sowie die beiden Rechtecke und klicke auf Kombinieren > Verschweissen.

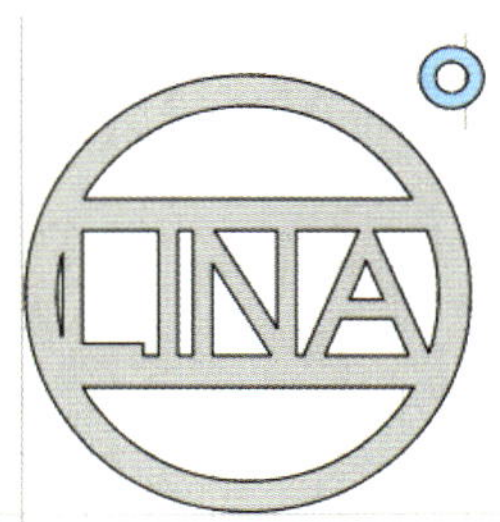

6. Füge den zu Beginn erstellten kleinen Ring hinzu und setze beide Ringe untereinander, sodass sie sich leicht überlappen. Markiere beide Ringe. Klicke auf Ausrichten > Horizontal zentrieren und danach auf Kombinieren > Verschweissen. Jetzt ist der Anhänger fertig.

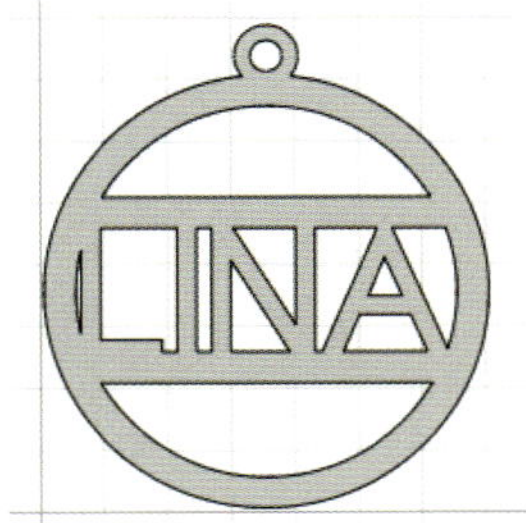

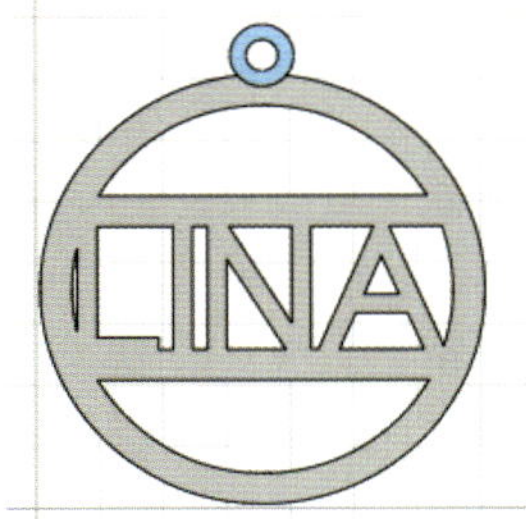

Tipp

Du kannst den Geschenkanhänger mit Namen auch als Ornament, Anhänger oder Tischkarte nutzen.

6.1.4 Geschenkanhänger mit Schrift

Schwierigkeit: schwer
Projekt ohne Vorlage

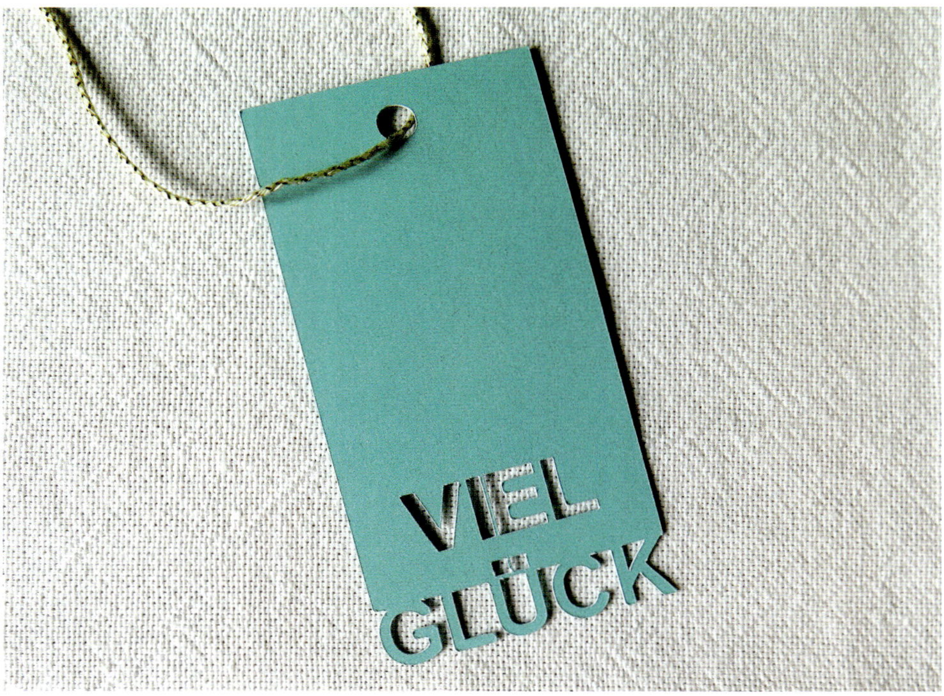

1. Erstelle ein Rechteck mit einer Höhe von 7 cm und einer Breite von 4 cm und einen Kreis mit einem Durchmesser von 0,5 cm. Positioniere den Kreis oben auf dem Anhänger. Klicke auf Ausrichten > Horizontal zentrieren und anschließend auf Beschneiden. Das Rechteck hat nun einen kreisrunden Ausschnitt.

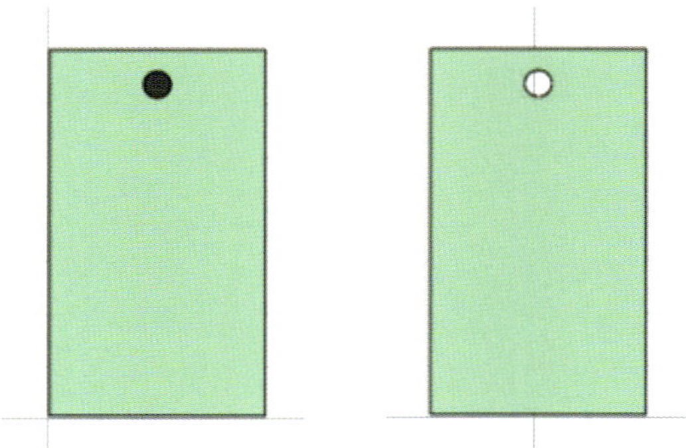

2. Schreibe in ein Textfeld das Wort GLÜCK (hier Schriftart: Arial, fett) und stelle die Breite des Textfeldes auf 4 cm. Halte das Schloss dabei geschlossen, damit sich die Höhe proportional mitverändert. Positioniere das Wort an der unteren Seite des Anhängers und lass die Buchstaben leicht mit dem Rechteck überlappen. Markiere Rechteck und Text. Klicke auf Ausrichten > Horizontal zentrieren und anschließend auf Kombinieren > Verschweissen. Nun sind das Rechteck und der Text eine Form.

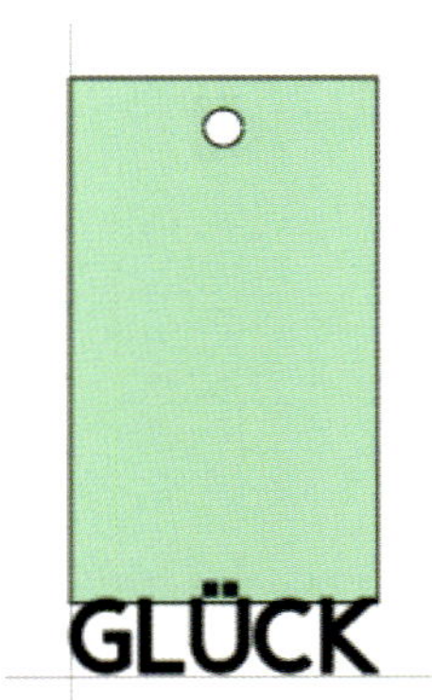

3. Da dabei die Punkte des Ü verloren gehen, erstelle zwei kleine Quadrate mit einer Seitenlänge von 0,2 cm. Markiere beide Quadrate und klicke auf Ausrichten > Oben ausrichten, damit sie auf einer Höhe sind. Positioniere sie über dem U. Wähle dann jeweils ein Quadrat und klicke auf Beschneiden. Hinweis: Beim Beschneiden des Rechtecks kann es passieren, dass das zweite Quadrat in den Hintergrund rutscht. Bringe es wieder in den Vordergrund, indem du es markierst und auf Anordnen > In den Vordergrund klickst.

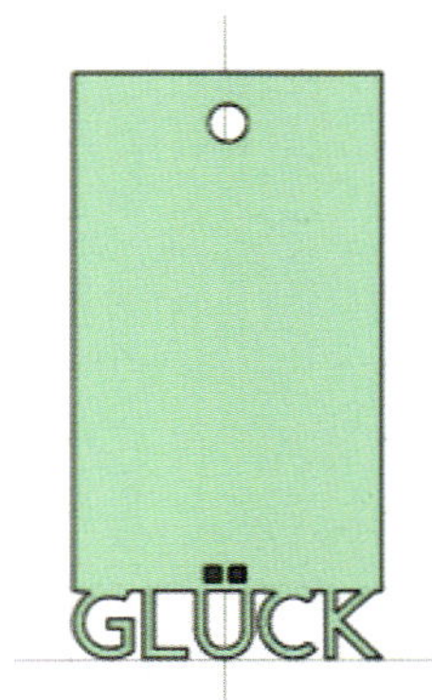

4. Schreibe in ein Textfeld das Wort »VIEL« (hier Schriftart: Arial, fett). Wenn du dieses in der gleichen Schriftgröße wie das Wort GLÜCK haben möchtest, dann wähle die Größe 27,25. Markiere das Rechteck und das Textfeld. Klicke dann auf Ausrichten > Horizontal zentrieren und anschließend auf Beschneiden. Jetzt ist dein Anhänger fertig.

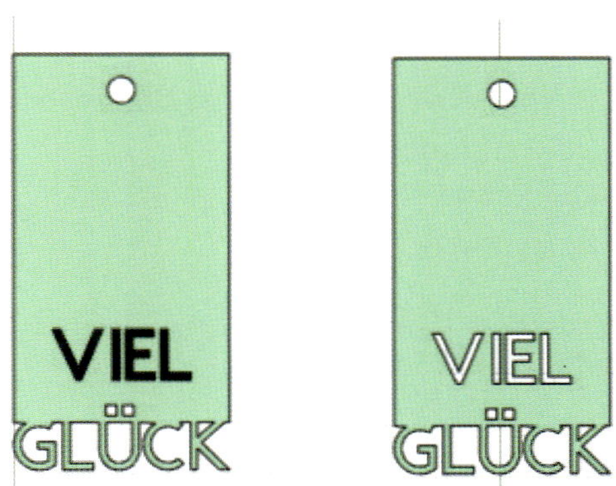

6.2 Geschenkboxen

Gerade kleine Geschenke schön zu verpacken, ist nicht immer einfach. Die nachfolgenden Geschenkboxen helfen dir dabei, das Kleine ganz besonders zu machen.

6.2.1 Box verdreht

Schwierigkeit: mittel

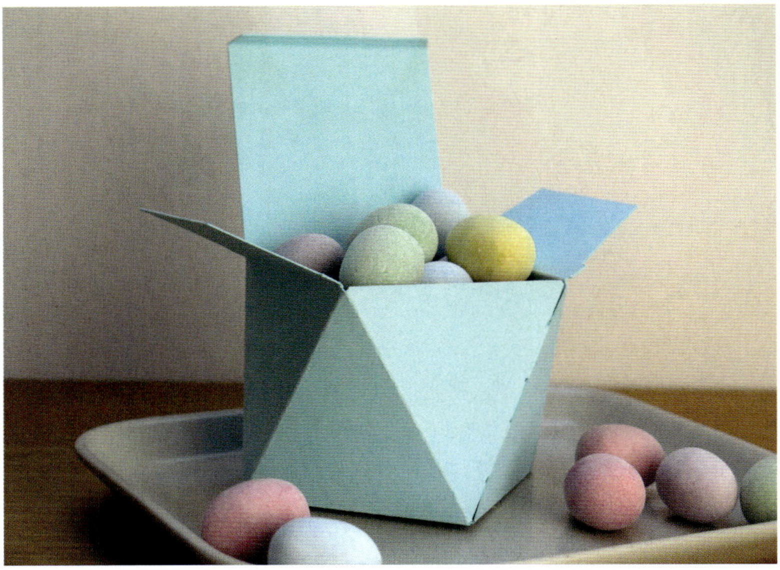

Material

- Fotokarton oder Tonpapier
- Falzstift bzw. Falzrad
- Vorlage: 6_2_1_Box_verdreht

Größe des Projekts

Die maximale Größe der Geschenkbox »verdreht«:

- In der Software wähle eine Breite von 28 cm für die Vorlage.
- Die fertige Box ist dann ca. 6,3 cm hoch und 8,7 cm breit.

Box falten

Beginne zuerst mit den Laschen A und B, die du in die Aussparungen C und D steckst. Für den Boden der Box klappe zuerst E zur Mitte und lege die Seitenteile F und G darüber. Anschließend klappst du Teil H darüber und steckst es in die entstandene Aussparung unter E ein. Jetzt nur noch für die Oberseite die Seitenteile I und J nach innen falten und den Deckel K zuklappen und an Lasche L einstecken. Fertig.

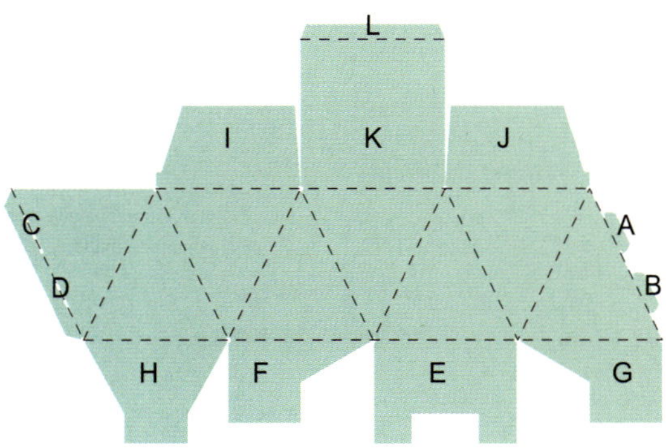

6.2.2 Pyramide

Schwierigkeit: leicht

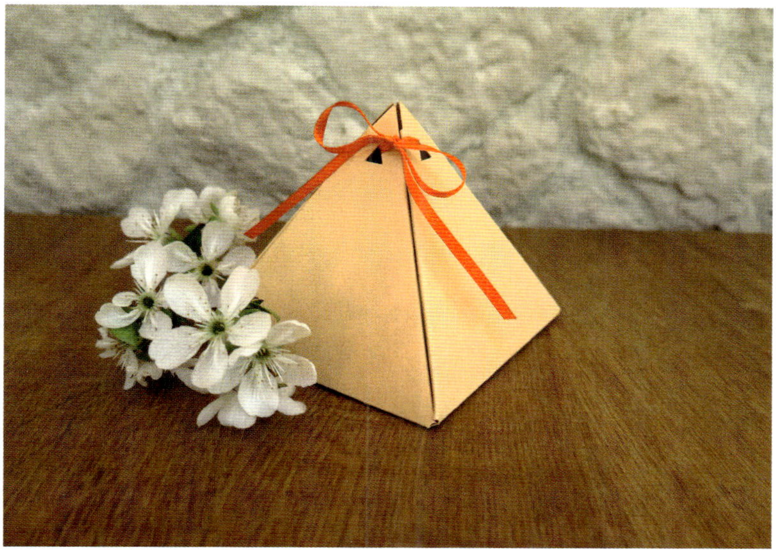

Material

- Fotokarton oder Tonpapier
- Falzstift bzw. Falzrad
- Geschenkband (max. Breite 0,5 cm)
- Vorlage: 6_2_2_Pyramide

Die maximale Größe der Pyramide:

- In der Software wähle eine Breite von 20 cm für die Vorlage.
- Die fertiggestellte Box hat dann eine quadratische Grundfläche von 9,5 cm und eine Höhe von 8 cm.

Pyramide falten und verschließen

Beginne damit, jede Seitenwand A1 – A4 einmal nach innen zum Boden B zu falten. Anschließend klappst du an jeder Seitenwand die Abschnitte C nach innen. Ziehe das Geschenkband von außen nach innen durch die Löcher der Seitenwände A1 und A2, überkreuze die beiden Enden und führe diese durch die Löcher der Seitenwände A3 und A4 wieder nach außen. Ziehe das Geschenkband vorsichtig fest und verknote es. Achte darauf, dass alle Abschnitte C der Seitenwände sich im Inneren der Pyramide befinden.

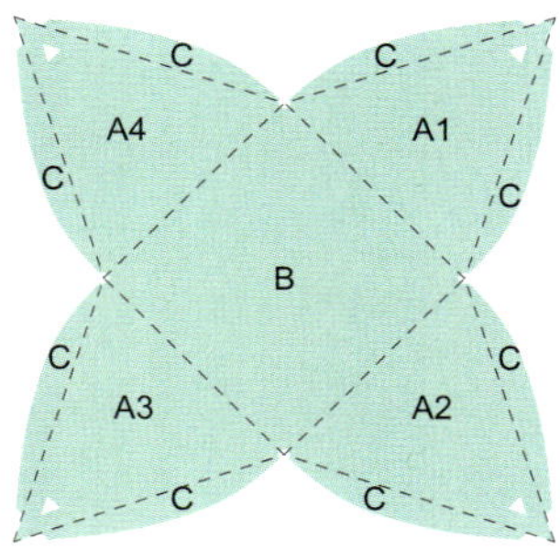

Variationen

Persönliche Widmung auf dem Boden
Platziere ein Textfeld innen auf dem quadratischen Boden der Geschenkbox. Der Text wird erst dann sichtbar, wenn die Geschenkbox geöffnet wird. Schreibe deinen Wunschtext in deiner Wunschschriftart und -farbe.

Text auf den Seitenteilen der Pyramide
Platziere ein Textfeld auf den Seitenflächen A und schreibe deinen Wunschtext in deiner Wunschschriftart und -farbe. Achte darauf, dass dieser nicht auf die Abschnitte C ragt, da diese nach innen gefaltet werden.

6.2.3 Sternenkissen

Schwierigkeit: mittel

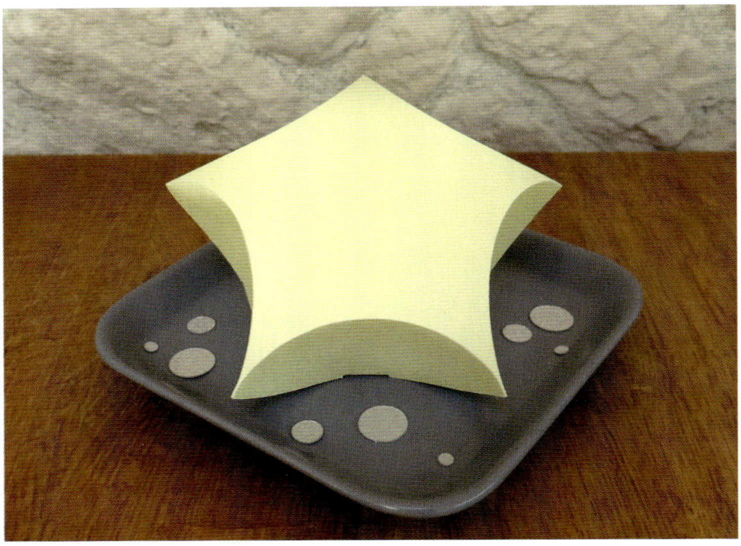

Material

- Fotokarton oder Tonpapier
- Falzstift bzw. Falzrad
- Vorlage: 6_2_3_Sternenkissen

Größe des Projekts

Die maximale Größe der Sternenkissen:

- In der Software wähle die Breite 28 cm für die Vorlage.
- Die fertiggestellte Box hat dann einen Durchmesser von 13,5 cm und eine Höhe von 4,5 cm.

Sternenkissen falten

Falte zuerst die kleinen Laschen A nach innen. Beginne dann an der Seitenwand B die beiden Sternhälften C und D übereinander zu legen und halte diese mit einer Hand vorsichtig in Position. Stecke der Reihe nach mit der anderen Hand die kleinen Laschen A der Seitenwände in die entsprechenden Aussparungen in der Unterseite des Sterns.

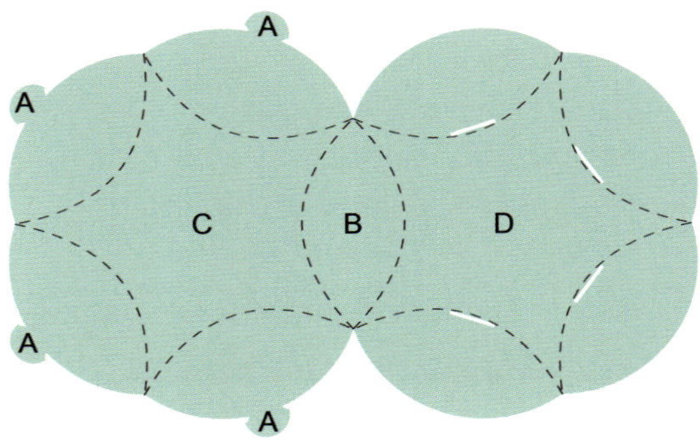

Variationen

Persönliche Widmung auf Oberseite des Sternenkissens

Platziere ein Textfeld auf der Seite des Sterns, an der die Laschen A angebracht sind. Achte darauf, dass das Textfeld nicht über die Sternform auf die Seitenwand B hinausragt. Schreibe deinen Wunschtext in deiner Wunschschriftart und -farbe. (Bei dieser Variation kannst du die Falzkanten nicht mit einem Stift zeichnen lassen. Lass diese entweder von einem Falzstift bzw. -rad bearbeiten oder blende sie vollständig aus.)

6.2.4 Blütenbox

Schwierigkeit: mittel

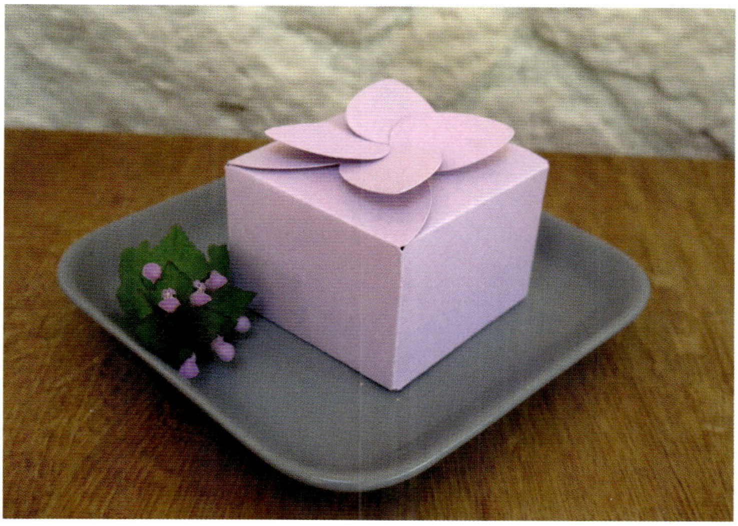

Material

- Fotokarton oder Tonpapier
- Falzstift bzw. Falzrad
- Kleber
- Vorlage: 6_2_4_Bluetenbox

Größe des Projekts

Die Größe der Blütenbox:

- In der Software wähle eine Breite 28 cm für die Vorlage.
- Die fertiggestellte Box hat dann eine quadratische Grundfläche von 6,5 cm und eine Höhe von 5 cm.

Blütenbox falten

Klebe zuerst die Lasche A an die entsprechende Seitenwand B. Für den Boden der Box falte erst Seitenteil C zur Mitte und lege die Seitenteile D und E darüber. Anschließend klappst du Seitenteil F darüber und steckst es in die entstandene Aussparung unter C ein. Für den Blumenverschluss oben lege das Blütenblatt G über H, H über I, I über J und J über G. Drücke anschließend, falls notwendig, die entstandene Blüte leicht nach unten.

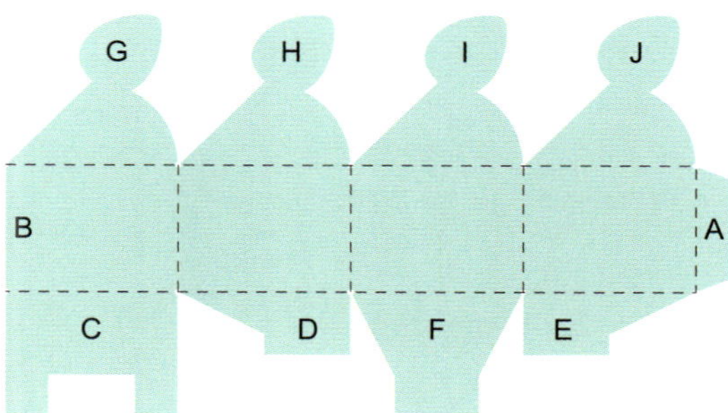

Variationen

Kleine Glückwünsche auf den Blütenblättern
Die Blütenblätter sind so klein, dass nur ein Wort Platz findet. Positioniere kleine Textfelder auf die oberen zwei Drittel jedes Blütenblatts. So kannst du kleine Glückwünsche platzieren.

Persönliche Widmungen auf den Seiten der Box
Mehr Platz für Text findest du auf den Seitenwänden der Box. Platziere ein Textfeld auf den Seitenflächen und schreibe deinen Wunschtext in deiner Wunschschriftart und -farbe.

6.2.5 Korb

Schwierigkeit: leicht

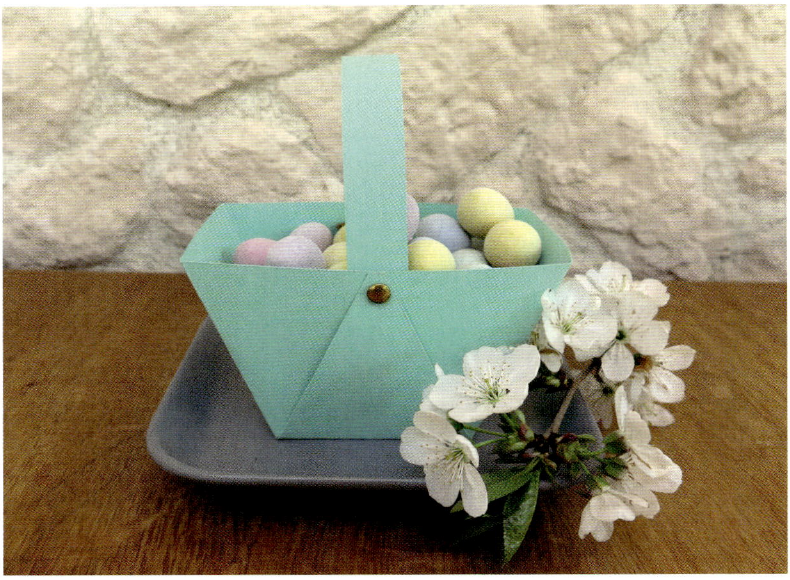

Material

- Fotokarton oder Tonpapier
- Falzstift bzw. Falzrad
- 2 Musterklammern
- Vorlage: 6_2_5_ Korb

Größe des Projekts

Die maximale Größe des Korbs:

- In der Software wähle die Höhe von 20 cm und die Breite von 21 cm für die Vorlage aus.
- Der fertiggestellte Korb hat dann eine quadratische Grundfläche von 6 cm und eine Höhe von 12 cm (inklusive aufgestelltem Henkel).

Korb falten

Falte die Seitenteile A nach innen und lege sie über das aufgestellte Seitenteil B, sodass die Löcher übereinander liegen. Lege anschließend den Henkel darauf. Führe die Musterklammer durch die Löcher der Seitenteile A und B sowie des Henkels und drücke sie auseinander. Wiederhole die Schritte auf der anderen Seite des Korbs.

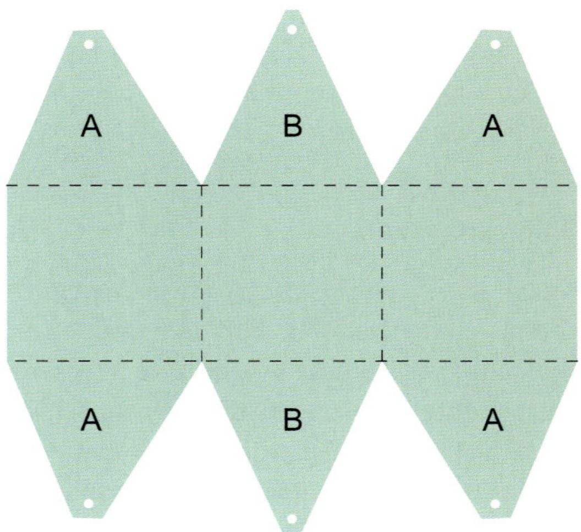

6.3 Geschenksäckchen

Geschenksäckchen sind langlebiger als Papier und können so immer wieder verwendet werden. Nutze sie entweder für Geschenke oder für andere Kleinigkeiten, die zu Hause oder unterwegs nicht verloren gehen sollen.

Schwierigkeit: mittel

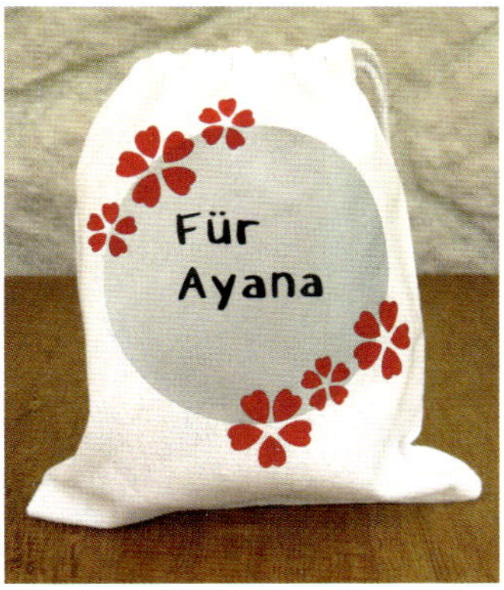

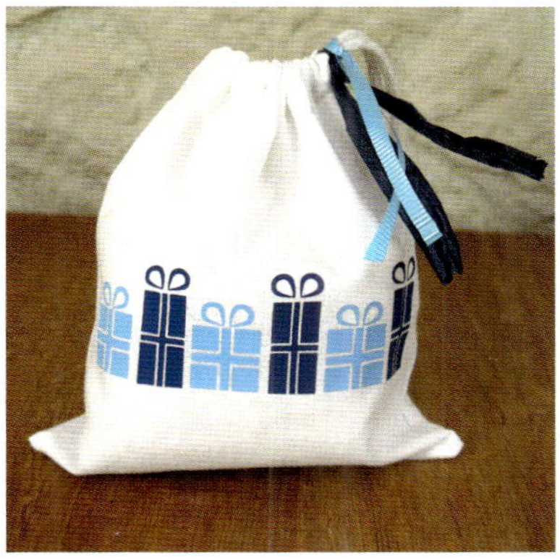

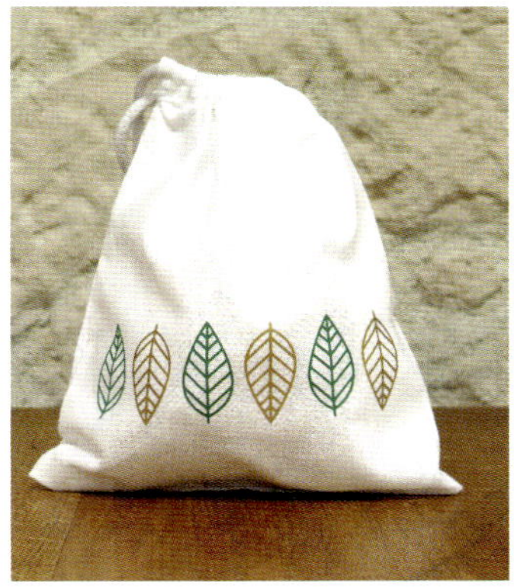

Material

- Geschenksäckchen, z.B. in der Größe 19,5 cm x 16 cm
- Bügelfolie in verschiedenen Farben
- Zubehör zum Aufbügeln
- Vorlagen: 6_3_1_Blumen; 6_3_2_Geschenke; 6_3_3_Blaetter

Größe des Projekts

Die Größe des Motivs ist abhängig von der Größe des Geschenksäckchens, das du verwenden möchtest.

Geschenksäckchen individualisieren

Du kannst den Geschenksäckchen gern noch Schrift hinzufügen oder diese in Schriftart und -größe anpassen. Darüber hinaus kannst du auch die Farbe der Motive verändern.

Verwendete Schriftarten: Geschenksäckchen »Blumen« – Nekoto

Tipp

Wie du Motive und Schrift für Geschenksäckchen erstellst und aufbügelst, erfährst du auch in Abschnitt 5.7.

6.4 Karten

Karten sind immer eine gute Idee, egal ob einzeln oder als Geschenkbegleiter. Du kannst die nachfolgenden Karten-Projekte nach deinen Wünschen und dem Anlass entsprechend anpassen – egal ob mit Schrift, Konfetti oder einem Foto.

Die folgenden Kartenformate dienen dir nur als Orientierung. Du kannst dein Kartenformat auch ganz frei gestalten.

Kartenformate:

- Karte rechteckig: 10 cm breit x 14 cm hoch (bzw. 20 cm x 14 cm für Klappkarten)
- Karte quadratisch: 14 cm x 14 cm (bzw. 14 cm x 28 cm für Klappkarten)

6.4.1 Lichterkette

Schwierigkeit: leicht

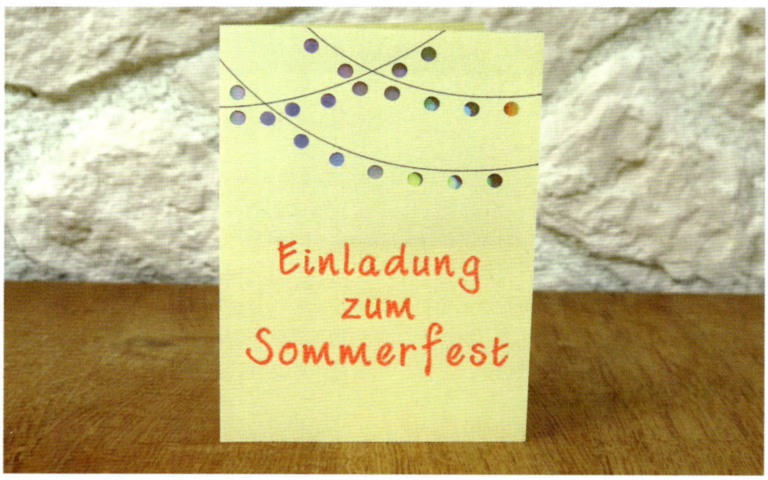

Material

- Tonpapier für die Karte
- Papier für den Hintergrund
- Kleber
- Cricut-Stift
- Falzstift bzw. Falzrad
- Vorlage: 6_4_1_Lichterkette
- Vorlage: 6_4_Hintergrund_rechteckig

Karte erstellen

Bestimme die Größe deiner Karte.

Nutze ein Textfeld, um einen persönlichen Text auf die Vorderseite der Karte zu bringen. Wähle dazu deine Wunschschriftart aus.

Klebe nach dem Herstellen den Hintergrund hinter die Vorderseite der Karte.

Verwendete Schriftarten: Karte »Lichterkette« – Campbell; Karte »Wimpel« – Lumie

Tipp

Diese Karten leuchten besonders schön in verschiedenen Farben, wenn du wie auf den Fotos irisierendes Papier dahinterlegst.

6.4.2 Blumenkranz

Schwierigkeit: leicht

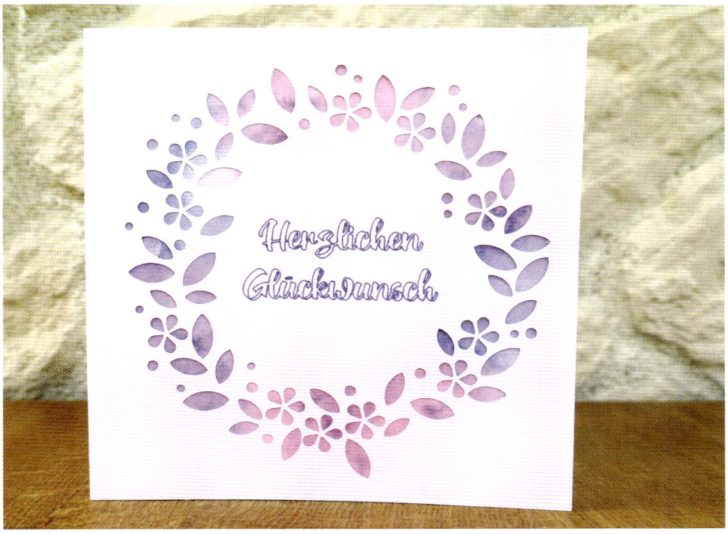

Material

- Tonpapier für die Karte
- Papier für den Hintergrund
- Kleber
- Falzstift bzw. Falzrad
- Cricut-Stift
- Vorlage: 6_4_2_Blumenkranz
- Vorlage: 6_4_Hintergrund_quadratisch

Tipp

Für diese Karte eignet sich ein glänzender Hintergrund oder ein selbst gestalteter mit bunten Aquarelltönen.

Karte erstellen

Bestimme die Größe deiner quadratischen Karte.

Nutze ein Textfeld, um einen persönlichen Text in den Blumenkranz auf die Vorderseite der Karte zu bringen. Wähle dazu deine Wunschschriftart aus.

Klebe anschließend den Hintergrund hinter die Vorderseite der Karte.

Verwendete Schriftart: Ontel

Variationen

Fotokarte Blumenkranz

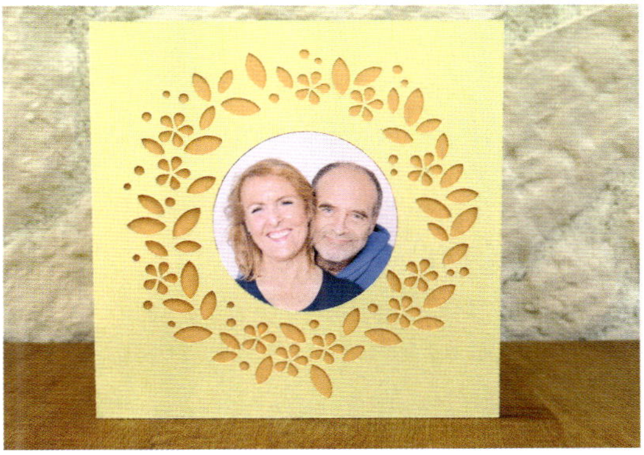

Statt einem Text in der Mitte des Blumenkranzes kannst du auch einen Kreis ausschneiden und ein Foto einfügen. Dazu kannst du die Vorlage 6_4_2_Blumenkranz_Foto nutzen. Das Foto sollte dabei etwas größer als der Kreisausschnitt sein. Platziere dann die Vorderseite der Karte, das Foto und den Hintergrund und klebe das Foto passend auf den Hintergrund. Anschließend klebst du den Hintergrund an die Vorderseite der Karte.

6.4.3 Konfetti-Luftballon

Schwierigkeit: mittel

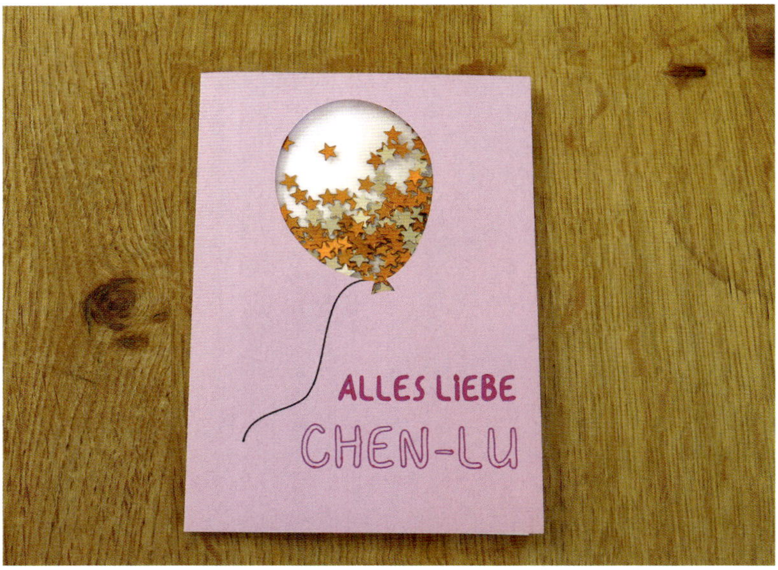

Material

- Tonpapier für die Karte
- Papier für den Hintergrund
- Kleber
- Klebestreifen
- Klarsichtfolie oder Buchschutzfolie (nicht klebend)
- Konfetti
- Falzstift bzw. Falzrad
- Cricut-Stift
- Vorlage: 6_4_3_Luftballon
- Vorlage: 6_4_Hintergrund_rechteckig

Karte erstellen

Bestimme die Größe deiner rechteckigen Karte.

Nutze ein Textfeld, um einen persönlichen Text auf die Vorderseite der Karte zu bringen. Wähle dazu deine Wunschschriftart aus.

Schneide zwei Stücke Folie zurecht, die etwas größer als der ausgeschnittene Luftballon sind. Klebe ein Folienstück auf die Rückseite der Kartenvorderseite, lege darauf etwas Konfetti und lege das zweite Folienstück darüber. Fixiere beide Folienschichten rundum mit Klebeband an der Rückseite der Kartenvorderseite, sodass das Konfetti nicht herausfallen kann.

Lade die Vorlage für den Hintergrund und lass diesen in entsprechender Größe zuschneiden.

Klebe anschließend den Hintergrund hinter die Vorderseite der Karte.

Verwendete Schriftart: Hey Guys! Demo

Variationen

Karte mit Funktion »Drucken, dann schneiden« umsetzen

Wenn du den persönlichen Text auf der Vorderseite nicht mit einem Cricut-Stift zeichnen lassen möchtest, kannst du diesen auch zuerst ausdrucken lassen. Dafür nutze Papier für die Karte, das auch für deinen Drucker geeignet ist. Gestalte den Text auf der Vorderseite nach deinen Wünschen und verwende dann die Funktion DRUCKEN, DANN SCHNEIDEN aus (siehe dazu Abschnitt 5.8).

6.4.4 Party-Einladung

Schwierigkeit: leicht

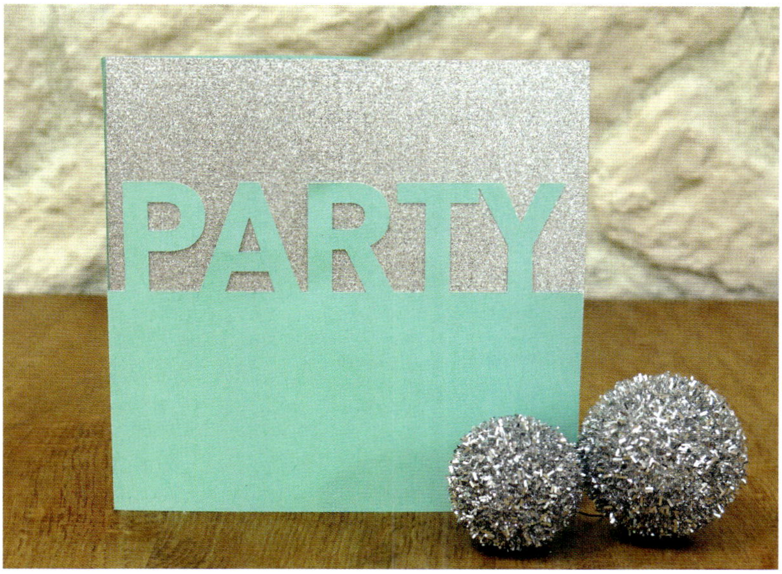

Material

- Tonpapier für die Karte
- Papier für den Hintergrund
- Kleber
- Falzstift bzw. Falzrad
- Gegebenenfalls Cricut-Stift
- Vorlage: 6_4_4_Party
- Vorlage: 6_4_Hintergrund_quadratisch

Karte erstellen

Bestimme die Größe deiner quadratischen Karte.

Nutze gegebenenfalls ein Textfeld, wenn du einen persönlichen Text unter das Wort »Party« auf die Vorderseite der Karte bringen möchtest. Wähle dazu deine Wunschschriftart aus.

Lade nun die Vorlage für den Hintergrund und lass diesen in entsprechender Größe zuschneiden.

Klebe anschließend den Hintergrund hinter die Vorderseite der Karte.

Variationen

Karte mit geschnittenem Wunschtext

Schwierigkeit: mittel

Projekt ohne Vorlage

1. Erstelle eine Kartenform in gewünschter Größe. Für dieses Beispiel nutze ein Rechteck mit einer Höhe von 12 cm und einer Breite von 24 cm sowie ein Rechteck mit der Breite 12 cm und der Höhe 6 cm.
2. Lege das kleinere Rechteck in die rechte obere Ecke des größeren Rechtecks und markiere beide. Klicke auf Ausrichten > Oben ausrichten und auf Ausrichten > Rechts ausrichten.

3. Lass beide Rechtecke markiert und klicke auf Beschneiden, um das kleinere Rechteck aus dem größeren auszuschneiden.

4. Schreibe deinen Wunschtext in Großbuchstaben in ein Textfeld (hier Schriftart z.B. Arial, fett). Dabei sollte das Wort nicht zu lang sein, da sonst die Schrift sehr klein wird.
5. Passe die Schriftgröße so an, dass das Wort in das weggeschnittene Rechteck passt. Ordne die Schrift so an, dass sie mit dem Rechteck unten leicht überlappt.

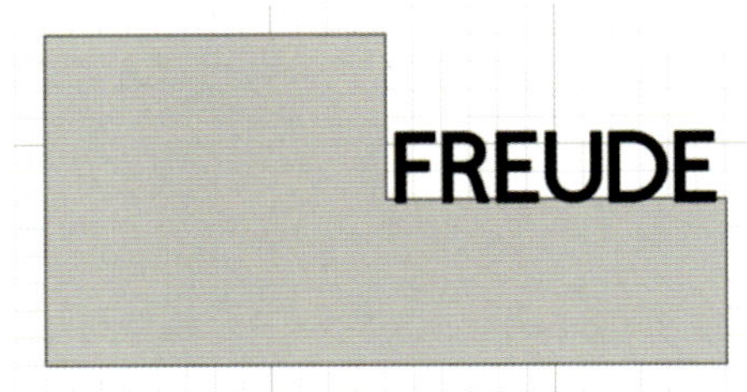

6. Markiere das Rechteck und die Schrift und klicke auf Kombinieren > Verschweissen.
7. Zum Abschluss kannst du noch eine Falzlinie in der Höhe der Karte erstellen. Markiere das Rechteck und die Falzlinie und klicke auf Ausrichten > Horizontal zentrieren.

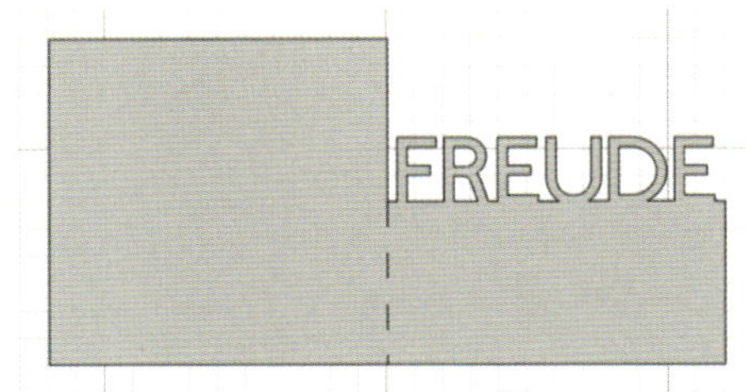

Tipp

Natürlich kannst du die Karte auch in anderen Formaten erstellen.

Wenn du ein Wort mit Umlaut verwenden möchtest, nutze die entsprechenden Buchstaben ohne Umlaut (A statt Ä) und füge die Punkte als Kreise selbst hinzu. Setze die Punkte so, dass sie mit dem Buchstaben überlappen, und verschweiße diese. So gehen die Punkte beim Schneiden nicht verloren.

6.4.5 Foto und Punkte

Schwierigkeit: leicht

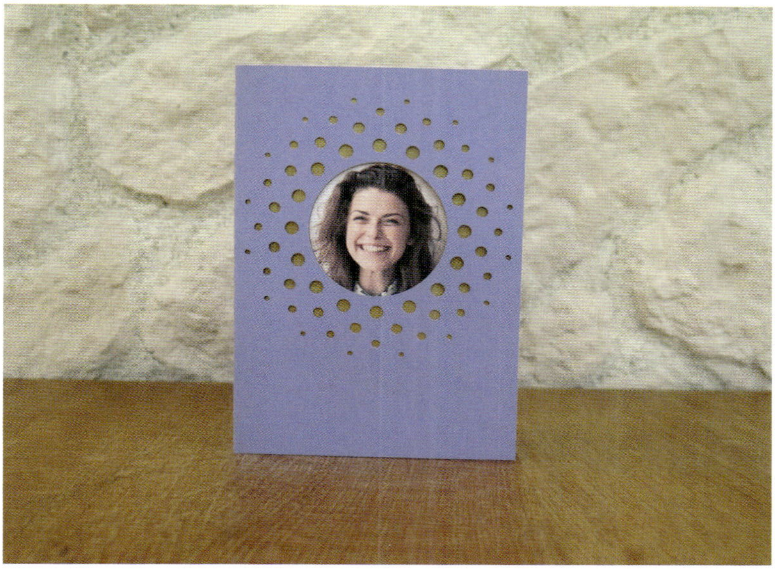

Material

- Tonpapier für die Karte
- Papier für den Hintergrund
- Foto
- Kleber
- Falzstift bzw. Falzrad
- Gegebenenfalls Cricut-Stift
- Vorlage: 6_4_5_Punkte
- Vorlage: 6_4_Hintergrund_rechteckig

Karte erstellen

Bestimme die Größe deiner Karte.

Nutze gegebenenfalls ein Textfeld, wenn du einen persönlichen Text auf die Vorderseite der Karte bringen möchtest. Wähle dazu deine Wunschschriftart aus.

Lade die Vorlage für den Hintergrund und lass diesen in entsprechender Größe zuschneiden.

Klebe anschließend den Hintergrund hinter die Vorderseite der Karte.

Das Foto solltest du ebenfalls rund und etwas größer als den Kreisausschnitt ausschneiden. Platziere dann die Vorderseite der Karte, das Foto und den Hintergrund und klebe das Foto passend auf den Hintergrund. Anschließend klebst du den Hintergrund an die Vorderseite der Karte.

Tipp

Bei dieser Karte eignet sich ein glänzendes Papier besonders gut als Hintergrund hinter den Punkten.

6.4.6 Pop-up-Karte

Schwierigkeit: mittel

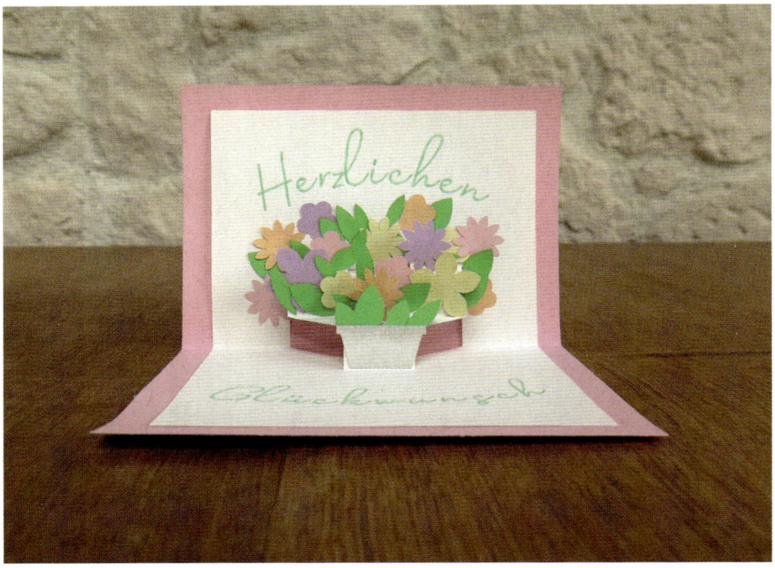

Material

- Tonpapier für die Karten-Innen- und Außenseite
- Tonpapier für Blumen, Blätter und Blumentopf in verschiedenen Farben
- Kleber
- Pinzette
- Falzstift bzw. Falzrad
- Cricut-Stift
- Vorlage: 6_4_6_Pop_up_Karte

Tipp

Bei dieser Karte kannst du anstatt Tonpapier auch Aquarellpapier selbst bemalen und dann Blumen und Blätter daraus ausschneiden lassen.

Karte erstellen

Die Karte besteht aus mehreren Teilen:

- einer Außenkarte,
- einer Innenkarte, die das Gerüst für das »Pop-up« beinhaltet, und
- verschiedenen kleinen Elementen, wie Blumen, Blätter und ein Blumentopf.

Bestimme die Größe deiner Karte, z.B. Außenkarte 20 cm x 14 cm und Innenkarte 18 cm x 12 cm. Die Anzahl der Blätter und Blüten kannst du nach deinen Wünschen wählen. Lass Blumen und Blätter in verschiedenen Größen und Farben zuschneiden (Größe z.B. 1,5 cm – 2,5 cm) sowie einen Blumentopf.

Nutze ein Textfeld, wenn du einen persönlichen Text auf die Außenkarte oder Innenkarte bringen möchtest. Wähle dazu deine Wunschschriftart aus.

Lade die Vorlage für den Hintergrund und lass alle Teile in entsprechender Größe zuschneiden.

Karte falten

Um das »Pop-up«-Gerüst der Innenkarte zu falten, falte alle blauen Linien nach außen und alle roten nach innen.

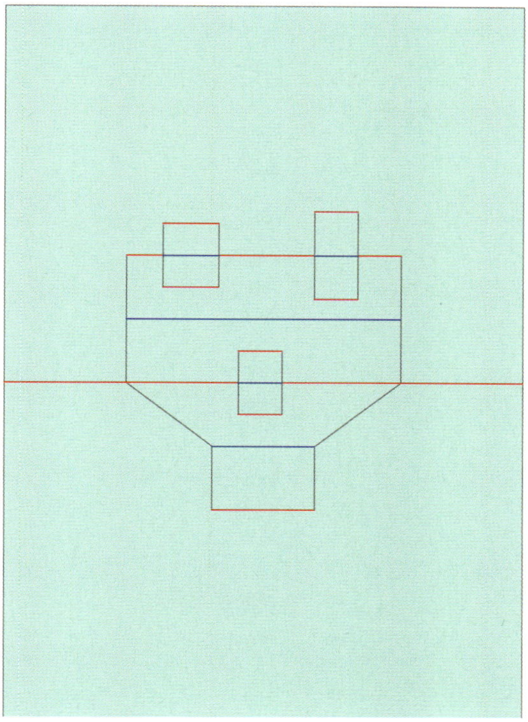

Wenn du die Karte anschließend zusammenfaltest, sollte sich dann ein Freiraum in der Mitte ergeben.

Karte gestalten und zusammenkleben

Klebe zuerst die Blumen und Blätter an die Innenkarte, bevor du Innen- und Außenkarte zusammenklebst, denn so wird es leichter, die kleinen Elemente aufzukleben und festzudrücken. Beim Aufkleben solltest du Blumen und Blätter abwechseln, damit sie sich möglichst natürlich überlappen. Um die kleinen Elemente festzudrücken, nutze eine Pinzette.

Nachdem du deinen Blumenstrauß fertig gestaltet hast, klebe die Innenkarte in die Außenkarte und achte gegebenenfalls darauf, dass die Schrift der Außenkarte nach außen zeigt.

Verwendete Schriftart: Celliad

Variationen

Anstatt mit Blumen kannst du die Karte auch mit anderen Elementen, wie Sternen, Herzen, Tieren oder Fotos gestalten.

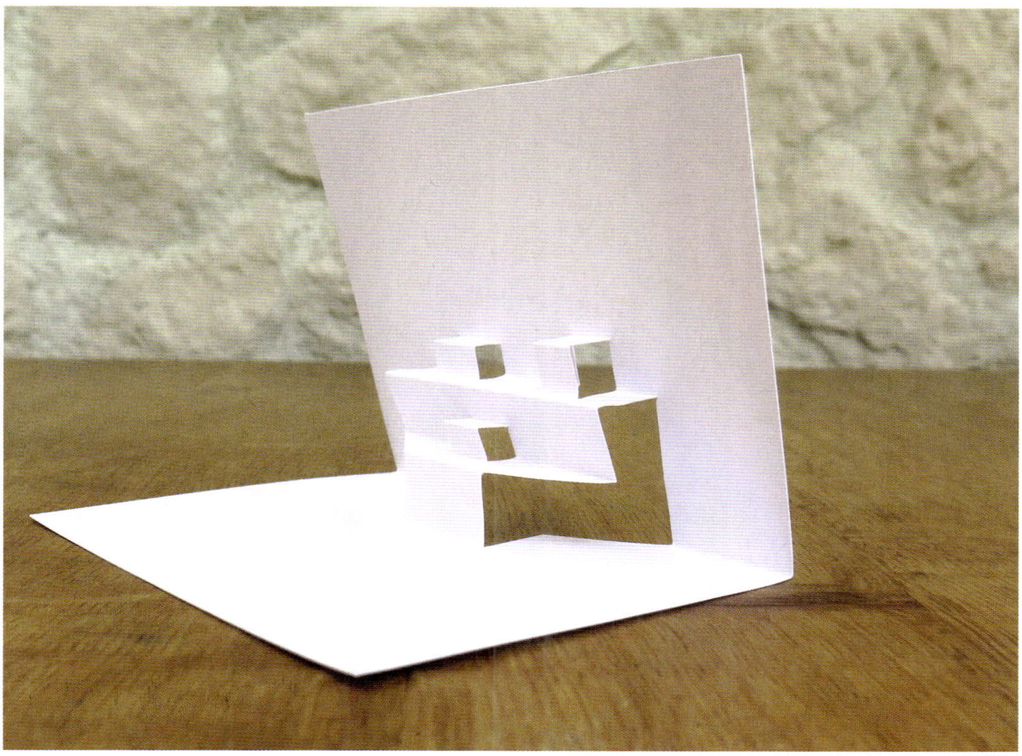

6.5 Stoffbeutel

Stoffbeutel können nützlich und schön zugleich sein – egal, ob im kleinen oder großen Format. Sie können selbst Geschenk sein oder ein Geschenk verpacken.

Schwierigkeit: mittel

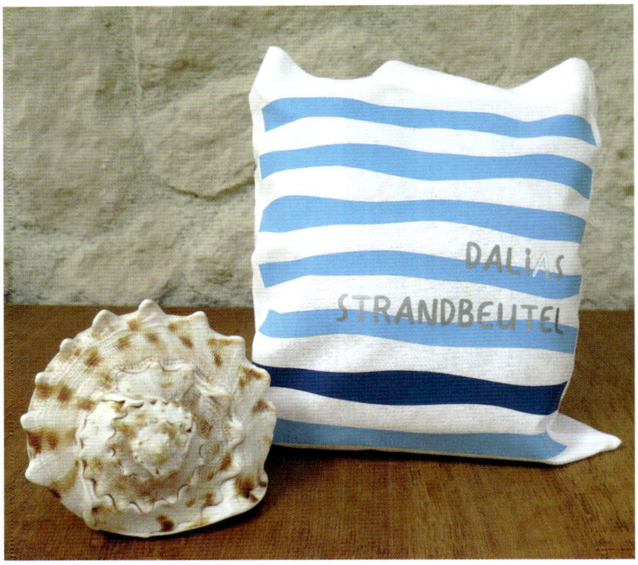

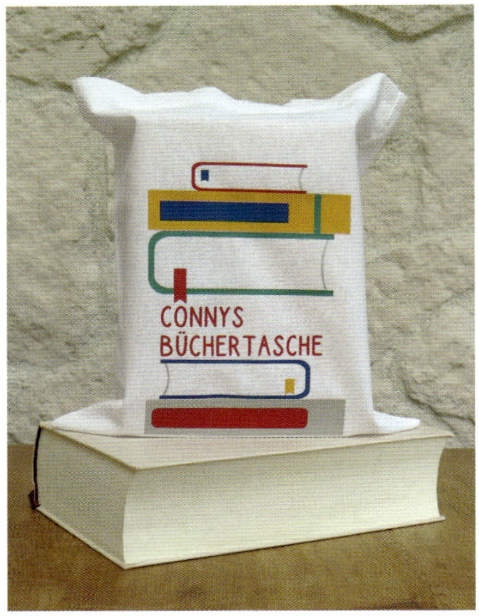

Material

- Stoffbeutel, z.B. klein im Format 22,5 cm x 26,5 cm
- Bügelfolie in verschiedenen Farben
- Zubehör zum Aufbügeln
- Vorlagen: 6_5_1_Strandbeutel; 6_5_2_Buecher; 6_5_3_Blumenkranz;

Größe des Projekts

Die Größe des Motivs ist abhängig von der Größe des Stoffbeutels, den du verwenden möchtest.

Stoffbeutel individualisieren

Du kannst die Schrift im Projekt nach deinen Wünschen anpassen und die Schriftart und -größe frei wählen. Darüber hinaus kannst du auch die Farbe der Motive verändern.

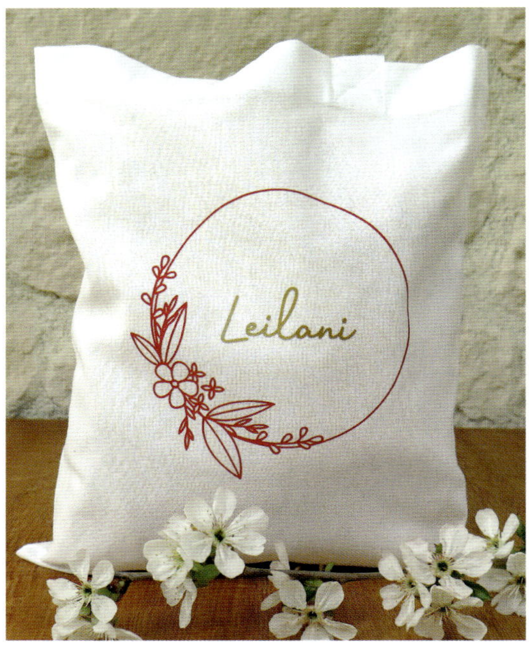

Verwendete Schriftarten: Strandbeutel – Hey Guys! Demo; Bücher – Lumie; Blumenkranz – Campbell

6.6 Lesezeichen

Zu einem Buch- oder Notizbuch-Geschenk passt immer auch ein Lesezeichen. Du findest hier sowohl klassische Formen als auch Magnet-Lesezeichen und Lesezeichenklammern, denen du persönliche Botschaften hinzufügen kannst.

6.6.1 Lesezeichen-Klammer

Schwierigkeit: leicht

Material

- Fotokarton oder ähnlich dickes Papier
- Gegebenenfalls Plotter-Stift
- Vorlage: 6_6_1_Stern

Größe des Projekts

Optimale Größe der Klammer-Lesezeichen ist ca. 6,5 cm breit, du kannst die Größe jedoch frei wählen.

Lesezeichen individualisieren

Auf der Innenfläche der Klammer kannst du einen Namen oder ein Wort zeichnen oder schneiden lassen. Platziere dafür ein Textfeld auf die Innenfläche der Klammer und gib deinen Wunschtext ein.

Variationen

Lesezeichenklammer selbst aus Wunschform erstellen

Schwierigkeit: leicht
Projekt ohne Vorlage

1. Du kannst die Klammer mit verschiedenen Formen erstellen. Für dieses Beispiel nutze eine Kreis-Form.
2. Erstelle zwei Kreise mit einem Durchmesser von 5 cm bzw. 4 cm. Lege den kleineren über den größeren Kreis und markiere beide. Klicke dann auf AUSRICHTEN > ZENTRIEREN und anschließend auf BESCHNEIDEN, sodass ein Ring entsteht.

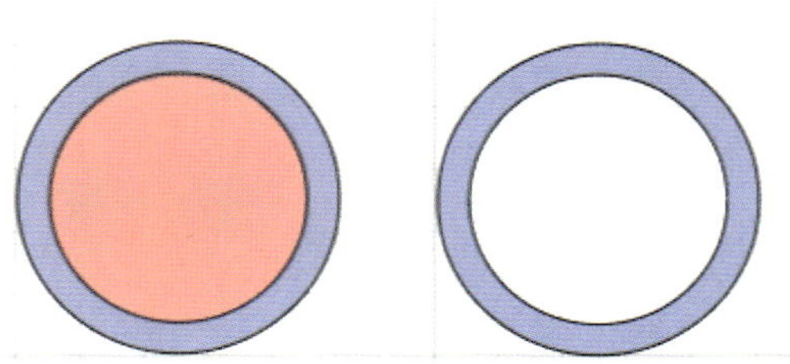

3. Erstelle einen weiteren Kreis mit dem Durchmesser von 3,5 cm. Markiere den Ring und den Kreis und klicke auf AUSRICHTEN > ZENTRIEREN.

4. Erstelle ein kleines Quadrat von 1 cm Seitenlänge. Markiere den Ring, den Kreis und das Quadrat und klicke auf AUSRICHTEN > HORIZONTAL ZENTRIEREN. Das Quadrat muss den Kreis und den Ring verbinden, ohne über den Ring hinauszureichen.

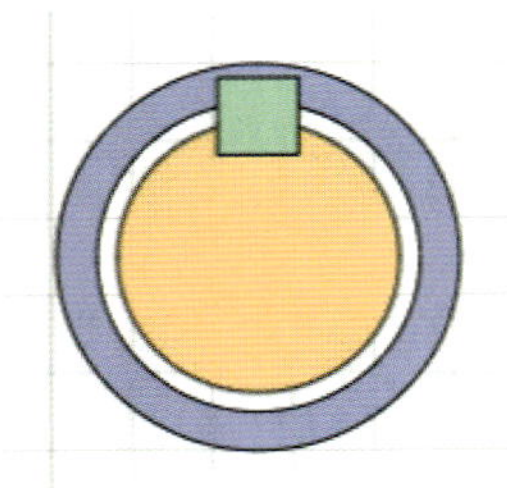

5. Markiere Ring, Kreis und Quadrat und klicke auf KOMBINIEREN > VERSCHWEISSEN. Jetzt ist dein Lesezeichen fertig.

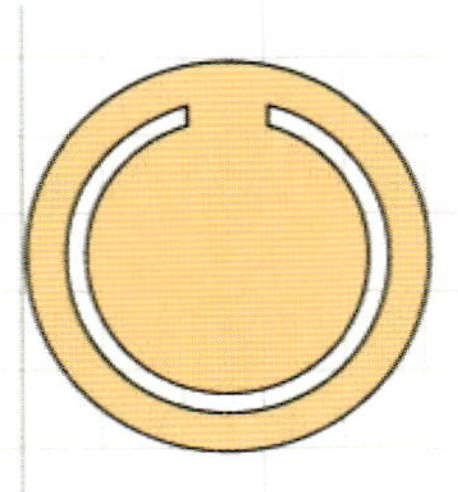

6. Variation: Du kannst in der Mitte der Klammer noch einen Text hinzufügen oder eine bzw. mehrere Formen als Muster herausschneiden.

6.6.2 Lesezeichen geflochten

Schwierigkeit: mittel

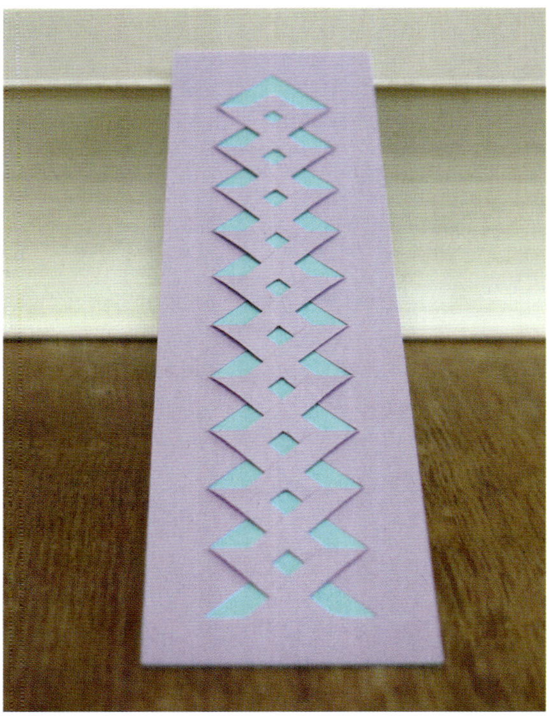

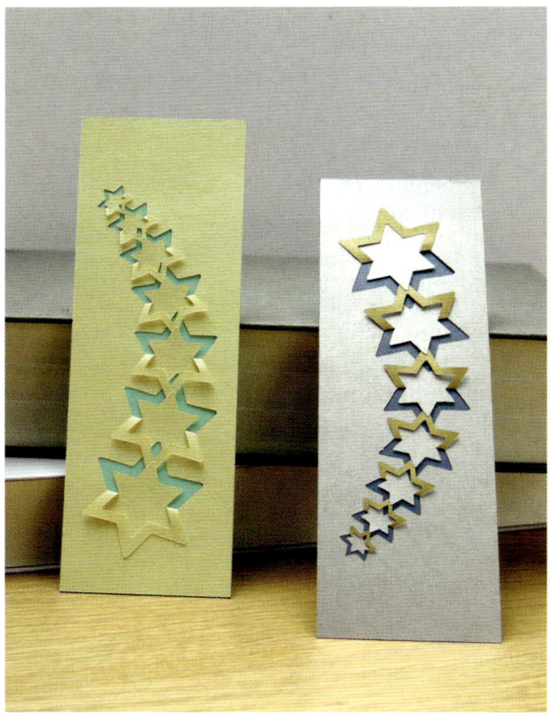

Material

- Tonpapier, z.B. mit verschiedenfarbigen Seiten
- Kleber
- Vorlagen: 6_6_2_Lesen_Raute oder 6_6_2_Lesen_Stern

Größe des Projekts

Optimale Größe des Lesezeichens ist:

- Für das Lesezeichen »Raute« eine Breite von 4 cm und die entsprechende Höhe von 16 cm
- Für das Lesezeichen »Sterne« eine Breite von 5 cm und eine entsprechende Höhe von 15 cm

Lesezeichen falten

Lesezeichen »Sterne«: Beginne mit dem größten Stern und klappe die ausgeschnittene Hälfte A nach oben und klebe sie mit etwas Kleber fest. Falte die Sternenhälfte des nachfolgenden Sterns B nach oben und schiebe die Spitze C unter die Spitze D, sodass diese von allein hält. Wiederhole die Arbeitsschritte mit den übrigen Sternen.

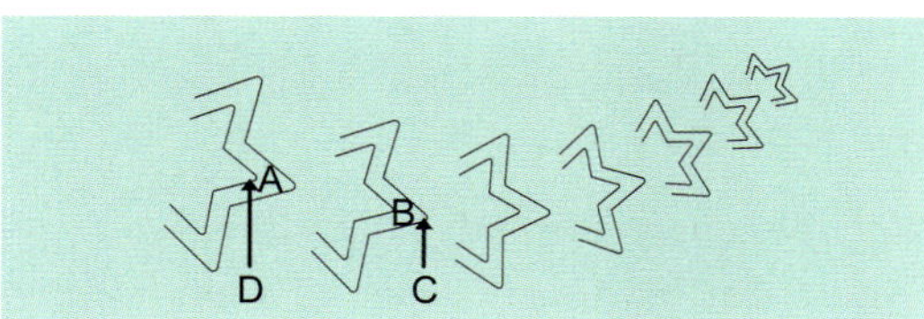

Lesezeichen »Raute«: Beginne an dem Ende mit dem ausgeschnittenen Dreieck A. Falte das darüber liegende Dreieck B nach unten und schiebe die Spitze C unter die Spitze D, sodass diese von allein hält. Wiederhole die Arbeitsschritte mit allen übrigen Dreiecken.

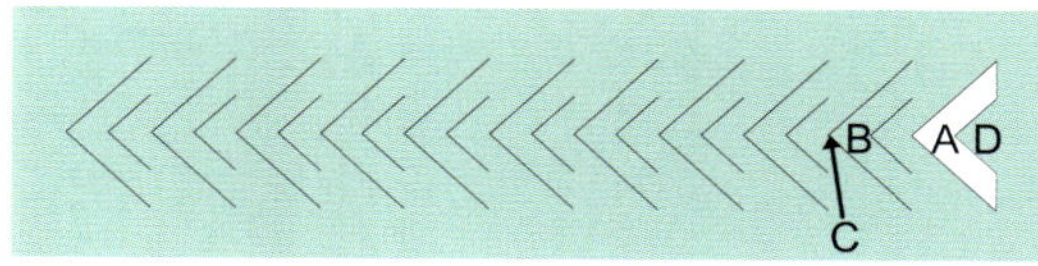

Variationen

Festeres Lesezeichen

Für ein stabileres Lesezeichen kannst du auch ein andersfarbiges Blatt aus Fotokarton unter das Lesezeichen kleben. Schneide dazu ein passendes Rechteck aus Fotokarton aus.

LED-Teelicht

Du kannst die Sternen-Lesezeichen auch etwas größer schneiden lassen, z.B. mit einer Höhe von 19 cm. Klebe dann das obere und untere Ende zusammen, sodass ein Zylinder entsteht, in den du ein LED-Teelicht setzen kannst.

6.6.3 Magnet-Lesezeichen

Schwierigkeit: leicht

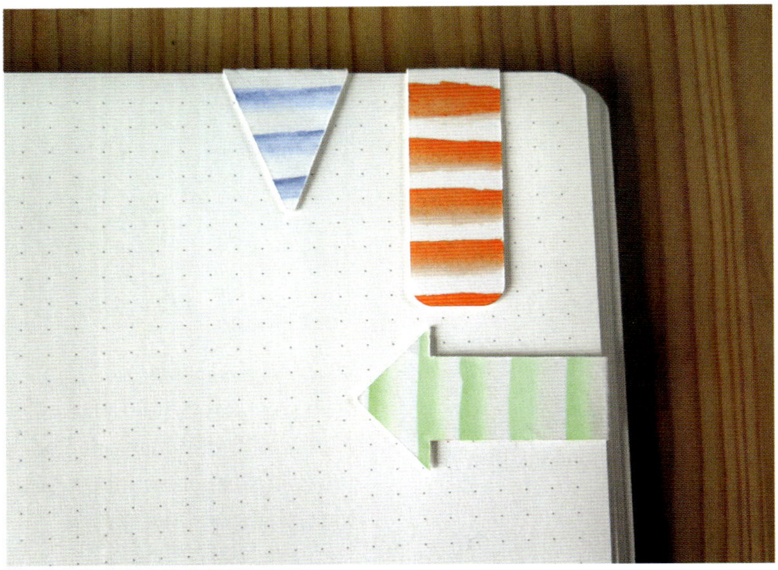

Material

- Fotokarton
- Magnetband oder Magnetplättchen
- Kleber oder doppelseitiges Klebeband
- Gegebenenfalls Falzstift oder Falzrad
- Gegebenenfalls Cricut-Stift
- Vorlage: 6_6_3_Magnetlesezeichen

Größe des Projekts

Ideale Größe für die Magnet-Lesezeichen ist eine einfache Höhe von 5 cm für die Lesezeichen »Pfeil« und »Rechteck« sowie 2,5 cm für das Lesezeichen »Dreieck«. Du kannst die Größe jedoch frei wählen.

Lesezeichen erstellen

Du kannst deinem Magnet-Lesezeichen auch Schrift hinzufügen. Lass deinen Wunschtext mit einem Cricut-Stift schreiben.

Klebe auf der Innenseite deines Magnet-Lesezeichens das Magnetband oder die Magnetplättchen auf. Achte darauf, dass beiden Magnetplättchen gut aufeinanderpassen und sich nicht abstoßen.

Variationen

Magnet-Lesezeichen mit Wunschmotiv
Du kannst natürlich auch eigene Formen für das Magnet-Lesezeichen auswählen, z.B. einen Stern, eine Blüte oder auch einen Vogel.

6.7 Flaschenanhänger

Um Flaschen aller Art mit persönlichem Gruß zu verschenken, eignen sich Flaschenanhänger. Diese kannst du ganz einfach selbst gestalten, falls du keine Getränke, sondern z.B. Öl oder Essig in Flaschen verschenken möchtest.

Schwierigkeit: leicht

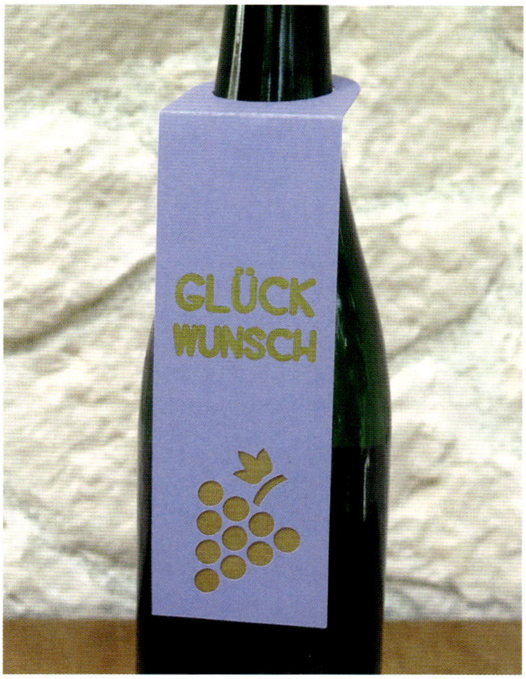

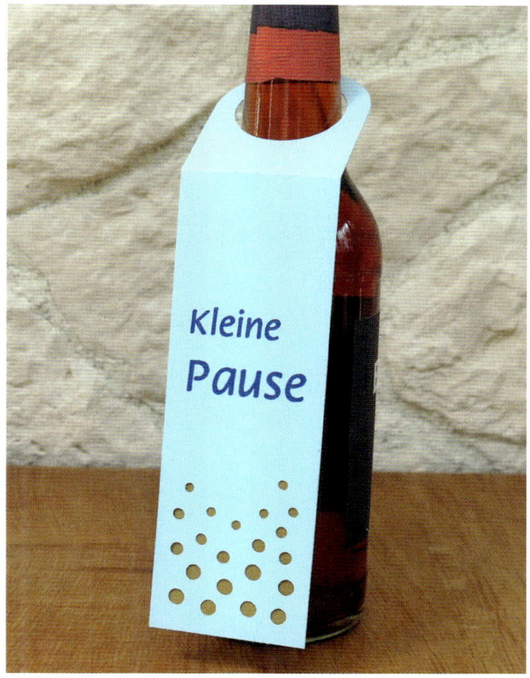

Material

- Fotokarton
- Falzstift bzw. Falzrad
- Cricut-Stift
- Vorlagen: 6_7_1_ Traube; 6_7_2_Kreise

Größe des Projekts

Die Größe des Anhängers für eine Weinflasche ist eine Höhe von 20,5 cm und eine entsprechende Breite von 5 cm. Passe die Größe für andere Flaschenformen und -größen entsprechend an.

Flaschenanhänger individualisieren

Du kannst Flaschenanhängern Schrift hinzufügen. Lass deinen Wunschtext mit einem Cricut-Stift schreiben.

Verwendete Schriftarten: Flaschenanhänger »Kreise« – QTFloraline; Flaschenanhänger »Traube« – Tihana

Variationen

Flaschenanhänger mit eigenem Design
Wenn du ein eigenes Design auf einem Flaschenanhänger umsetzen möchtest, dann nutze dafür die Vorlage 6_7_3_Flaschenanhaenger_blanko. Bei dieser Vorlage kannst du Formen und Schrift ausschneiden und Text mit dem Cricut-Stift zeichnen lassen.

6.8 Blumen

Lass Blumen sprechen, z.B. mit kleinen Grüßen auf Blumeneinsteckern oder Glückwünschen auf dem Papier-Blumentopf zum Verschenken.

6.8.1 Blumentopf

Schwierigkeit: mittel

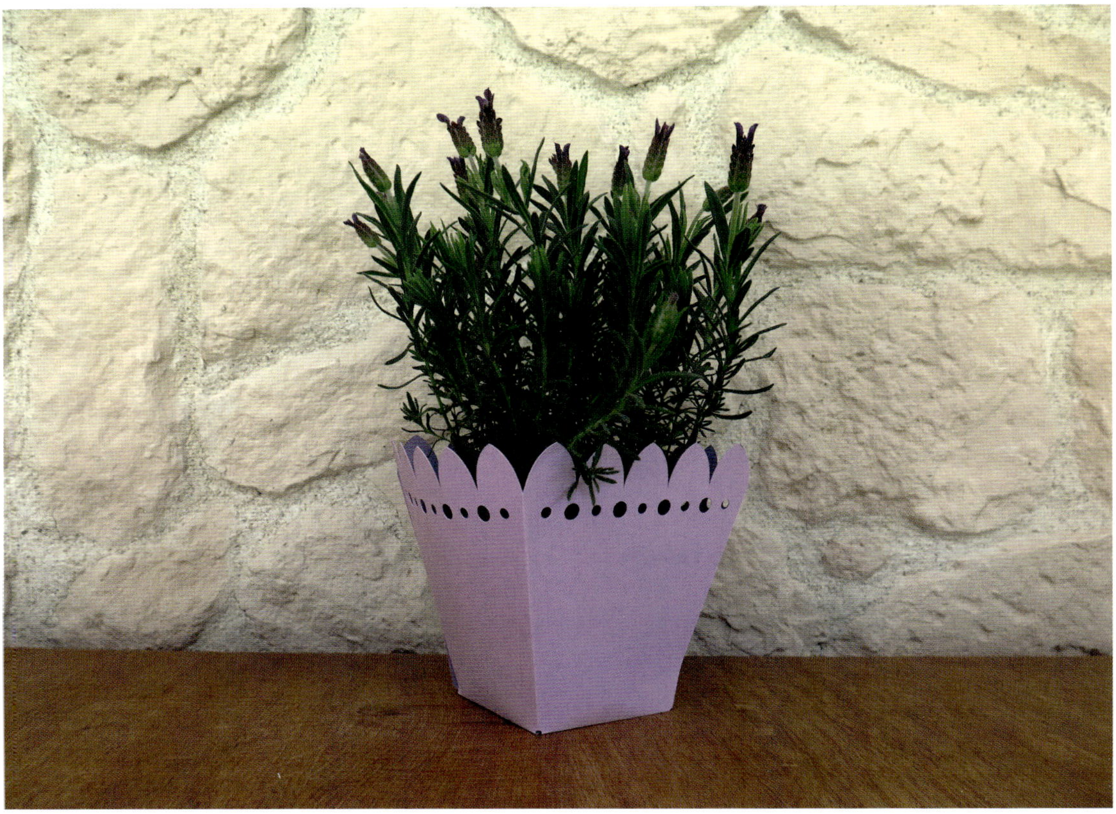

Material

- Fotokarton
- Kleber
- Falzstift bzw. Falzrad
- Vorlage: 6_8_1_Blumentopf

Größe des Projekts

Für dieses Projekt benötigst du zwei DIN-A4-Blätter, wenn du es in der vollen Größe herstellen möchtest.

Die maximale Größe des Blumentopfs:

- In der Software wähle eine Breite von 24 cm für jede Hälfte. Beachte, dass die entsprechende Höhe für beide Hälften dann variiert, da die Verschlussteile am Boden unterschiedlich lang sind. Die beiden Hälften werden separat auf je einem DIN-A4-Blatt hergestellt.
- Der fertiggestellte Blumentopf hat dann eine Grundfläche von 7,5 x 7,2 cm und eine Höhe von 13 cm.

Blumentopf falten

Sieh dir die Abbildung mit der Faltanleitung an: Beginne zuerst damit, beide Laschen A an die Seitenflächen B zu kleben, also A1 an B1 und A2 an B2. Für den Boden der Box falte zuerst Seitenteil C zur Mitte und lege die Seitenteile D und E darüber. Anschließend faltest du Seitenteil F darüber und steckst es in die entstandene Aussparung unter C ein.

Variationen

Persönliche Widmungen auf den Seiten des Blumentopfs
Platziere ein Textfeld auf den Seitenflächen B und schreibe deinen Wunschtext mit deiner Lieblingsschriftart in deiner Wunschfarbe.

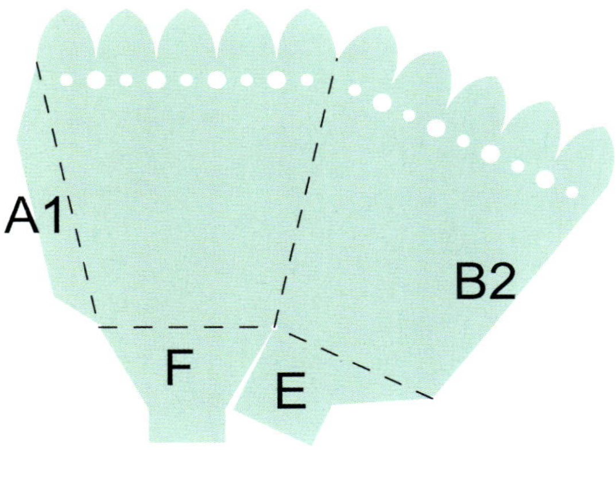

6.8.2 Blumeneinstecker

Schwierigkeit: leicht

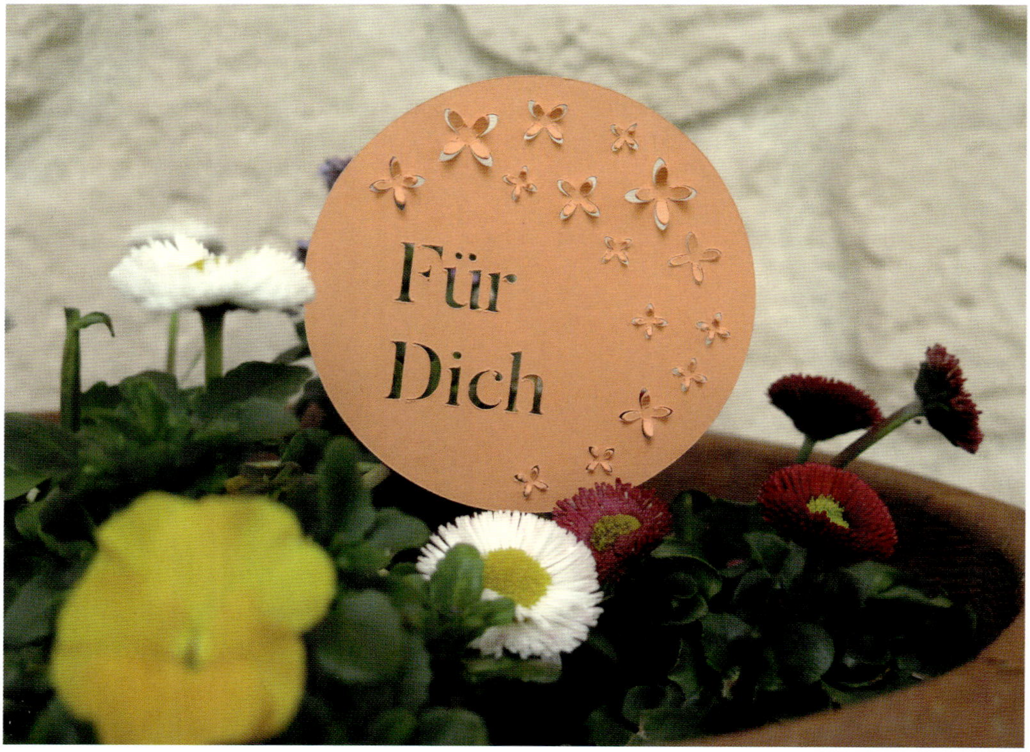

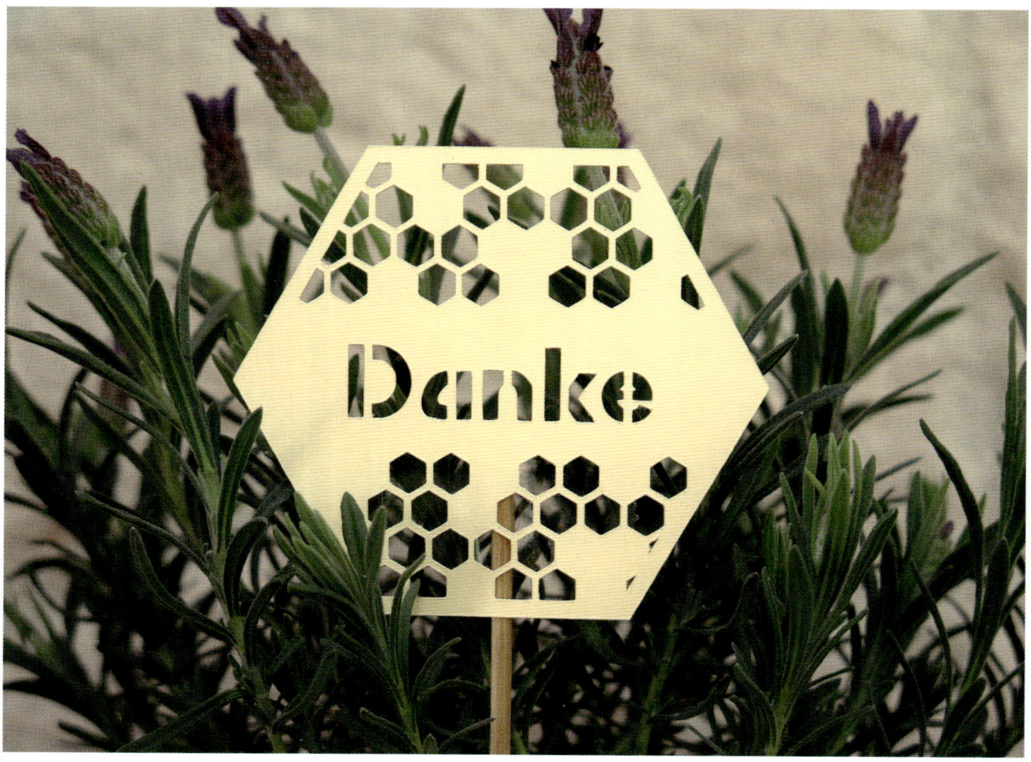

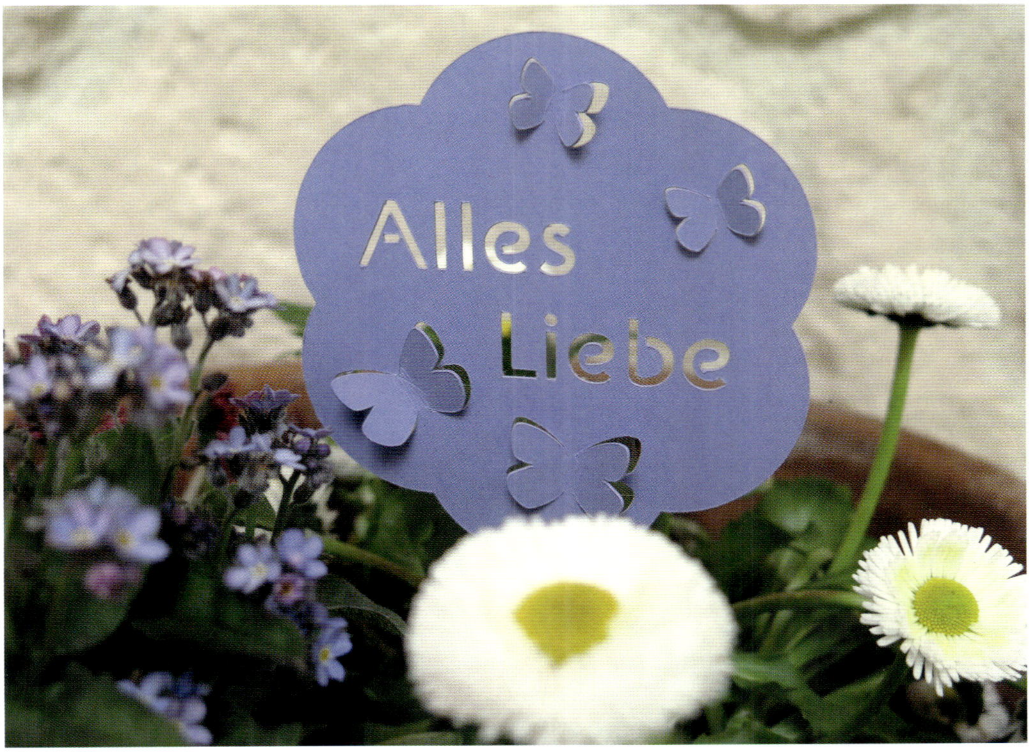

Material

- Fotokarton
- Klebeband
- Holzspieße
- Gegebenenfalls Cricut-Stift
- Vorlage: 6_8_2_Schmetterling oder 6_8_2_Blumen oder 6_8_2_Wabe

Größe des Projekts

Bestimme die Größe des Einsteckers je nach Größe des Straußes oder der Pflanze, z.B. mit einem Durchmesser von 8 cm.

Einstecker erstellen

Nutze ein Textfeld, um eine persönliche Nachricht auf die Vorderseite des Einsteckers zu bringen. Wähle dazu deine Wunschschriftart aus. Alternativ kann der Text auch mit einer Stencil-Schriftart ausgeschnitten werden.

Befestige dann den Holzspieß an der Rückseite des Einsteckers mit Klebeband. Stecke den fertigen Einstecker in eine Topfpflanze oder in einen Blumenstrauß.

Verwendete Schriftarten: Einstecker »Danke« – Cylincilo; Einstecker »Alles Liebe« – New Shape; Einstecker »Für dich« – Butler Stencil

Variationen

Platzkarte

Du kannst die Blumeneinstecker auch mit Namen beschriften und als Platzkarte nutzen – entweder auf den Teller gelegt oder mit einem Tischkartenhalter aufgestellt.

6.9 Geldgeschenk Vogel

Geldgeschenke schön zu verpacken ist nicht immer einfach. Mit dem Geldgeschenke-Vogel kannst du einfach einen oder mehrere Geldscheine liebevoll präsentieren. Doch auch als Deko-Element eignet sich der kleine Vogel gut.

Schwierigkeit: leicht

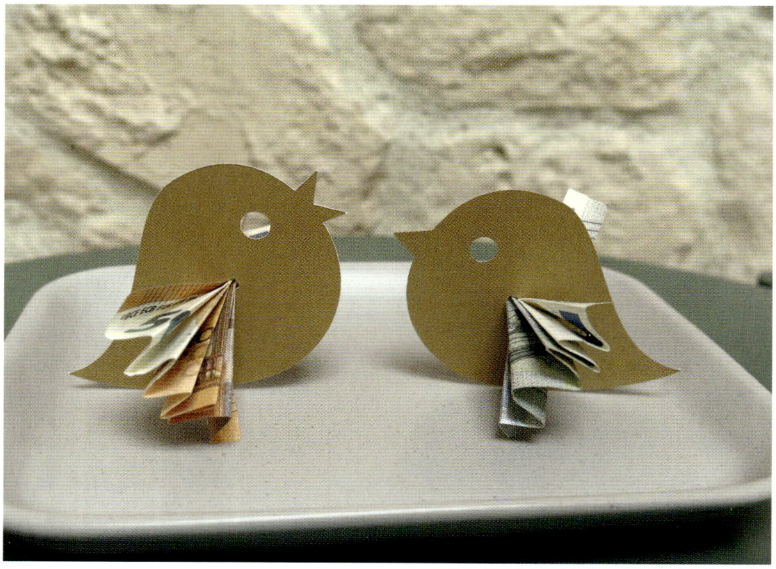

Material

- Fotokarton
- Geldschein
- Vorlagen: 6_9_Vogel1; 6_9_Vogel2

Größe des Projekts

Ideale Größe des Vogels ist eine Breite von 8 cm.

Vogel erstellen

Falte den Geldschein quer wie eine Ziehharmonika. Ein Faltstreifen sollte dabei ungefähr einem Zentimeter entsprechen. Knicke den aufgefalteten Geldschein dann noch einmal in der Mitte und schiebe ihn halb durch die Flügel-Öffnung im Vogel. Ziehe beide Enden des Geldscheins leicht auseinander, damit er nicht herausrutscht.

Variationen

Ornament oder Mobile

Anstatt des Geldscheins kannst du auch Tonpapier entsprechend falten und den Vogel an einen Zweig hängen. Mit mehreren Vögeln kannst du auch ein Mobile gestalten.

7 Party-Dekoration

Party-Dekoration kannst du selbst herstellen und gestalten. In diesem Kapitel findest du alles, was du dafür brauchst, egal ob Teelichter, Wimpel oder Girlanden mit individuellem Schriftzug. Für einen schön gedeckten Tisch findest du Tischkarten, Serviettenringe und Weinglas-Anhänger. Wenn alles zusammenpassen soll, findest du in diesem Kapitel auch drei Party-Sets. Doch auch Buffets, Kuchen und Muffins kannst du mit deinen eigenen Einsteckern dekorieren.

7.1 Teelichter

Teelichter schaffen eine wohlige Stimmung. In diesem Abschnitt findest du drei verschiedene Varianten. Nutze diese jedoch stets mit LED-Teelichtern.

7.1.1 Haus

Schwierigkeit: mittel

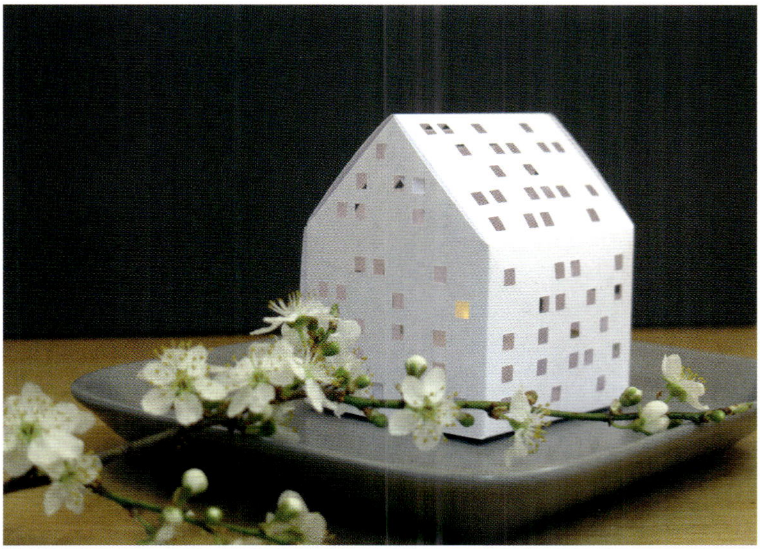

Material

- Fotokarton oder Tonpapier
- Falzstift bzw. Falzrad
- Gegebenenfalls Kleber
- LED-Teelicht
- Vorlage: 7_1_1_Haus

Größe des Projekts

Die maximale Größe des Hauses:

- In der Software wähle eine Breite von 20 cm und eine entsprechende Höhe von 25,7 cm.
- Das fertiggestellte Haus hat dann eine quadratische Grundfläche von 6 cm und eine Höhe von 8 cm.

Haus falten

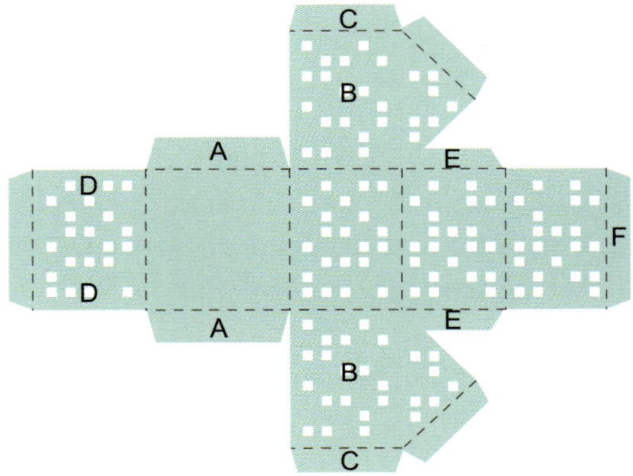

Je nach Stärke des von dir verwendeten Papiers kann es ausreichend sein, das Haus einfach nur zusammenzustecken. Sollte dies jedoch nicht halten, folge der Anleitung zum Kleben:

Beginne zuerst damit, alle Laschen nach innen zu falten. Klebe dann die Laschen A an die Seitenteile B. Klebe anschließend die Laschen C an die Hauswand D. Am Dach klebst du die Laschen E an die Seitenteile B. Nun kannst du das Teelicht reinstellen und das Dach an der Lasche F schließen.

7.1.2 Kegel

Schwierigkeit: leicht

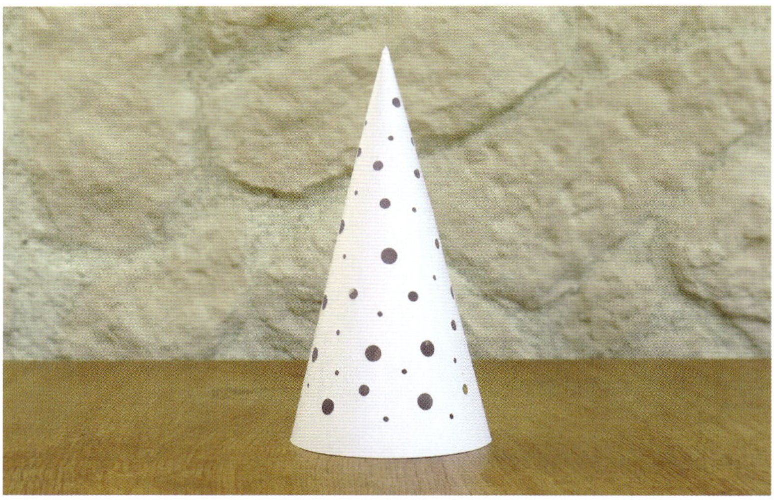

Material

- Tonpapier
- Kleber
- LED-Teelicht
- Vorlage: 7_1_2_Kegel

Größe des Projekts

Die maximale Größe des Kegels:

- In der Software wähle eine Breite von 20 cm und eine entsprechende Höhe von 19 cm.
- Der fertiggestellte Kegel hat dann eine kreisförmige Grundfläche mit einem Durchmesser von 9,5 cm und eine Höhe von 18,5 cm.

Kegel erstellen

Rolle das Papier vorsichtig zum Kegel. Trage den Kleber auf die Lasche auf und halte den Kegel zusammen, bis der Kleber angetrocknet ist. Stelle nun ein LED-Teelicht darunter.

7.1.3 Zylinder

Schwierigkeit: leicht

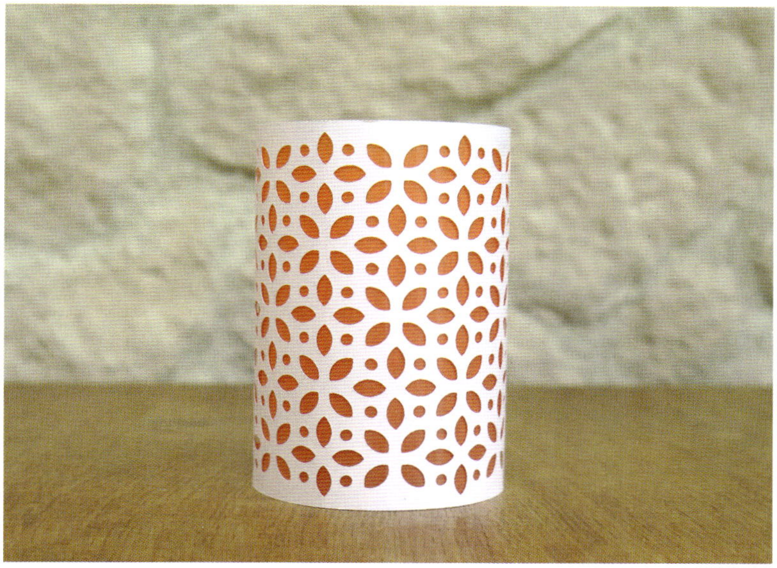

Material

- Tonpapier
- Transparentpapier
- Gegebenenfalls Kleber für Transparentpapier
- LED-Teelicht
- Vorlagen: 7_1_3_Zylinder und 7_1_3_Zylinder_innen

Größe des Projekts

Die maximale Größe des Zylinders:

- In der Software wähle eine Breite von 20,3 cm und eine entsprechende Höhe 9 cm.
- Der fertiggestellte Zylinder hat dann eine kreisförmige Grundfläche mit einem Durchmesser von 6 cm und eine Höhe von 9 cm.

Zylinder erstellen

Rolle das Papier vorsichtig und bringe es in die Form des Zylinders. Stecke die Laschen in die dafür vorgesehenen Aussparungen am anderen Ende des Papierstreifens.

Nutze dann die Vorlage 7_1_3_Zylinder_innen, um das Transparentpapier zu schneiden. Rolle dieses ebenfalls vorsichtig und schiebe es in den Zylinder. Für ein schönes Ergebnis achte darauf, dass die Enden beider Schichten übereinanderliegen. Stelle nun ein LED-Teelicht in die Mitte.

Variationen

Eigene LED-Teelicht-Zylinder entwerfen
Mit der Vorlage 7_1_3_Zylinder_blanko kannst du auch ganz eigene Ideen umsetzen, um ein persönliches Teelicht zu gestalten. Du kannst beispielsweise einen Spruch, Namen, Glückwünsche oder Wünsche zu Feiertagen mithilfe des Textfeldes platzieren. Du kannst auch eigene Muster-Ideen umsetzen oder Figuren und Bilder erstellen und vom Cricut Maker 3 schneiden lassen.

7.2 Girlanden und Wimpel

Mithilfe der Buchstabengirlande kannst du Namen oder Glückwünsche individuell zusammenstellen. Wimpel-Ketten kannst du für Partys, aber auch einfach zur Dekoration von Räumen oder im Garten einsetzen – entweder farbig und bunt oder schlicht in Weiß.

7.2.1 Buchstabengirlande

Schwierigkeit: leicht

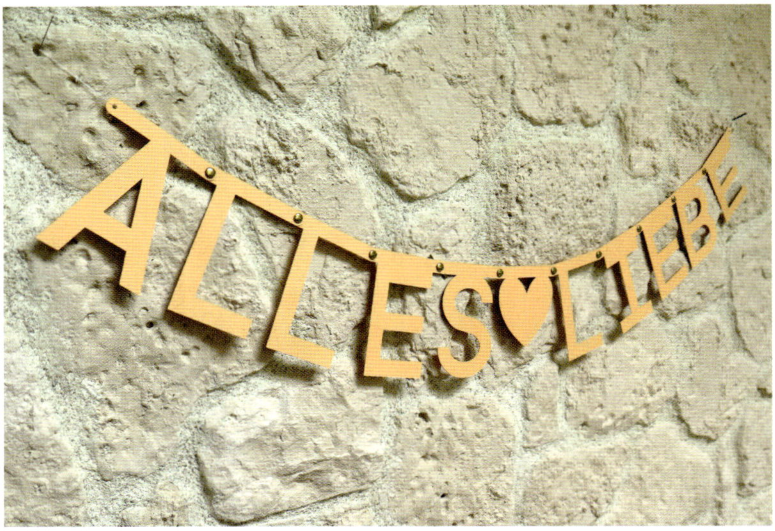

Material

- Fotokarton (einfarbig oder in verschiedenen Farben)
- Musterklammern (Größe entsprechend der Buchstabengröße) oder Kleber
- Vorlage: 7_2_1_Buchstaben_gelocht oder 7_2_1_Buchstaben_ungelocht

Größe des Projekts

Häufig haben Buchstabengirlanden eine Höhe von 10,5 cm. Du kannst aber je nach Wunsch und Verwendung die Größe frei variieren.

Girlande erstellen

Überlege dir, aus welchen Wörtern deine Buchstabengirlande bestehen soll, und plotte deren Buchstaben entsprechend.

Wenn du keine Musterklammern zur Verfügung hast, dann nutze die ungelochte Vorlage, um die Buchstaben aneinanderzukleben.

Wenn du Musterklammern verwenden möchtest, nutze die gelochte Vorlage. Lege zwei Buchstaben aneinander, sodass die Löcher am oberen Balken der Buchstaben übereinanderliegen. Schiebe die Musterklammer durch beide Löcher und fixiere sie.

Variationen

Formen einfügen

Um Worte in der Buchstabengirlande zu trennen, kannst du entweder den Balken ohne Buchstaben verwenden oder an den Balken noch eine Form anfügen, z.B. ein Herz oder einen Stern. Dabei sollte die Form die gleiche Breite wie deine Buchstaben haben. Richte Balken und Form mittig aus. Form und Balken müssen sich leicht überschneiden, damit du sie verschweißen kannst.

7.2.2 Wimpelkette

Schwierigkeit: leicht

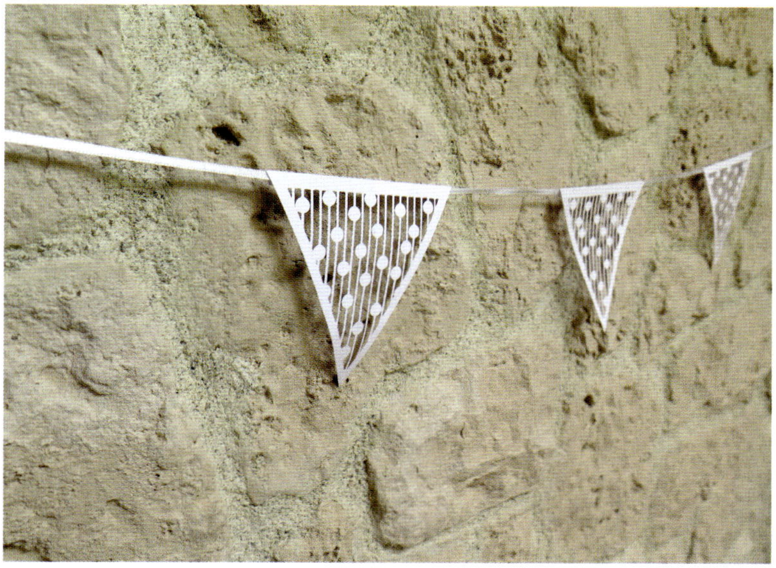

Material

- Tonpapier (einfarbig oder in verschiedenen Farben)
- Falzstift bzw. Falzrad
- Schnur oder ein schmales Band
- Klebeband
- Kleber
- Vorlage: 7_2_2_Wimpel_Punkte

Größe des Projekts

Häufig haben Wimpel eine Höhe von 15 cm. Du kannst aber je nach Wunsch und Verwendung die Größe frei variieren.

Wimpelkette erstellen

Falte die Wimpel entlang der oberen Falzlinie. Platziere die Schnur entlang der Falzkante und fixiere sie mit einem Klebestreifen. Klebe dann den Abschnitt A auf den Wimpel B. Du kannst die Wimpel entweder alle direkt nebeneinander an der Schnur platzieren oder feste Abstände zwischen den Wimpeln ausmessen.

7.3 Serviettenringe

Zu einer Dinner-Party gehören auch Serviettenringe. Diese können schlicht oder auffällig sein. Sie können Tischkarten ersetzen oder die Gäste willkommen heißen.

7.3.1 Serviettenring »Blätter« und »Ringe«

Schwierigkeit: leicht

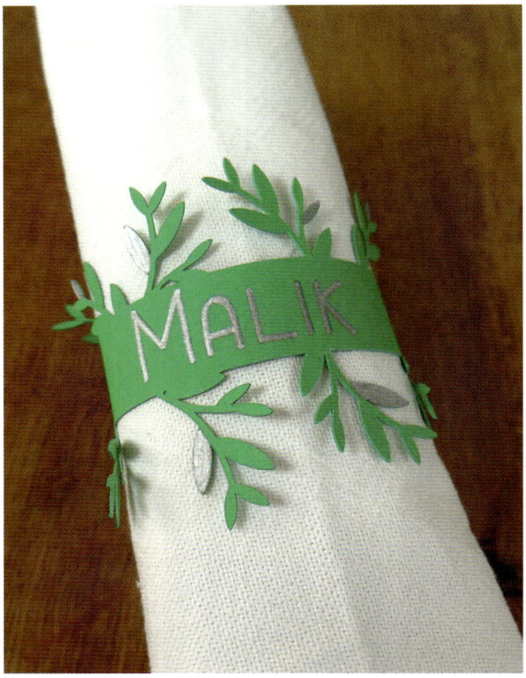

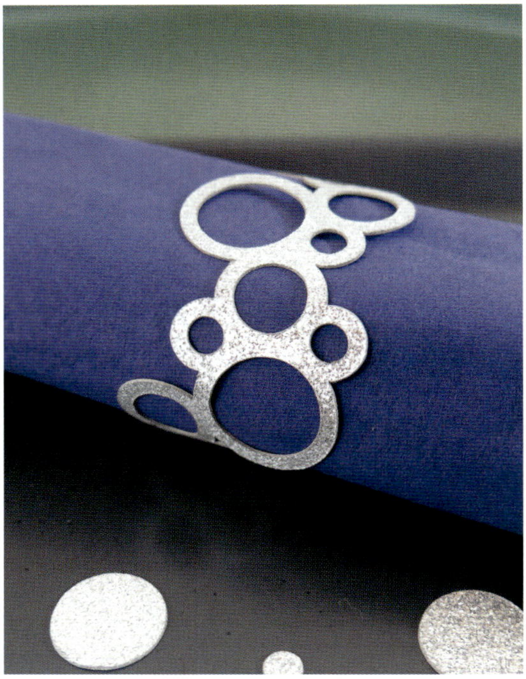

Material

- Tonpapier
- Kleber
- Vorlagen: 7_3_1_Ringe und 7_3_1_Blätter

Größe des Projekts

Häufig haben Serviettenringe eine Länge von 13 cm. Du kannst die Größe aber je nach Serviette frei variieren.

Serviettenring erstellen

Beim Serviettenring »Blätter« kannst du die Aufschrift verändern und z.B. die Namen von Gästen oder ein Willkommen einfügen.

Nachdem du den Serviettenring hergestellt hast, lege ihn um die Serviette und klebe die Enden passend für deine Serviette aufeinander, sodass ein Ring entsteht.

Verwendete Schriftart: Serviettenring »Blätter« – Tihana

7.3.2 Serviettenring mit Blüte

Schwierigkeit: schwer

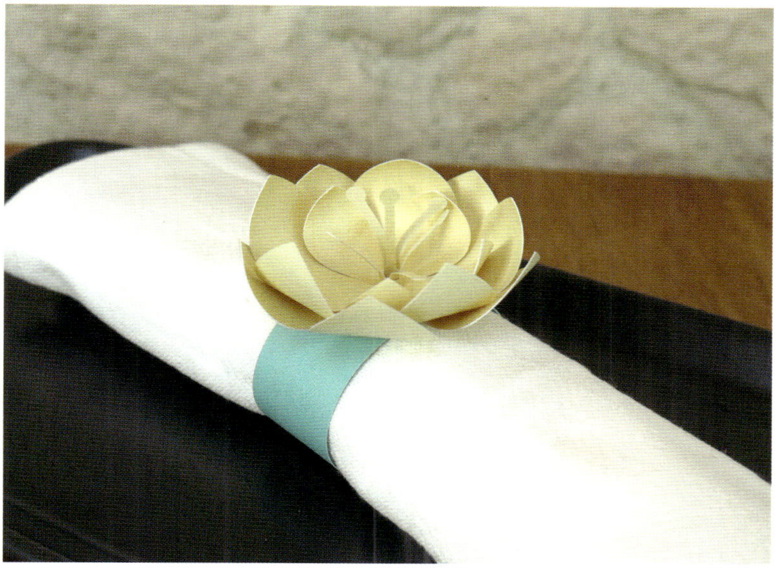

Material

- Tonpapier
- Lineal
- Kleber, Klebepunkte (doppelseitig) oder doppelseitiges Klebeband
- Vorlage: 7_3_2_Ring_Bluete

Größe des Projekts

- Häufig haben Serviettenringe eine Länge von 13 cm. Du kannst die Größe je nach Serviette frei variieren.
- Die großen Blütenblätter mit einer Breite von 8 cm brauchst du zwei Mal.
- Die kleinen Blütenblätter mit einer Breite von 6 cm brauchst du ein Mal.
- Die Stabblätter mit einer Breite von 3,3 cm brauchst du ein Mal.

Serviettenring erstellen

Bringe zuerst die Blütenblätter in Form, indem du sie vorsichtig über ein sauberes Lineal ziehst. Halte dabei das entsprechende Blatt in der Mitte fest, damit es nicht abreißt. Die Blätter wellen sich nun nach oben.

Um die Blüte zusammenzusetzen, klebe zuerst die größeren Blütenblätterkränze versetzt aufeinander und anschließend die kleineren ebenfalls versetzt in die Mitte.

Die Staubblätter rollst du zuerst auf. Klebe sie dann in die Mitte der Blüte. Biege die Staubblätter danach vorsichtig etwas nach außen.

Anschließend legst du den Serviettenring um die Serviette und klebst die Enden passend aufeinander, sodass ein Ring entsteht. Platziere dann die Blüte auf dem Serviettenring und klebe sie fest.

Variationen

Blüte als Dekoration

Die Blüte kannst du auch ohne den Serviettenring als Tischschmuck einsetzen. Verpackte Geschenke kannst du ebenfalls damit dekorieren.

7.4 Weinglas-Anhänger

Weinglas-Anhänger können als Tischkarte dienen oder verhindern, dass deine Gäste ihre Gläser verwechseln. Doch auch kleine Grüße oder Sprüche machen sich gut darauf.

Schwierigkeit: leicht

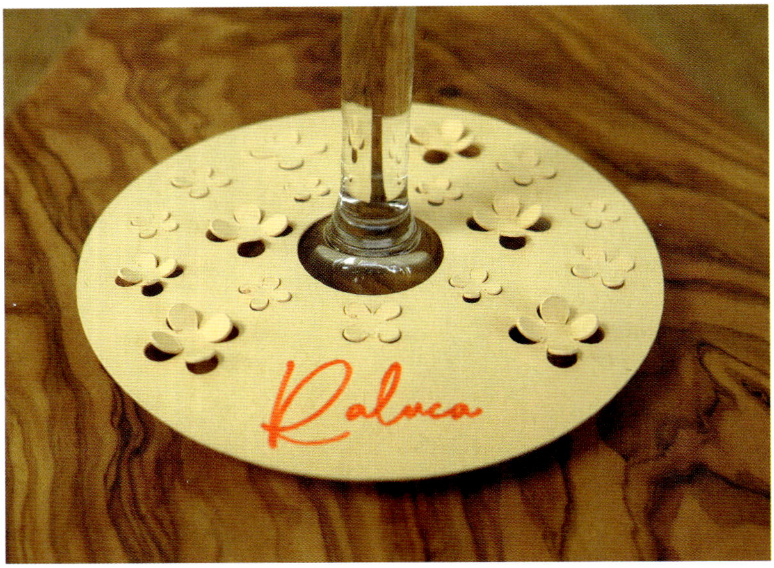

Material

- Tonpapier
- Gegebenenfalls Cricut-Stift
- Vorlage: 7_4_1_Weinglas

Größe des Projekts

Die ideale Größe des Weinglas-Anhängers ist ein Durchmesser von 8,5 cm.

Weinglas-Anhänger individualisieren

Um Schrift vom Plotter schreiben oder schneiden zu lassen, benutze ein Textfeld für deinen Wunschtext.

Verwendete Schriftart: Summer Pisces

Variationen

EigeneMoin Sabine Weinglas-Anhänger erstellen

Schwierigkeit: mittel

Projekt ohne Vorlage

1. Wähle eine Form, die sich als Weinglas-Anhänger eignet (z.B. ein Kreis, Stern oder Herz). Für das Beispiel nutze ein Sechseck. Das Sechseck hat eine Höhe von 8,5 cm.
2. Erstelle einen Kreis mit einem Durchmesser von 2 cm. Markiere das Sechseck und den Kreis und klicke auf Ausrichten > Zentrieren.

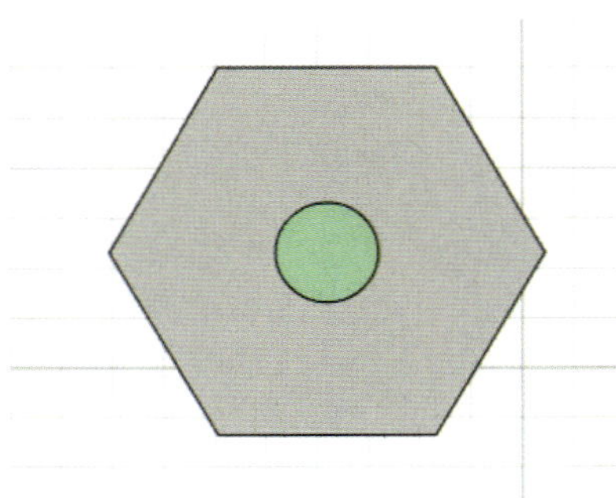

3. Klicke anschließend auf Beschneiden, um den Kreis aus dem Sechseck auszuschneiden.

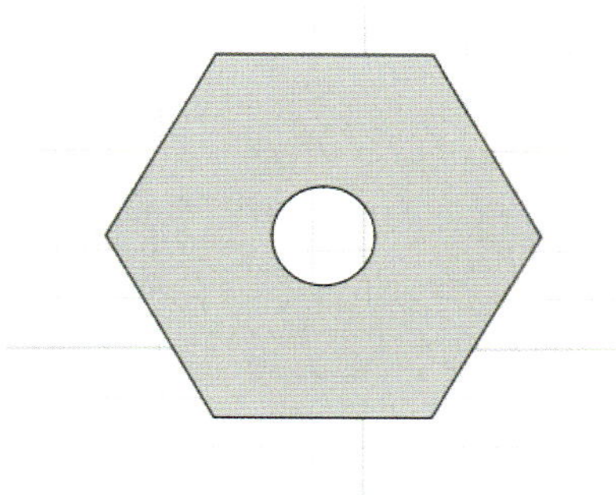

4. Erstelle nun ein Dreieck mit einer Höhe von 4,5 und einer Breite von 1,5 cm. Positioniere das Dreieck auf der unteren Kante des Sechsecks.

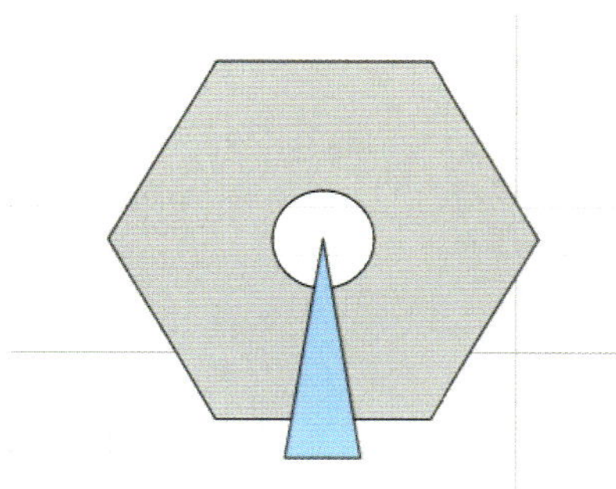

1. Markiere das Sechseck und das Dreieck. Klicke auf Ausrichten > Horizontal zentrieren und anschließend auf Beschneiden. Jetzt ist dein Weinglas-Anhänger fertig.

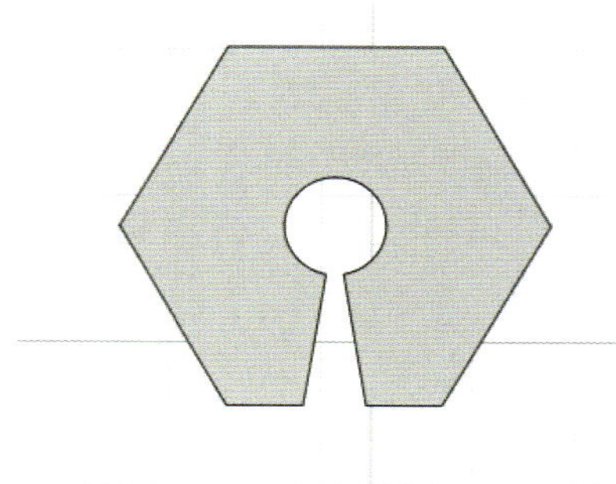

Tipp

Auf den Weinglas-Anhänger kannst du neben einem Textfeld (für Namen oder Anlässe) auch weitere Formen als Muster ausschneiden lassen (z.B. kleine Sechsecke oder Kreise).

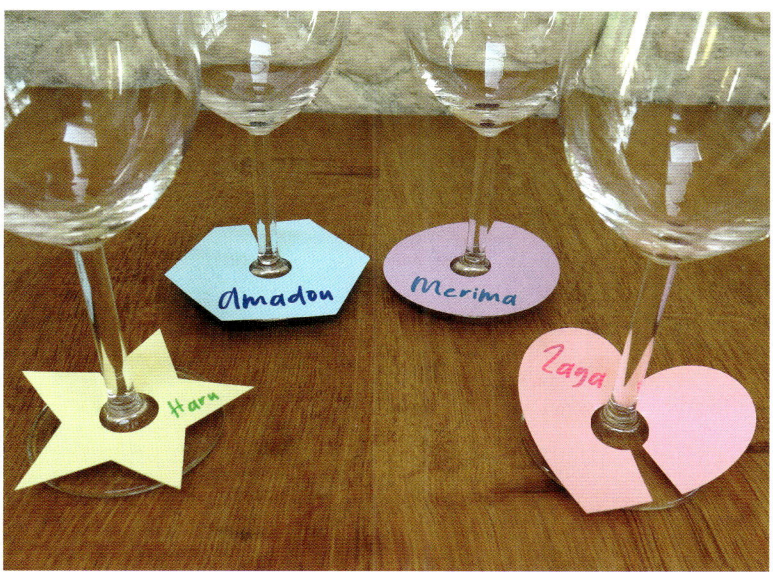

7.5 Tischkarten

Mit Tischkarten kannst du nicht nur die Sitzordnung bei Dinner-Partys festlegen, sondern auch kleine Grüße oder Zitate an deine Gäste richten. Bei einem Buffet können sie die Namen der Speisen anzeigen. Wenn du sie größer erstellst, kannst du sie als Menükarten verwenden.

Schwierigkeit: mittel

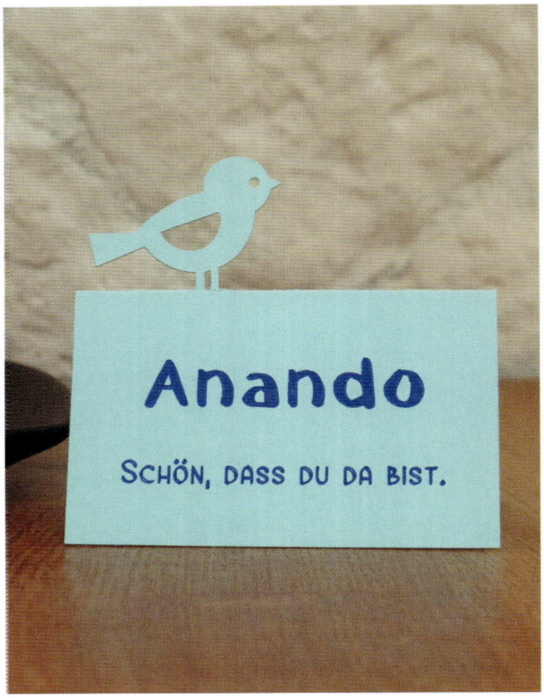

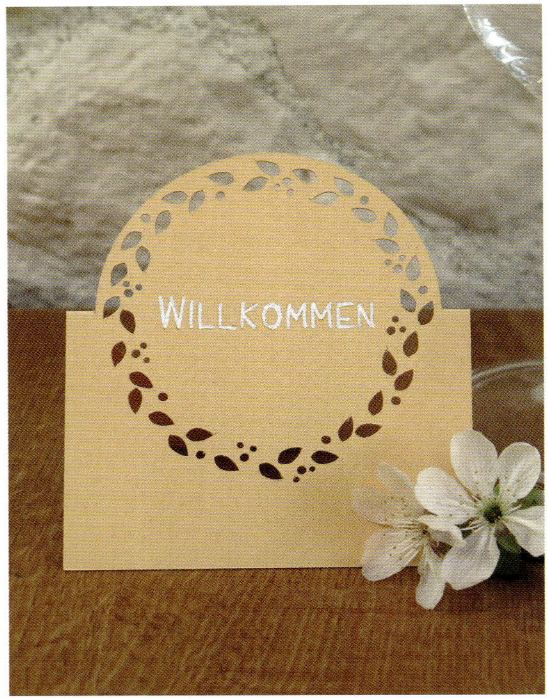

Material

- Tonpapier
- Gegebenenfalls Falzstift oder Falzrad
- Gegebenenfalls Plotter-Stift
- Vorlagen: 7_5_1_Vogel; 7_5_1_Kranz

Größe des Projekts

Die Größe einer normalen Tischkarte ist meist 8,5 cm breit. Du kannst die Größe aber frei wählen.

Tischkarte erstellen

Um Schrift vom Cricut Maker 3 schreiben oder schneiden zu lassen, benutze ein Textfeld für deinen Wunschtext.

Tischkarte Vogel: Falze nach dem Herstellen der Karte vorsichtig die Mitte und drücke den Vogel heraus.

Tischkarte Kranz: Falze nach dem Herstellen der Karte nur vorsichtig an den Seiten und drücke den Kranz heraus.

Verwendete Schriftart: Vogel – Nekoto; Kranz – Tihana

7.6 Party-Sets

Wenn du möchtest, dass deine Partydekoration aufeinander abgestimmt ist, wähle dir eines der Party-Sets aus. Je nach Farbwahl können diese frisch oder knallbunt werden, aber auch elegant und klassisch in dunkleren Farben oder mit Metallic-Papier wirken.

Schwierigkeit: mittel

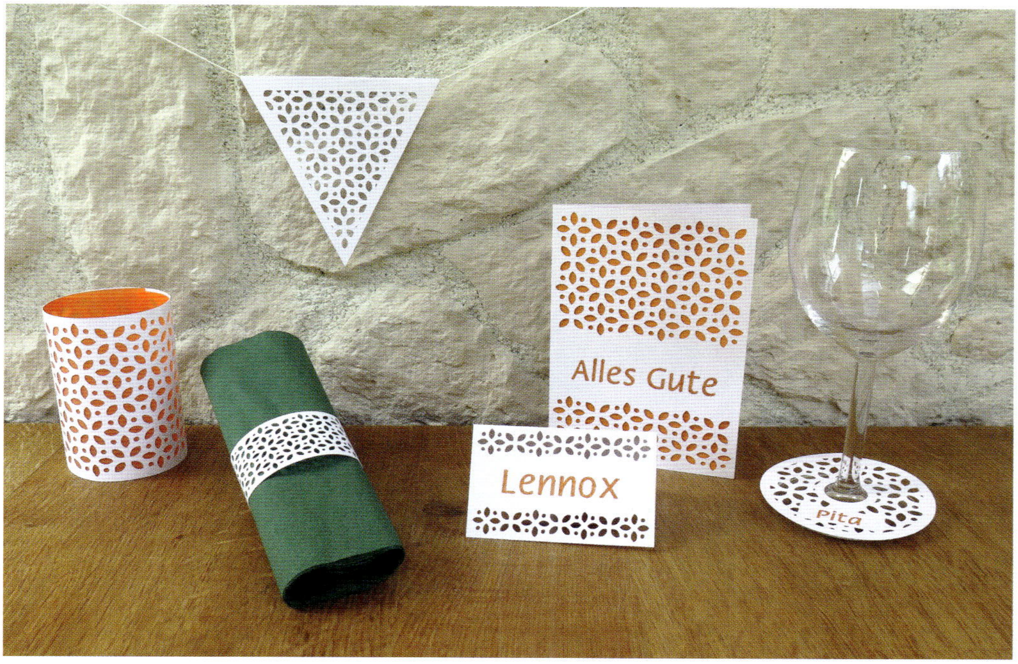

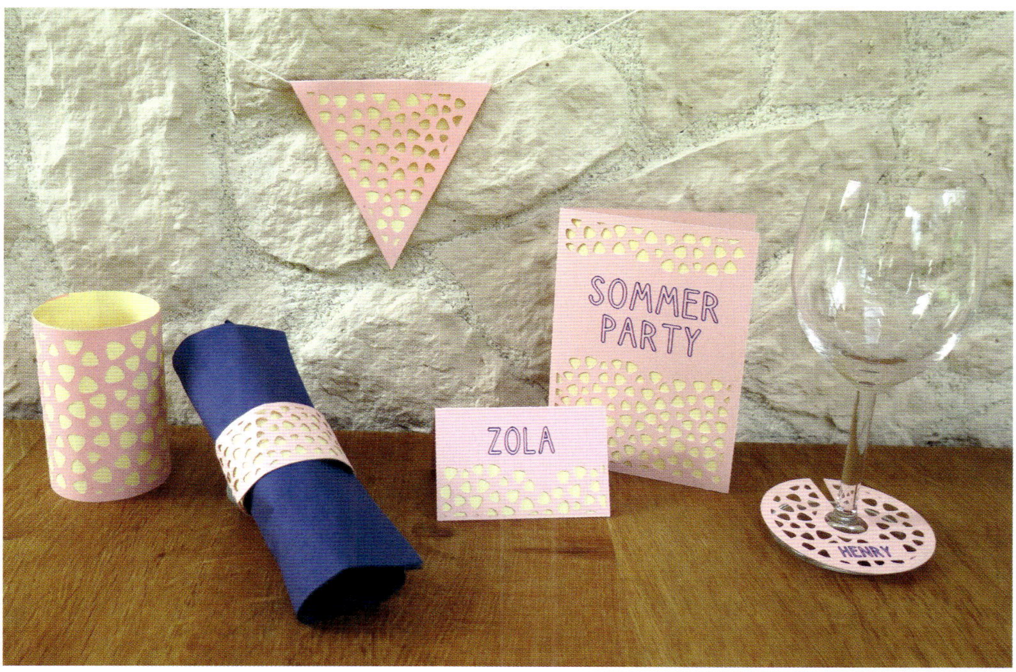

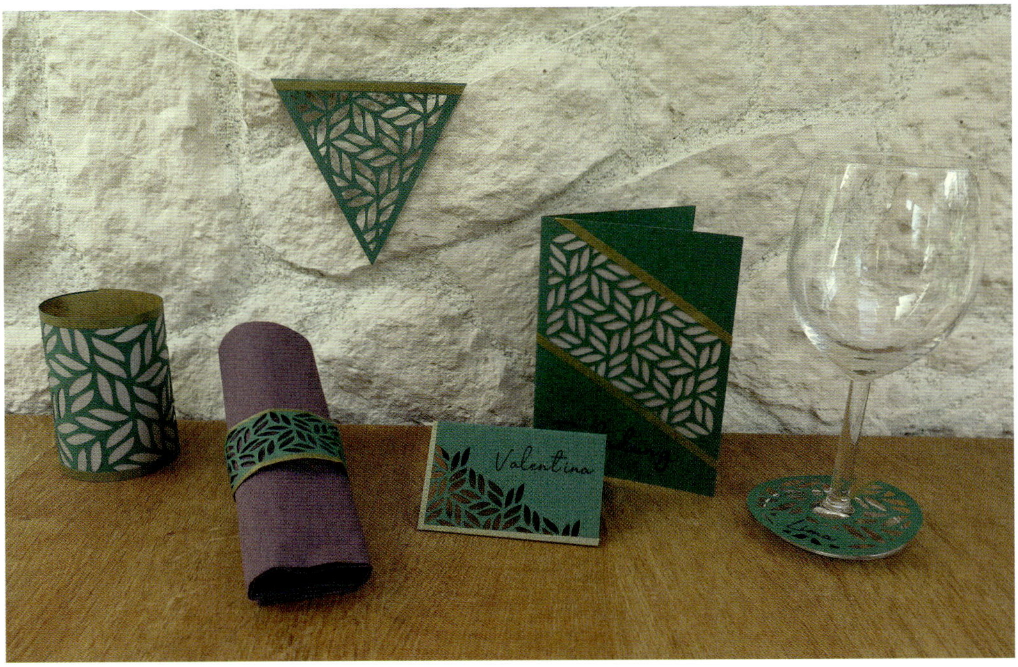

Material

- Tonpapier oder Fotokarton
- Cricut-Stift
- Gegebenenfalls Falzstift oder Falzrad
- Party-Set »Bätter«: Vorlage 7_6_1_ Blaetter
- Party-Set »Blüte und Punkte«: Vorlage 7_6_2_Bluete_Punkte
- Party-Set »Dreiecke«: Vorlage 7_6_3_ Dreiecke

Verwendete Schriftart: Blätter – Celliad; Blüte und Punkte – QTFloraline; Dreiecke – Lumie

Party-Sets individualisieren

Mit den Anleitungen zu Wimpeln, Teelichtern, Karten und Tischkarten in diesem Kapitel kannst du auch ganz einfach die Party-Sets erstellen. Um den Projekten Schrift hinzuzufügen, nutze Textfelder und Cricut-Stifte.

7.7 Torten und Muffins

Kleine Einstecker auf Muffins sind nützlich, um verschiedene Sorten auseinanderzuhalten. Lustiger wird es mit kleinen Kommentaren oder Sprüchen. Um deine Muffins noch schöner zu machen, kannst du die Muffin-Manschetten einsetzen. Wenn du die Deko-Elemente etwas größer herstellst, kannst du damit auch Kuchen und Torten von bunt bis elegant dekorieren. Auch für Glückwünsche und Namen ist genug Platz.

7.7.1 Muffin- oder Kuchen-Einstecker

Schwierigkeit: leicht

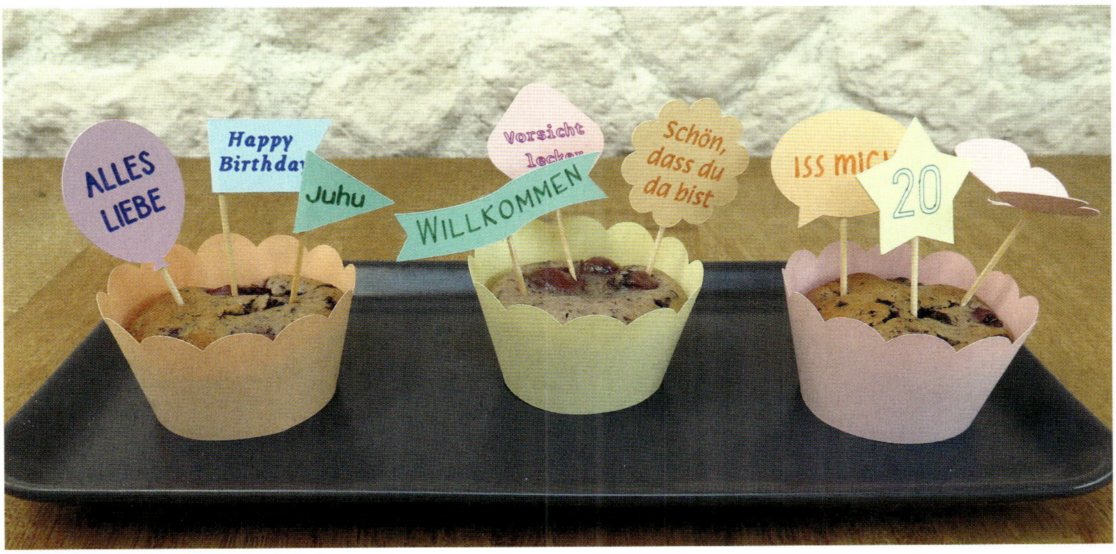

Material

- Tonpapier oder Fotokarton
- Cricut-Stift
- Zahnstocher oder Holzspieße
- Klebeband
- Vorlage: 7_7_1_Muffin_Einstecker

Größe des Projekts

Du kannst die Größe je nach Größe des Muffins oder Kuchens frei bestimmen.

Muffin-Einstecker erstellen

Um Schrift vom Cricut Maker 3 schreiben zu lassen, benutze ein Textfeld für deinen Wunschtext.

Klebe nach dem Herstellen die Zahnstocher oder Holzspieße auf der Rückseite der Einstecker mit Klebeband fest.

7.7.2 Muffin-Manschette

Schwierigkeit: leicht

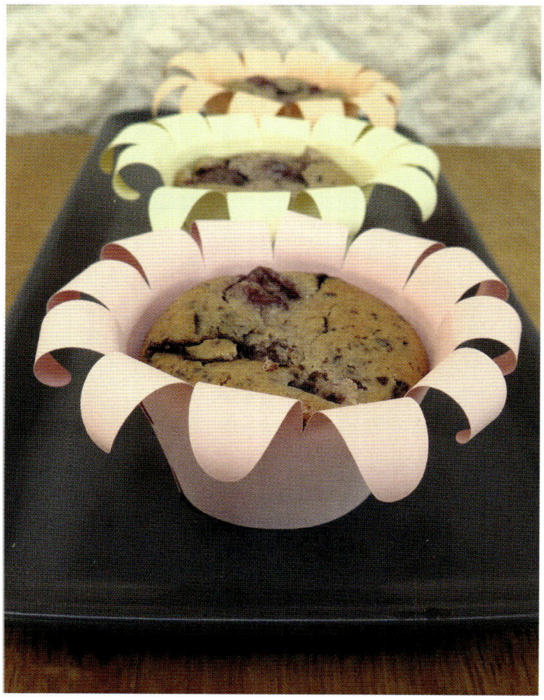

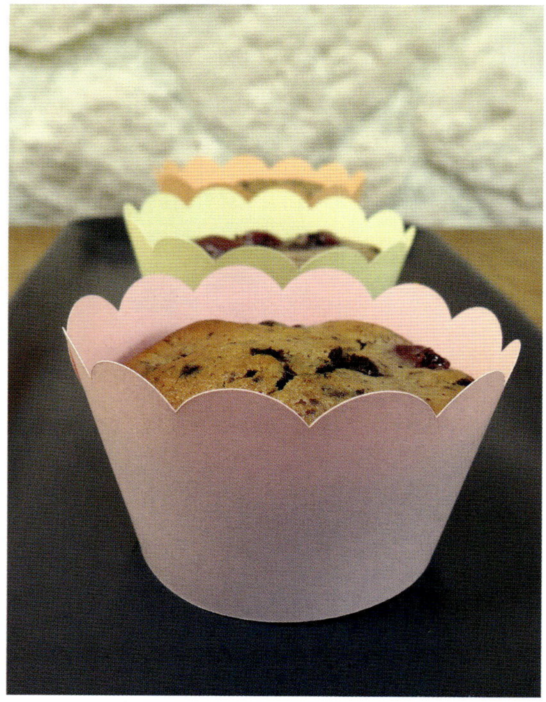

Material

- Fotokarton
- Lineal
- Vorlage: 7_7_2_Bluete oder 7_7_2_Halbkreis

Größe des Projekts

Die Muffin-Manschetten-Vorlage hat eine Breite von 22 cm bis 24 cm für einen Muffin mit normaler Größe.

Muffin-Manschette erstellen

Für die Manschette »Blüte«: Bringe zuerst die Blütenblätter in Form, indem du sie vorsichtig über ein sauberes Lineal ziehst. Halte dabei das entsprechende Blatt in der Mitte fest, damit es nicht abreißt. Die Blätter wellen sich nun nach außen und unten.

Nachdem du die Muffin-Manschette hergestellt hast, lege sie um den Muffin und stecke die Lasche am einen Ende in die Öffnung am anderen Ende, sodass ein Ring entsteht.

Variationen

Muffin-Manschette mit Schrift (nur für Desktop-Version)

Schwierigkeit: mittel
Projekt mit Vorlage

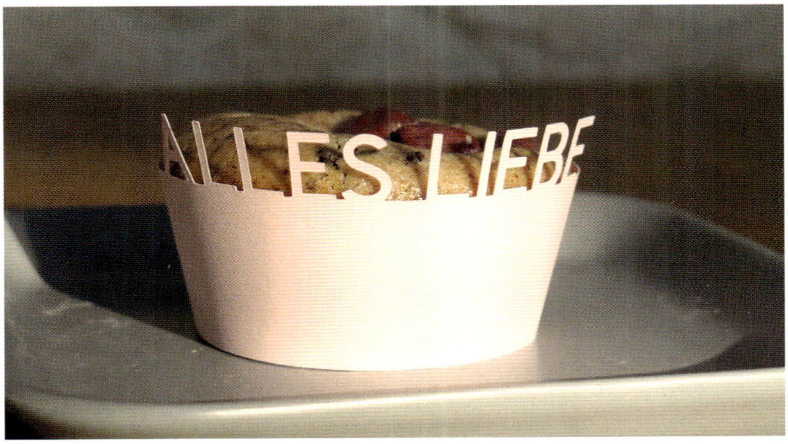

1. Nutze für dieses Projekt die Vorlage 7_7_2_Muffin_schmal in einer Breite von 22 cm.

2. Erstelle ein Textfeld. Für dieses Beispiel schreibe »ALLES LIEBE« in Großbuchstaben in der Schriftart Cricut Sans in Schriftgröße 35. Setze den Text möglichst mittig auf den Ring.

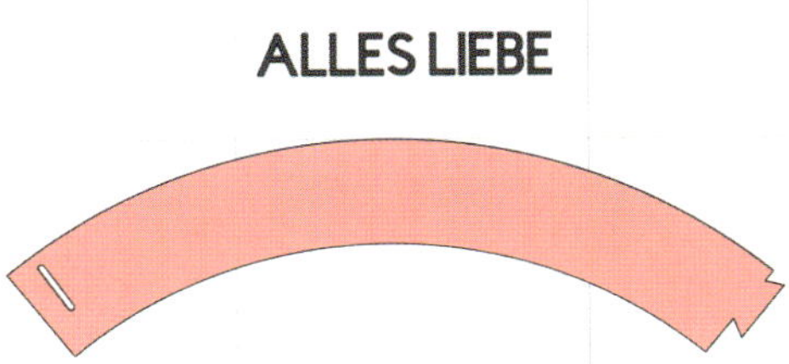

3. Wenn du den Text markierst, erscheint oben ein zweites Menüband für Schrift. Klicke dort auf den Abschnitt KURVE. Stelle den Durchmesser auf ca. 34 ein. Den Text und die Muffin-Manschette solltest du so platzieren, dass sie sich leicht überschneiden.

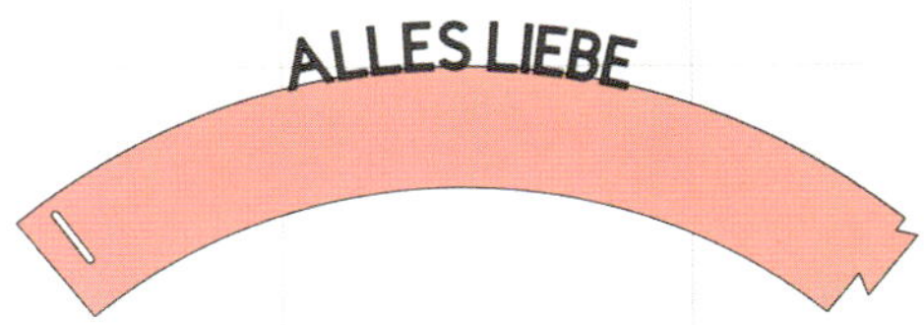

4. Markiere dann den Text und die Muffin-Manschette und klicke auf KOMBINIEREN > VERSCHWEISSEN. Jetzt kannst du die Muffin-Manschette herstellen und anschließend zusammenstecken.

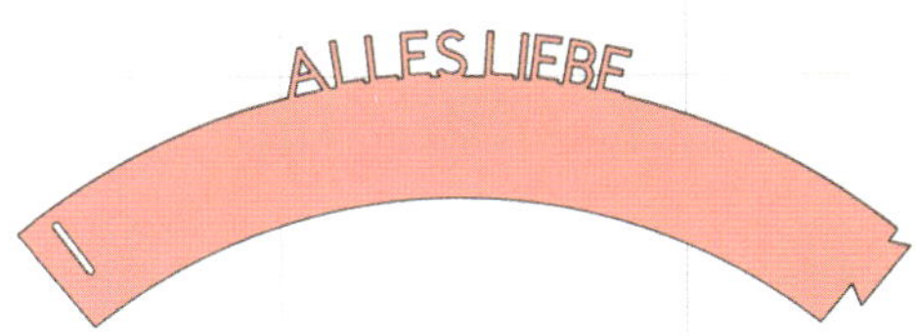

8 Dekoration für zu Hause

In diesem Kapitel findest du verschiedene Projekte, die du selbst zum Dekorieren verwenden oder auch verschenken kannst: Von Bilderrahmen und Kissen über Ornamente und Türanhänger bis hin zu Gute-Nacht-Wünschen für Gäste ist alles dabei.

8.1 Bilderrahmen

Um Fotos aufzustellen, aufzuhängen oder zu verschenken, eignen sich die Papier-Bilderrahmen. Du kannst sie einzeln aufstellen oder auch eine Foto-Girlande zusammenstellen. Besonders schön kann es wirken, wenn du den Rahmen in einer Farbe wählst, die auch im Foto enthalten ist.

8.1.1 Bilderrahmen flach

Schwierigkeit: leicht

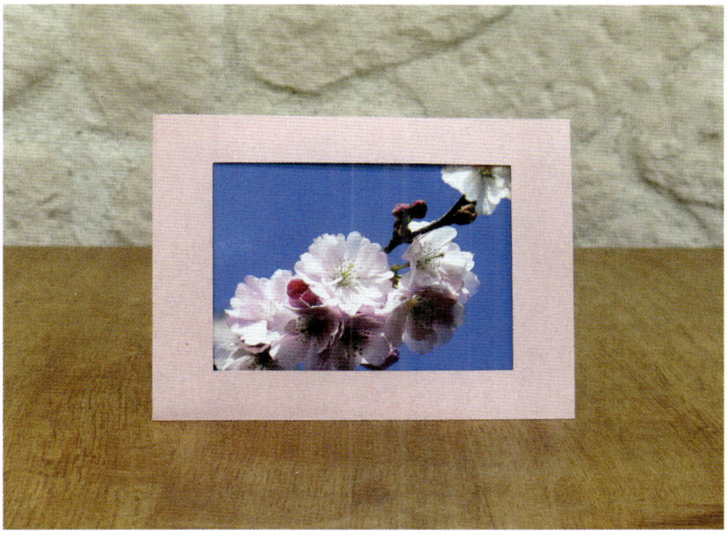

Material

- Tonpapier oder Fotokarton
- Kleber
- Vorlage: 8_1_1_Bilderrahmen_flach

Größe des Projekts

Eine ideale Größe für ein Bild oder Foto im Format 10 cm x 15 cm ist in der Software eine Breite von 25 cm und eine entsprechende Höhe von 17,5 cm. Du kannst die Größe des Rahmens je nach Bild und Verwendung frei variieren.

Bilderrahmen erstellen

Falte die drei Laschen A nach innen und klebe sie an der Rückseite B fest. Nun kannst du ein Bild einstecken.

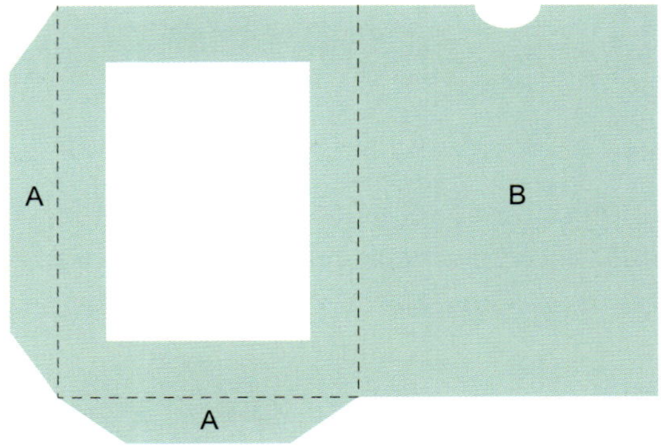

Variationen

Bildergirlande

Du kannst mit mehreren Bilderrahmen eine Bildergirlande basteln. Dazu benötigst du eine Schnur und Holz- oder Büroklammern, um die Bilderrahmen zu befestigen.

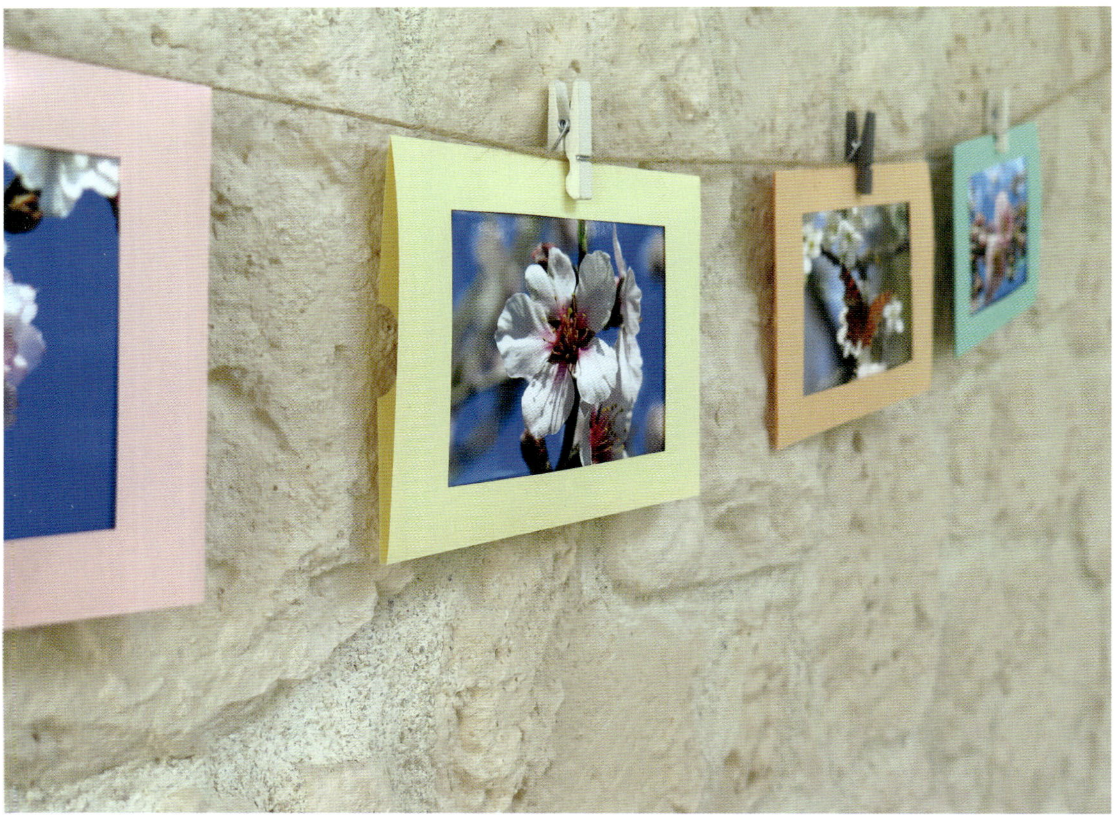

Polaroid-Rahmen

Schwierigkeit: leicht
Projekt ohne Vorlage

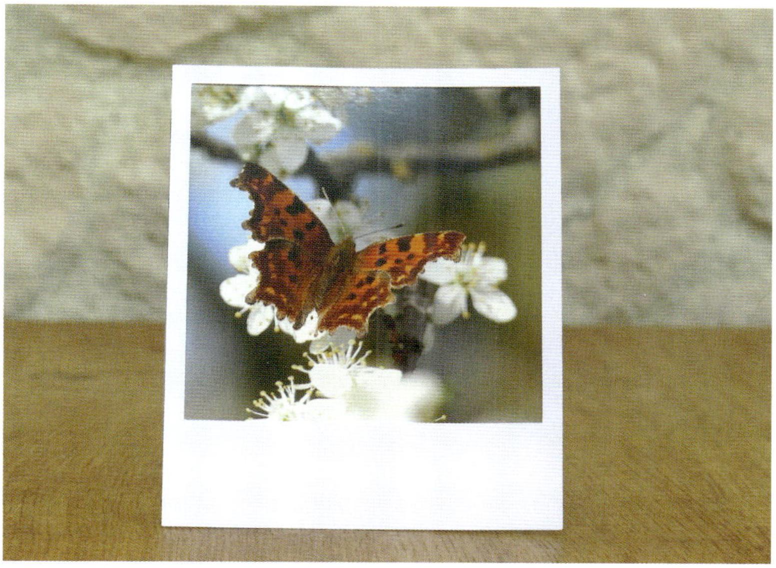

1. Wähle dir dein gewünschtes Polaroid-Format aus (Maße dazu findest du im Internet). Für dieses Beispiel nutze die Maße von Polaroid.
2. Dazu erstellst du ein Rechteck mit einer Höhe von 10,8 cm und einer Breite von 8,8 cm sowie ein Quadrat mit einer Seitenlänge von 7,9 cm.
3. Markiere das Rechteck und gib eine glatte Y-Position ein (z.B. 2,00). Lege dann das Quadrat auf das Rechteck und verschiebe dessen Y-Position um 0,45 cm (z.B. 2,45).

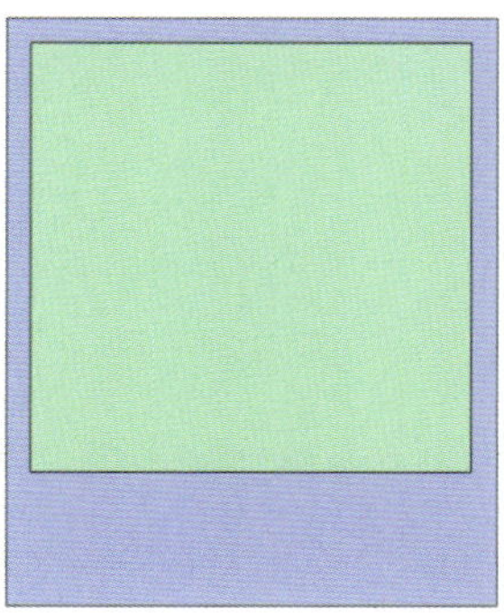

4. Markiere Rechteck und Quadrat und klicke anschließend auf Ausrichten > Horizontal zentrieren.
5. Lass beide Formen markiert und klicke auf Beschneiden.

6. Wenn du möchtest, erstelle ein zusätzliches Rechteck für die Rückseite (Höhe 10,8 cm x Breite 8,8 cm).
7. Platziere dann dein Foto im Rahmen und klebe den Rahmen, das Foto und die Rückseite zusammen.

8.1.2 Bilderrahmen 3D

Schwierigkeit: mittel

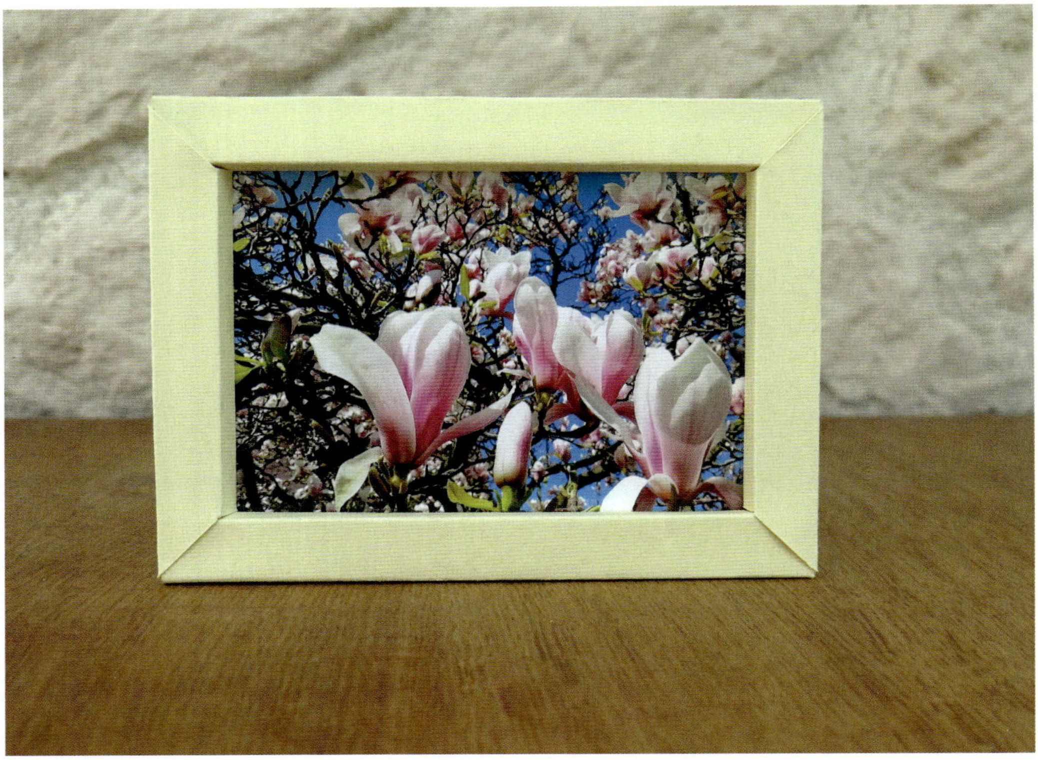

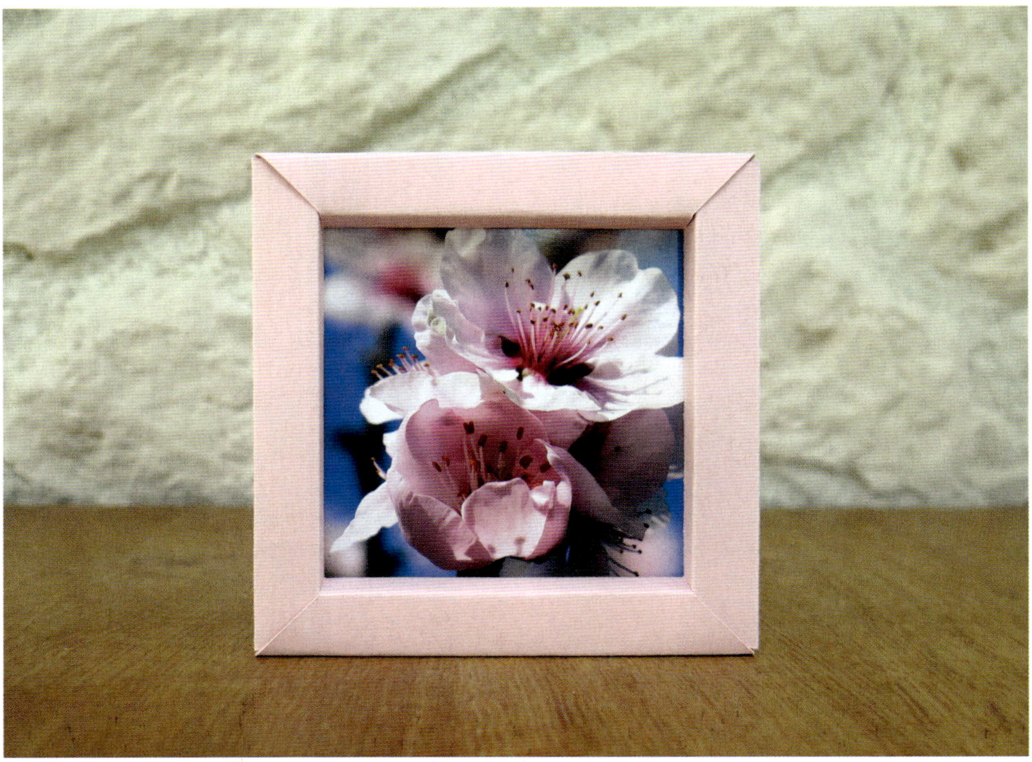

Material

- Tonpapier oder Fotokarton
- Vorlage: 8_1_2_Bilderrahmen_rechteckig oder 8_1_2_Bilderrahmen_quadratisch

Größe des Projekts

Eine ideale Größe für den Bilderrahmen:

- Für den Bilderrahmen rechteckig mit Bild 10 x 15 cm: Wähle in der Software eine Breite von 18 cm und eine Höhe von 22,7 cm.
- Für den Bilderrahmen rechteckig mit Bild 9 x 13 cm: Wähle in der Software eine Breite von 20 cm und eine Höhe von 25,2 cm.
- Für den Bilderrahmen quadratisch mit Bild 12,7 x 12,7 cm: Wähle in der Software eine Breite und Höhe von 25,5 cm.

Du kannst aber je nach Bild und Verwendung die Größe frei variieren, dabei musst du aber das Seitenverhältnis beibehalten.

Bilderrahmen falten

Falte zuerst alle Seitenteile (A–D) einzeln jeweils an den drei Falzlinien nach innen und öffne sie wieder. Beginne dann damit, die Seitenteile A und B entlang der Falzlinien zu falten, sodass zwei dreidimensionale Rahmenteile entstehen. Falte dann die Laschen C1 und C2 nach oben und anschließend das Seitenteil C zur Mitte. Füge dabei die linke Ecke vorsichtig in das aufgefaltete Seitenteil A und die rechte Ecke in das aufgefaltete Seitenteil B ein. Achte darauf, dass auch die Laschen mit in die Seitenteile eingesteckt sind.

Schiebe dann dein Wunschbild ein. Falte die Laschen D1 und D2 nach oben und dann das Seitenteil D zur Mitte. Stecke die Ecken des Seitenteils D vorsichtig in die linken und rechten Seitenteile A bzw. B. Ziehe diese dafür leicht nach außen. Achte erneut darauf, dass auch hier die Laschen mit in die Seitenteile eingesteckt sind.

Hinweis

Beachte, dass bei Rahmen in verschiedenen Größen sich auch die Breite des Rahmens mitverändert. Somit haben zwei Bilder in unterschiedlicher Größe auch unterschiedlich breite Rahmen um das Bild.

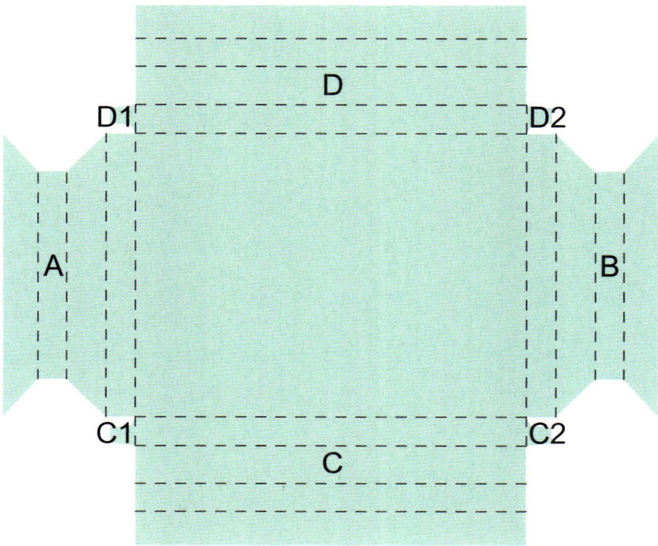

8.2 Türanhänger

Du kannst mit diesen Türanhängern Gäste willkommen heißen, anzeigen, dass du gerade im Garten bist oder nicht gestört werden möchtest. Vielleicht hast du aber auch eine ganz eigene Idee für einen Türanhänger, die du mit der Vorlage umsetzen kannst.

Schwierigkeit: leicht

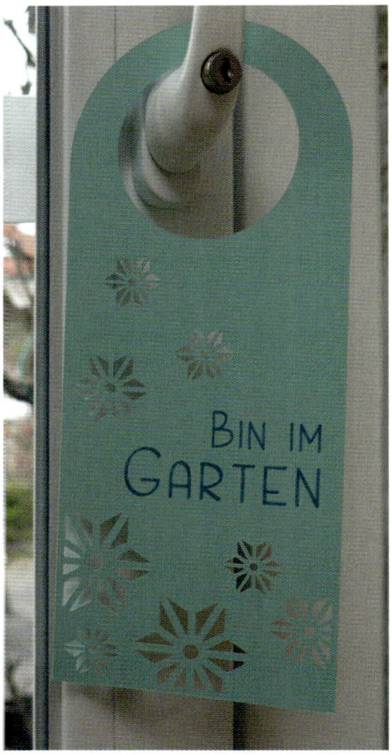

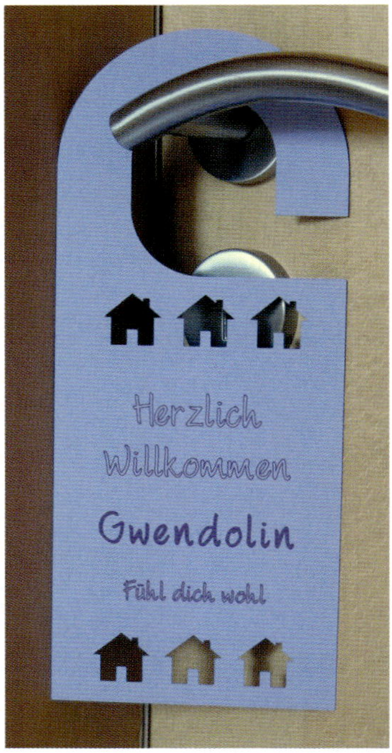

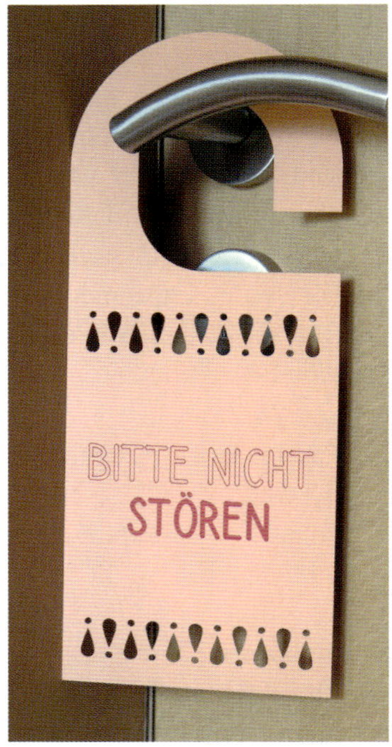

Material

- Tonpapier oder Fotokarton
- Cricut-Stift
- Vorlage: 8_2_Garten oder 8_2_Willkommen oder 8_2_Stoeren

Größe des Projekts

Eine ideale Größe ist eine Höhe von 28 cm.

Türanhänger individualisieren

Du kannst nach eigenen Wünschen Schrift hinzufügen und diese zeichnen oder schneiden lassen.

Verwendete Schriftarten: Türanhänger »Garten« – Tihana; Türanhänger »Willkommen« – Campbell; Türanhänger »Stören« – Lumie

Variationen

Eigene Türanhänger gestalten
Mit der Vorlage 8_2_Tuer_blanko kannst du den Türanhänger auch nach eigenen Wünschen frei gestalten, indem du Text oder Formen hinzufügst oder herausschneidest.

8.3 Ornamente

Ornamente eignen sich als Dekoration an Zweigen und Pflanzen oder am Fenster. Je nach Wahl von Papier und Farbe wirken sie elegant oder modern.

8.3.1 Ornamente-Set

Schwierigkeit: leicht

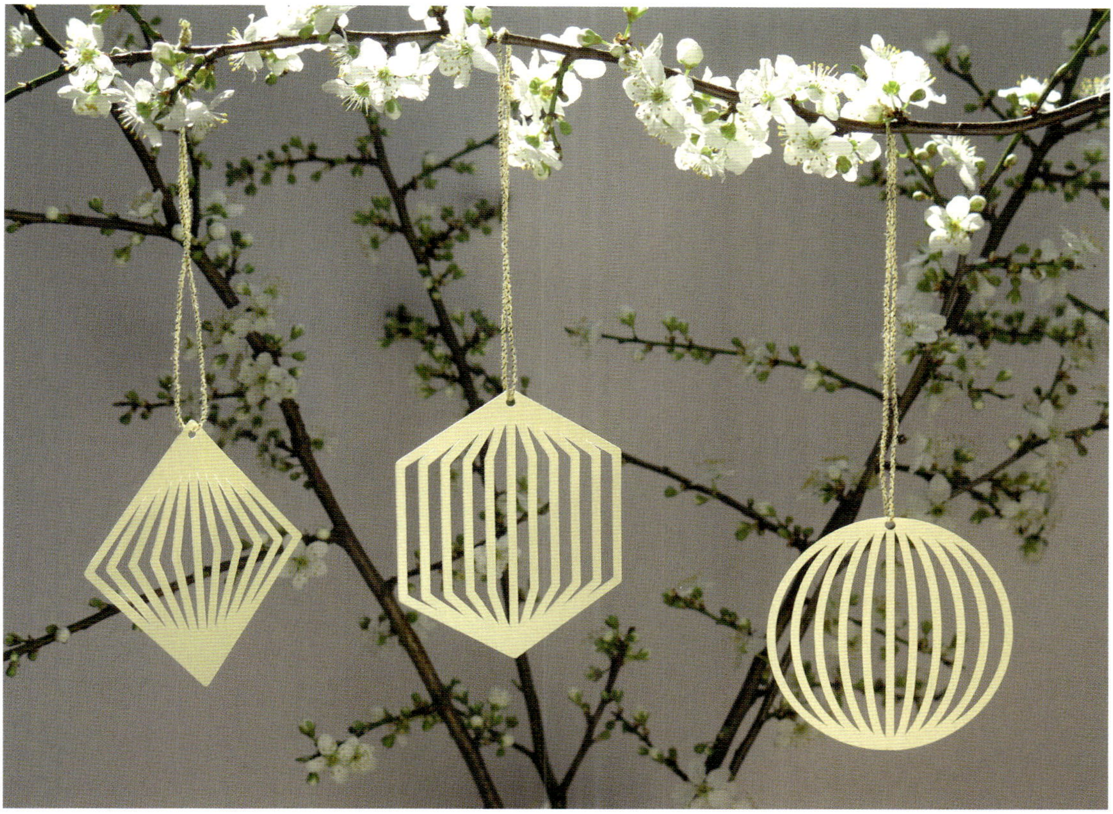

Material

- Fotokarton (z.B. mit Glanz)
- Band oder Schnur
- Vorlage: 8_3_1_Set

Größe des Projekts

Du kannst die Größe der Ornamente frei wählen.

8.3.2 Ornamente Blüte

Schwierigkeit: leicht

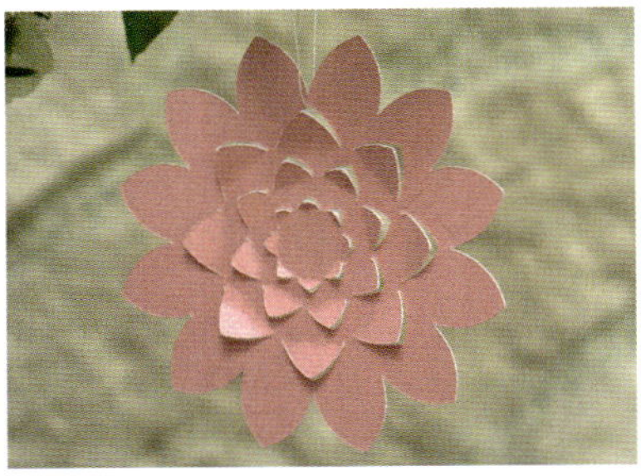

Material

- Tonpapier (z.B. mit Glanz)
- Band oder Schnur
- Vorlage: 8_3_2_Bluete

Größe des Projekts

Du kannst die Größe der Blüte frei wählen.

Blüte erstellen

Biege die Blütenblätter nach dem Herstellen in den mittleren drei Blütenkränzen vorsichtig nach oben, damit das Licht durch die Blüte scheinen kann.

Variationen

Ornament Blüte
Schwierigkeit: mittel
Projekt ohne Vorlage

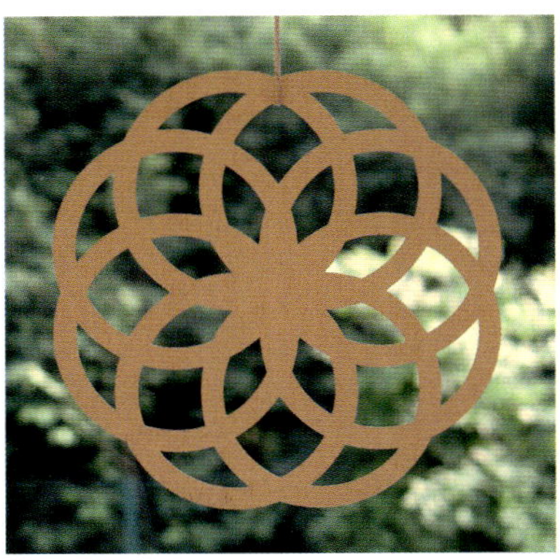

1. Erstelle einen Kreis mit einem Durchmesser von 8 cm und einen weiteren mit 6,5 cm.

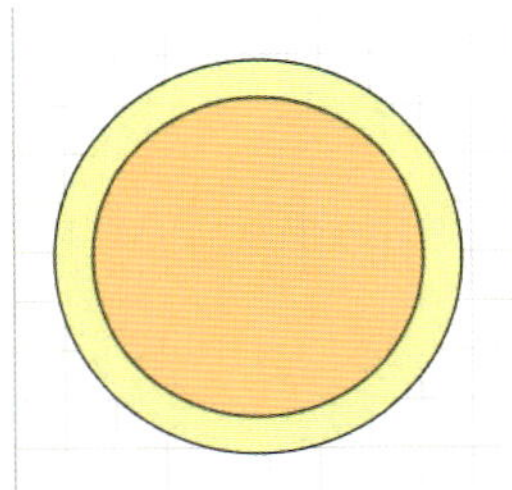

2. Markiere beide Kreise. Klicke auf AUSRICHTEN > ZENTRIEREN und danach auf BESCHNEIDEN, sodass ein Ring entsteht.

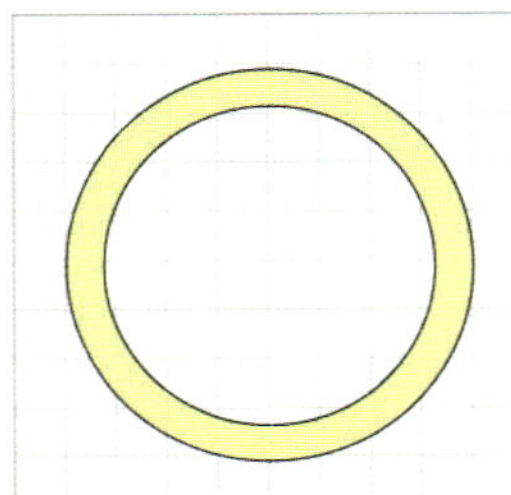

3. Kopiere den Ring einmal, indem du auf DUPLIZIEREN klickst.
4. Ordne beide Ringe untereinander an. Sie sollten sich in der Mitte leicht überschneiden. Markiere dann beide Ringe und klicke auf AUSRICHTEN > HORIZONTAL ZENTRIEREN, damit sie genau übereinander stehen. Klicke anschließend auf KOMBINIEREN > VERSCHWEISSEN.

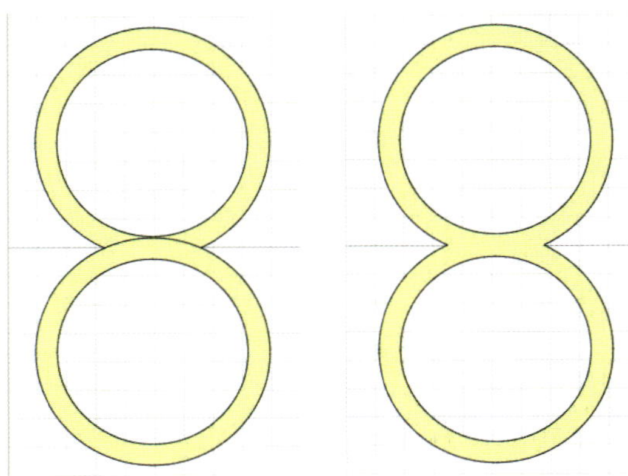

5. Markiere die neu entstandene Form und klicke auf Duplizieren. Drehe die Kopie anschließend um 90 Grad.

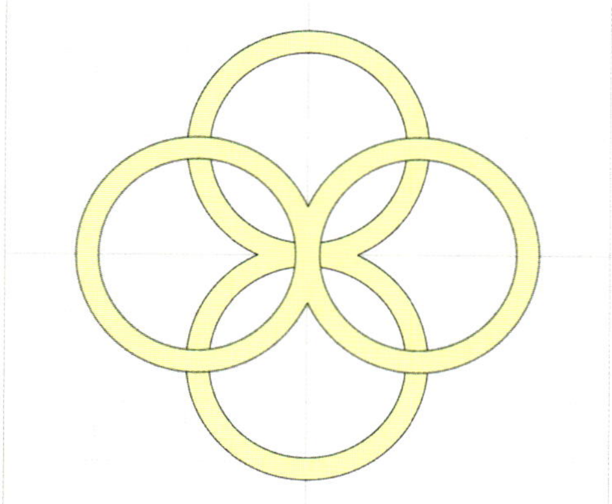

6. Markiere dann beide Formen. Klicke auf Ausrichten > Zentrieren und anschließend auf Kombinieren > Verschweissen.

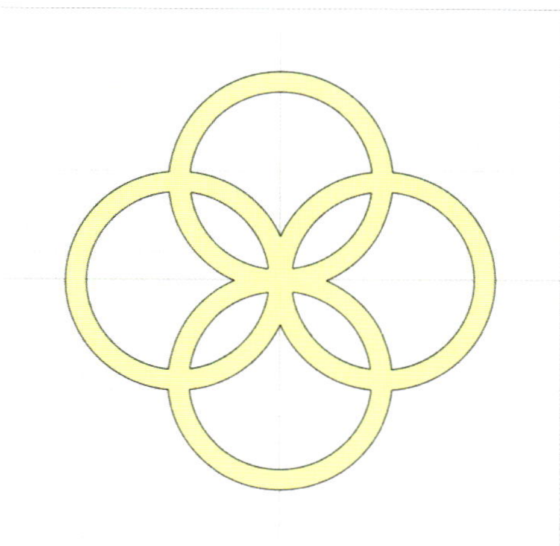

7. Wiederhole nun alle Schritte aus den Punkten 5 und 6 mit der neu entstandenen Form. Drehe die Figur dieses Mal jedoch nur um 45 Grad. Jetzt ist die Blüte fertig.

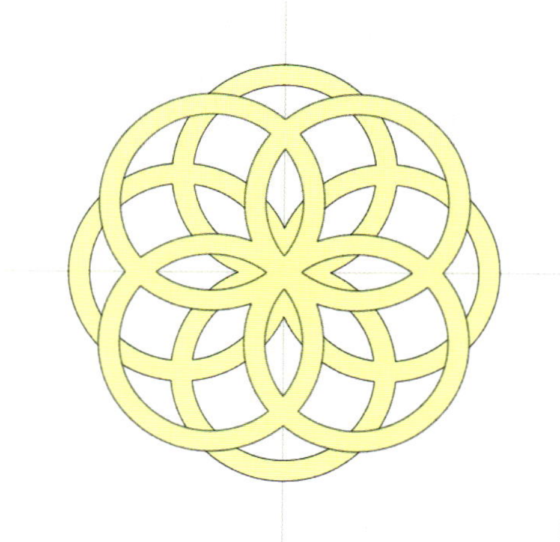

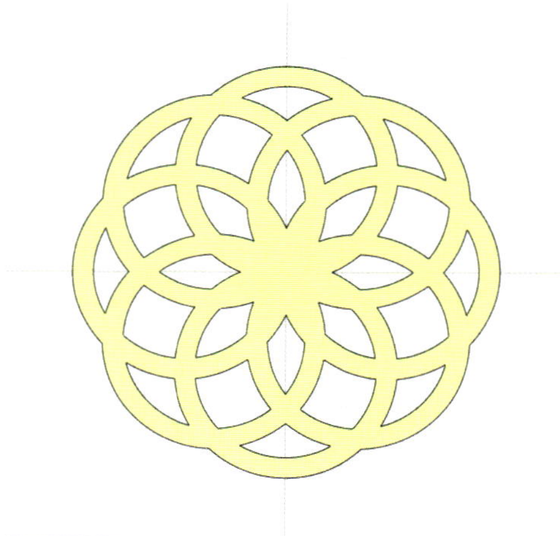

Tipp

Du kannst die Blüte entweder einzeln aufhängen oder in der Mitte falzen und mehrere Blüten (z.B. vier) zu einem 3D-Ornament zusammenkleben.

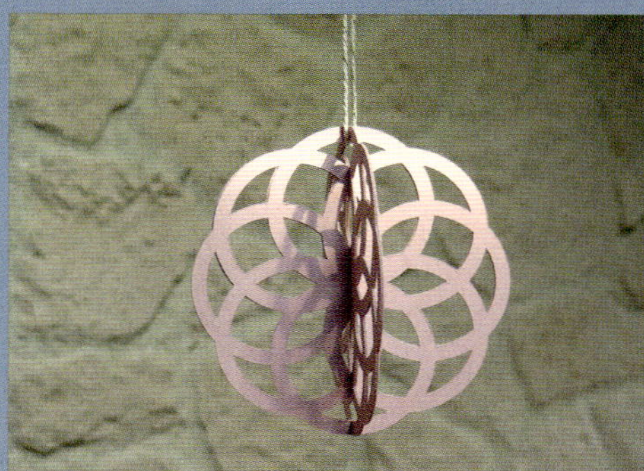

8.4 Kissen

Kissenhüllen kannst du individuell gestalten, z.B. um Gäste willkommen zu heißen oder dich an Reisen zu erinnern. Je nach verwendeter Bügelfolie erhältst du glatte oder auch samtige Motive.

Schwierigkeit: mittel

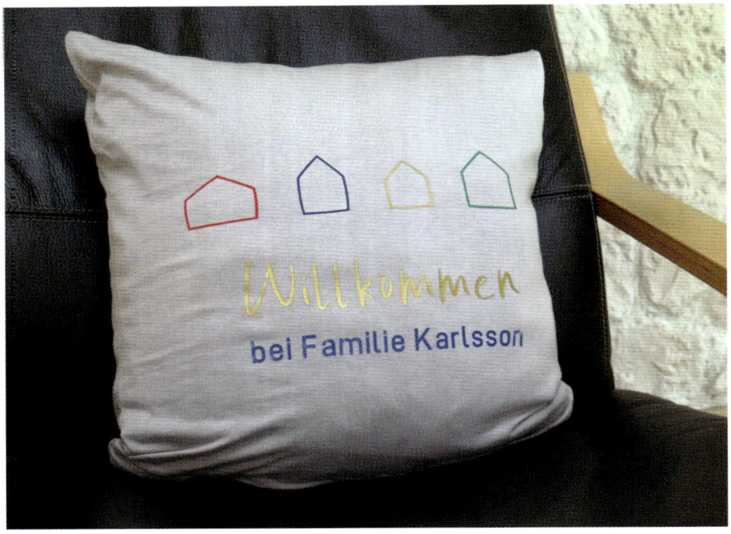

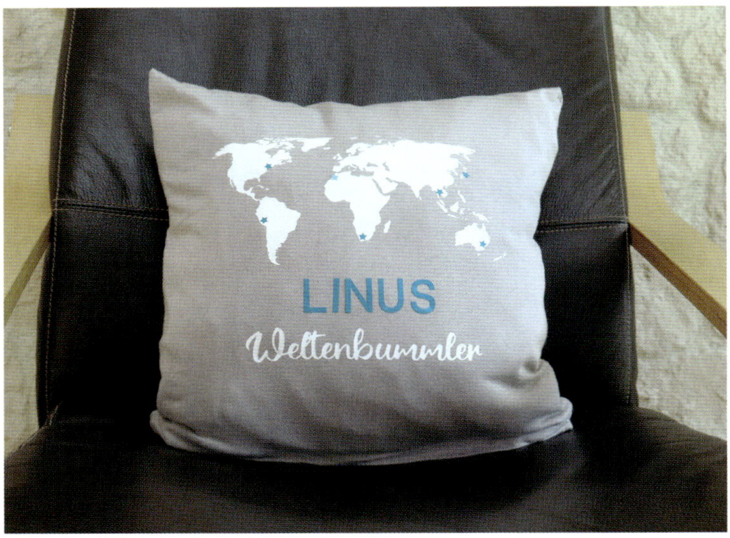

Material

- Kissenbezug, z.B. 40 x 40 cm
- Bügelfolie in verschiedenen Farben
- Zubehör zum Aufbügeln
- Vorlage: 8_4_Willkommen oder 8_4_Weltenbummler

Größe des Projekts

Die Größe des Motivs ist abhängig von der Größe des Kissenbezugs, den du verwenden möchtest.

Kissen individualisieren

Du kannst die Schrift im Projekt nach deinen Wünschen anpassen und so passende Namen einsetzen und die Schriftart und -größe anpassen. Darüber hinaus kannst du auch die Farbe der Motive verändern. Beim Motiv »Weltenbummler« musst du natürlich auch die Reiseziele anpassen.

Verwendete Schriftarten: Kissen »Willkommen« – Summer Vibes und D-Din-Pro; Kissen »Weltenbummler« – Ontel und Arial

8.5 Für Gäste: Gute Nacht

Um Übernachtungsgästen einen kleinen Gruß aufs Kopfkissen zu legen, kannst du Wolken und Schäfchen verwenden. Lege gerne auch eine Kleinigkeit wie etwas Süßes oder eine Blüte dazu.

Schwierigkeit: leicht

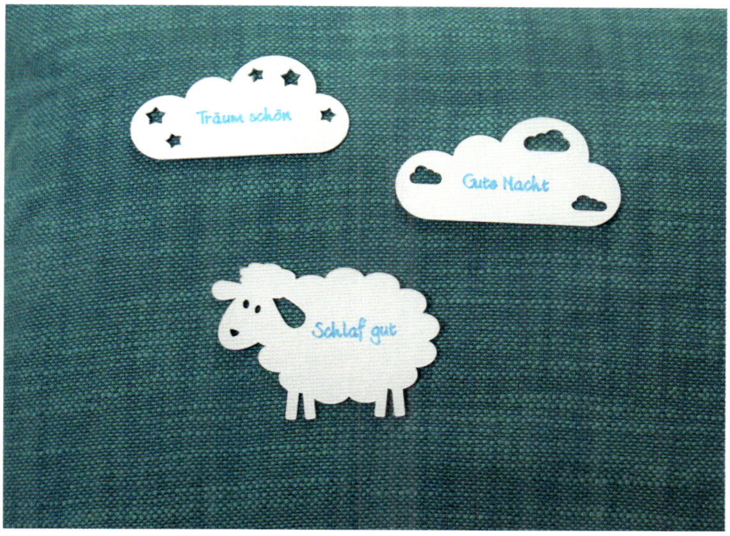

Material

- Tonpapier (z.B. mit Glanz)
- Gegebenenfalls Cricut-Stift
- Vorlage: 8_5_Gaeste

Größe des Projekts

Du kannst die Größe der Schafe und Wolken frei wählen, z.B. eine Breite von 8 cm.

Projekt individualisieren

Du kannst die Schrift im Projekt nach deinen Wünschen anpassen und so passende Namen oder Grüße einsetzen und die Schriftart und -größe anpassen.

Verwendete Schriftart: Campbell

9 Sticker

Sticker sind mehr als nur kleine bunte Bilder für Kinder. Zu Hause und im Alltag helfen sie beim Organisieren und Ordnen. Sie können deine eigenen Produkte, wie selbst gemachte Marmelade, verschönern. Mit Namen- oder Adress-Stickern versehen, kann nichts mehr verloren gehen. Sie können kleine Glückwünsche oder ein Dankeschön auf Geschenken überbringen. Doch auch bei Anlässen wie Geburten, Hochzeiten oder größere Feiern eignen sie sich für Karten oder als kleine Erinnerung für die Gäste.

Mit Vinyl zum Bedrucken oder Beschreiben kannst du aber auch Geschenke oder Gegenstände zu Hause, wie Tassen, Notizbücher, Bilderrahmen oder Teelichthalter, verschönern oder individualisieren. Auch Wände und Tafeln kannst du damit dekorieren.

9.1 Allgemeines zu Stickern

In diesem Abschnitt lernst du die wichtigsten Grundlagen kennen, um selbst Sticker mit deinem Plotter zu erstellen. Du kannst Sticker aus bedruckbarem oder beschreibbarem Vinyl oder Papier-Etiketten herstellen.

9.1.1 Schriftzug als Sticker

Wie du einen Schriftzug als Sticker erstellen kannst, erfährst du in Abschnitt 5.6.

9.1.2 Sticker in einer Form: zeichnen und schneiden

Schwierigkeit: leicht
Projekt mit Vorlage

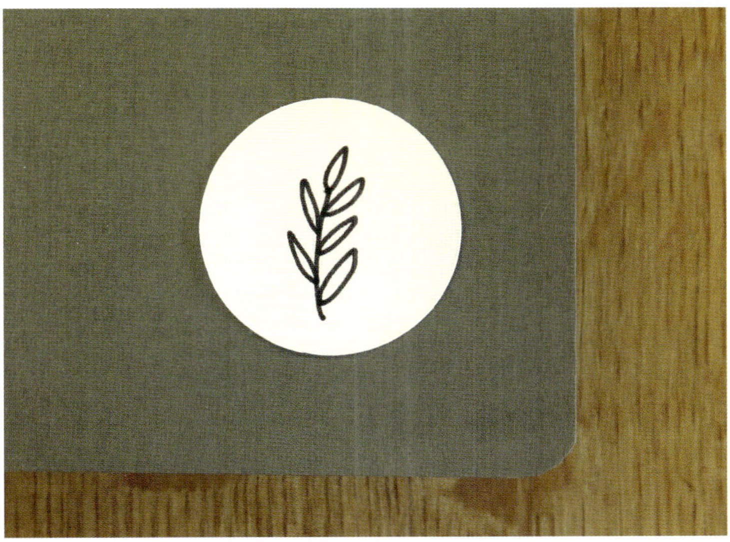

Hinweis

Für diese Art der Sticker brauchst du einen oder mehrere Cricut-Stifte. Diese Sticker kannst du mit Papier-Etiketten oder beschreibbarem Vinyl umsetzen.

Material

- Beschreibbares Vinyl oder beschreibbare Papier-Etiketten (oder Smart Paper Sticker-Karton ohne Schneidematte)
- Vorlage: 9_1_2_Zweig

1. Wähle eine Form für deinen Sticker, z.B. einen Kreis oder ein Quadrat.
2. Nutze für das hier dargestellte Beispiel einen Kreis mit dem Durchmesser 2,5 cm.

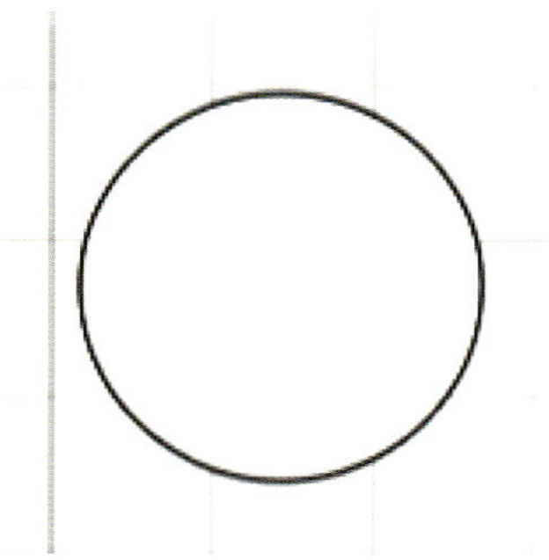

3. Wähle dann ein Motiv für deinen Sticker (das kann eine Vektor-Datei oder eine Bild-Datei sein – siehe dazu Abschnitt 1.5).

   In diesem Beispiel nutze die Vorlage 9_1_2_Zweig. Markiere den Zweig und verändere die Breite auf 2 cm.

4. Anschließend gibt du unter dem Menüabschnitt Betrieb an, dass der Zweig mit dem Cricut-Stift gezeichnet werden soll. Für das Beispiel kannst du den schwarzen Cricut-Fineliner verwenden.

5. Markiere nun den Kreis und den Zweig. Klicke auf Ausrichten > Zentrieren und anschließend auf Verbinden. Jetzt kannst du deinen Sticker herstellen.

9.1.3 Sticker in einer Form: Funktion »Drucken, dann schneiden«

Hinweis

Für diese Art von Stickern benötigst du neben dem Cricut Maker 3 auch einen Drucker. Du kannst diese Sticker mit bedruckbaren Papier-Etiketten oder bedruckbarem Vinyl umsetzen.

Um diese Sticker herzustellen, benötigst du die äußere Form des Stickers als Hintergrund (z.B. Rechteck oder Kreis) und das auszudruckende Element (z.B. Zeichnung, Bild oder Text).

Tipp

Wie du Sticker-Labels erstellst, erfährst du in Abschnitt 5.8.

9.1.4 Sticker mit Offset

Schwierigkeit: mittel
Projekt ohne Vorlage

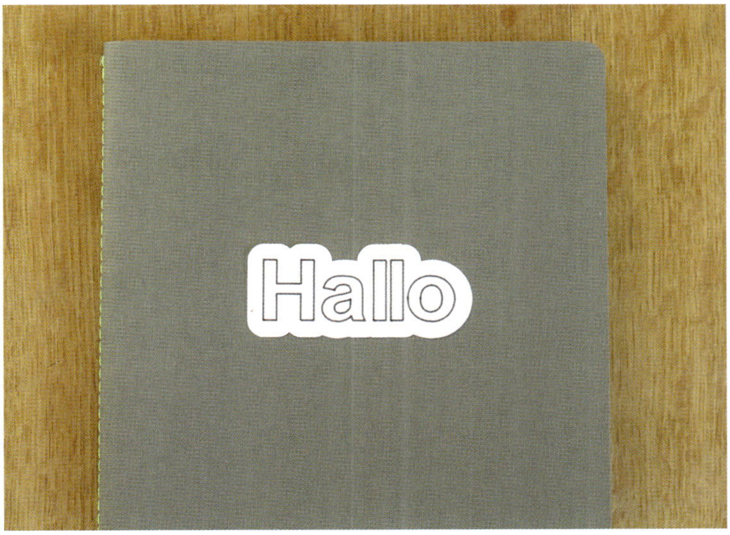

Material

Bedruckbares Vinyl oder bedruckbare Papier-Etiketten

1. Wähle ein Wort aus, das du zu einem Sticker machen möchtest. Für dieses Beispiel benutze das Wort »Hallo« (hier Schriftart: Arial, fett). Suche dir nun eine Schriftart aus und miss aus, wie groß der Schriftzug werden soll.

2. Um den Offset hinzuzufügen, markiere das Wort und klicke im oberen Menüband auf OFFSET. Daraufhin öffnet sich ein Menüfenster, in dem du einstellen kannst, wie breit der Offset sein soll und welche Form die Ecken haben sollen (hier: Distanz: 0,5 cm und Eckenform rund). Der Offset legt sich nun erst einmal um jeden einzelnen Buchstaben. Aktiviere OFFSET VERSCHWEISSEN, um einen Offset um das gesamte Wort zu erhalten. Klicke anschließend auf ANWENDEN.

3. Nun kannst du entscheiden, ob du das Wort »Hallo« mit der Funktion DRUCKEN, DANN SCHNEIDEN (dazu Wort und Offset markieren und anschließend auf EBNEN klicken) oder mit einem Stift gezeichnet umsetzen möchtest.

4. Hier ist die Version mit Stift umgesetzt: Markiere das Wort »Hallo« und wähle unter BETRIEB > STIFT aus. Markiere anschließend das Wort und den Offset und klicke auf VERBINDEN. Die Umrisse der Buchstaben werden nun gezeichnet und der Offset geschnitten.

9.2 Beschriftungen und Organisation

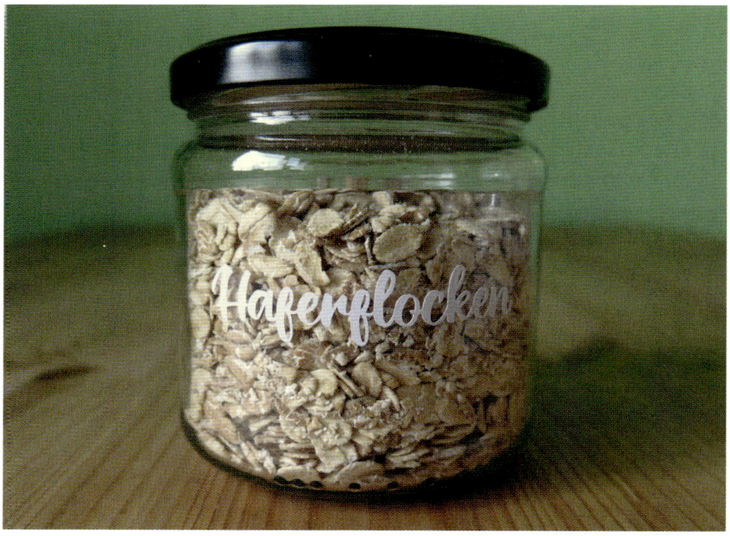

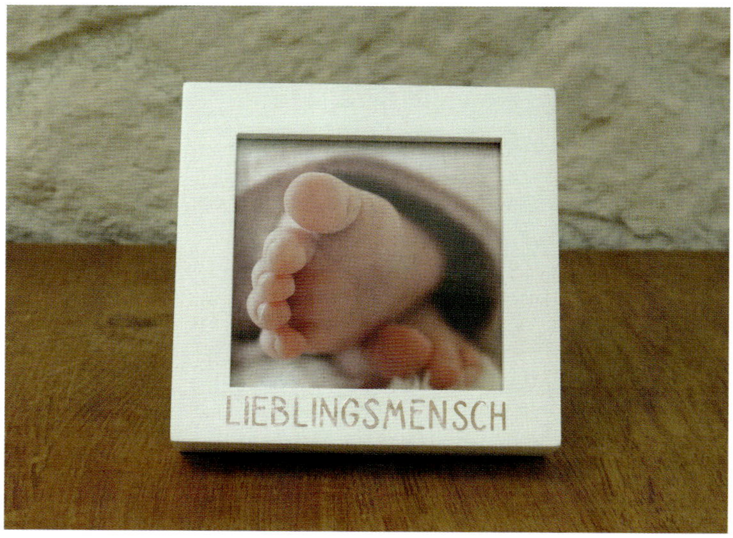

Mit den in Abschnitt 9.1 beschrieben Sticker-Techniken lässt sich viel Nützliches und Schönes erstellen, z.B.:

- Beschriftung für Dosen, Gläser, Boxen und Kartons. So kannst du auch dein Zuhause besser organisieren.
- Upcycling von Gegenständen durch Überkleben von kleinen Beschädigungen oder unerwünschten Aufschriften
- Beschriftung von persönlichen Gegenständen, z.B. Büchern und Handy-Hüllen
- Personalisierte Geschenke, wie Teelichthalter oder Bilderrahmen
- Beschriftung von Selbstgemachtem, z.B. Marmelade, Öle, Gebäck

9.3 Tafeln

Bei der Organisation zu Hause helfen auch Tafeln bzw. Wandplaner. Hier findest du zwei Tafeln, mit denen du dein Essen oder die Termine für die gesamte Familie planen kannst.

Schwierigkeit: schwer

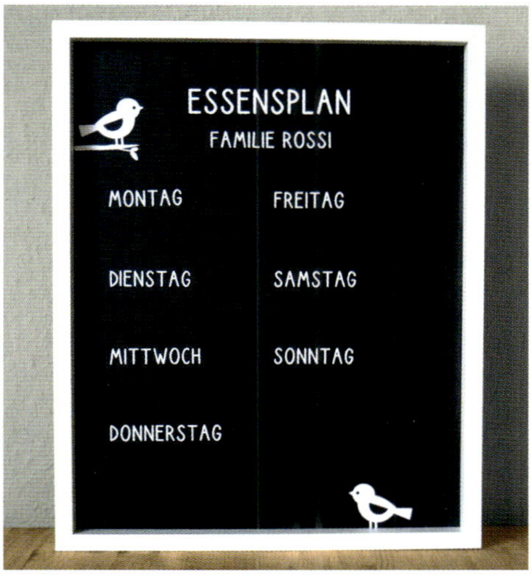

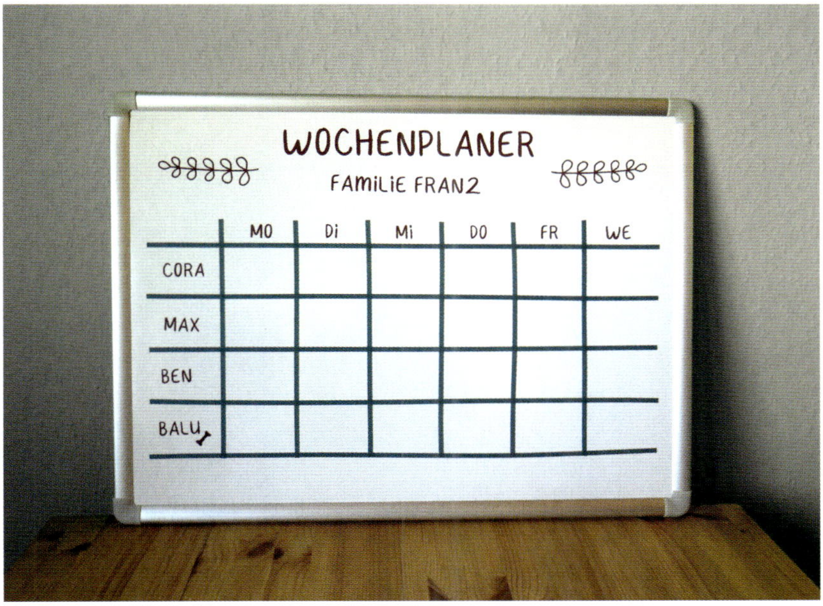

Material

- Vinyl
- Transferfolie
- Tafel, Tafelfolie, Whiteboard oder Ähnliches
- Entgitterhaken
- Rakel
- Gegebenenfalls Permanentmarker
- Kreidestift bzw. Boardmarker
- Vorlage: 9_3_ Essensplan oder 9_3_ Wochenplan

Größe des Projekts

Bevor du mit dem Plotten beginnst, miss deine Tafel aus und überlege, wie viel Platz du für die einzelnen Abschnitte zur Verfügung hast. Entscheide danach, wie groß die Felder und die Schrift sein müssen. Passe die Vorlagen dann individuell an.

Tafel erstellen

Die Linien zur Unterteilung beim Wochenplan kannst du entweder aus Vinyl schneiden oder du bringst sie mit einem Permanentmarker oder einem geeigneten schmalen Vinyl-Tape auf die Tafel auf.

Die Schrift und Dekorationen, die dauerhaft zu sehen sein sollen, kannst du dann mit Vinyl plotten und aufbringen. Für alle Eintragungen, die sich z.B. wöchentlich verändern, nutze den Kreidestift bzw. Boardmarker, um sie später wieder wegwischen zu können.

Verwendete Schriftarten: »Essensplan« – Lumie; »Wochenplan« – HeyGuys! Demo

Variationen

Tafelfolie plotten

Aus dünner Tafelfolie kannst du natürlich Etiketten oder andere Formen ausschneiden, die du anschließend mit einem Kreidestift beschriftest. Das ist besonders nützlich, wenn die Beschriftung häufig verändert werden soll, z.B. als Türschild für ein Gästezimmer, bei dem du die Namen der Gäste einträgst.

9.4 Türsticker

Um Gästen die Orientierung in deinem Zuhause zu erleichtern, kannst du Vinyl-Sticker auch an Türen anbringen und so z.B. die Tür des Gäste-WCs beschriften.

Schwierigkeit: mittel

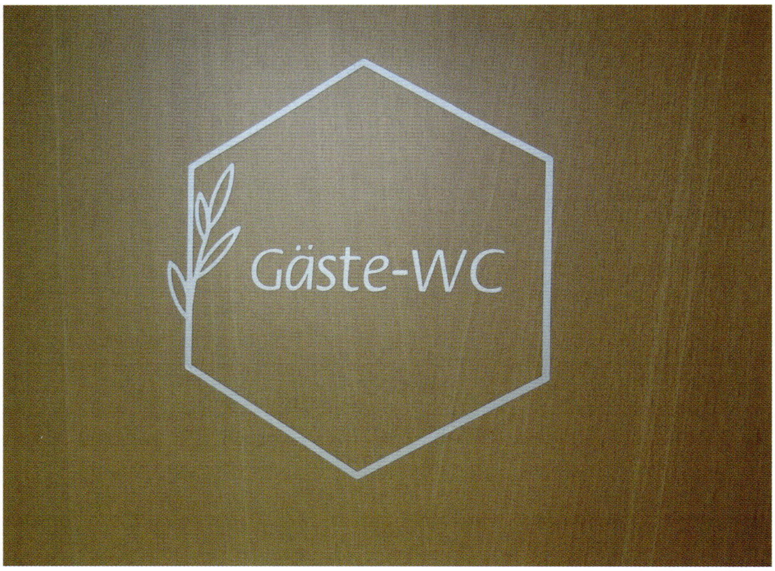

Material

- Vinyl
- Transferfolie
- Vorlage: 9_4_GaesteWC

Türsticker erstellen

Miss vorher aus, wie groß dein Türschild werden soll. Benutze am besten eine Wasserwaage, um das Schild gerade anzubringen.

Die Schrift im Türsticker kannst du mit einem neuen Textfeld individuell anpassen.

Schriftart im Projekt: QTFloraline

9.5 Tassen

Sticker eignen sich auch, um schöne Motive und Schrift auf Tassen, Gläsern oder Trinkflaschen zu bringen. Hier findest du ein Tassenmotiv und ein Projekt ohne Vorlage, um deine Tasse zu personalisieren oder einem lieben Menschen einen guten Morgen zu wünschen.

9.5.1 Tasse »Guten Morgen«

Schwierigkeit: mittel

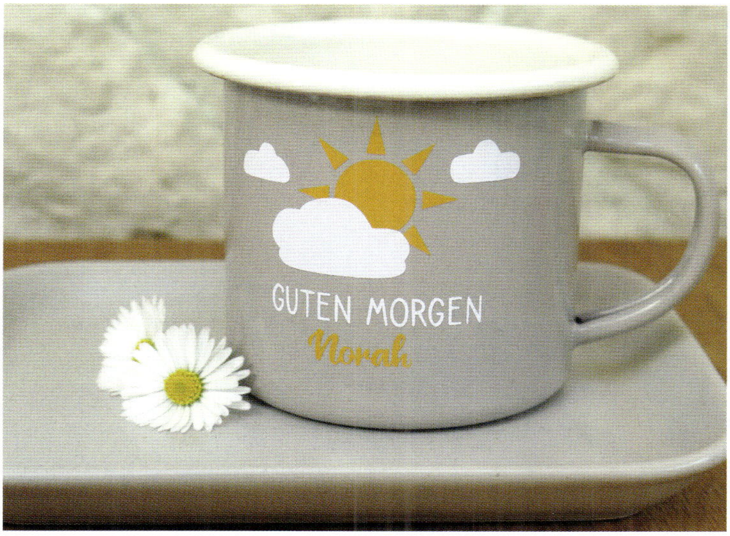

Material

- Vinyl in verschiedenen Farben
- Transferfolie
- Rakel
- Vorlage: 9_5_Guten_Morgen

Tasse erstellen

Passe die Größe des Motivs deiner Tasse an. Du kannst bei allen Motiven Schriften und Farben nach deinen Wünschen verändern.

Verwendete Schriftarten: »Guten Morgen« – Lumie; Name – Ontel

9.5.2 Tasse »Monogramm«

Schwierigkeit: mittel
Projekt ohne Vorlage

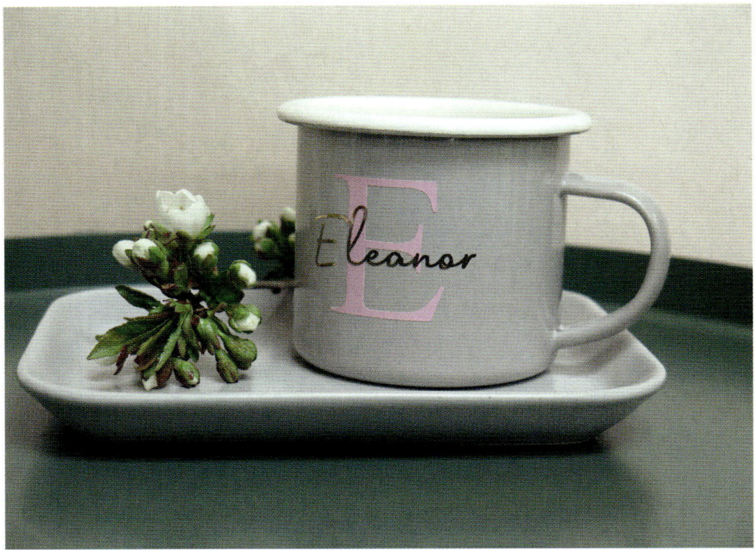

Material

- Vinyl in verschiedenen Farben
- Transferfolie
- Rakel

1. Miss deine Tasse aus und bestimme, wie groß dein Projekt werden soll.
2. Erstelle ein neues Textfeld und gib den gewünschten Anfangsbuchstaben als Großbuchstaben ein.
3. Wähle deine gewünschte Schriftart aus.
4. Verändere die Höhe des Buchstabens auf die passende Größe. Halte das Vorhängeschloss geschlossen, damit sich die Breite proportional mitverändert.
5. Erstelle ein weiteres Textfeld und gib den gewünschten Namen ein.
6. Wähle deine gewünschte Schriftart aus.
7. Verändere die Höhe des Namens auf die passende Größe. Halte das Vorhängeschloss geschlossen, damit sich die Breite proportional mitverändert.
8. Das Ausrichten von Monogramm und Name erfolgt beim Aufkleben des Vinyls auf die Tasse.

Hinweis

Um zu sehen, ob Monogramm und Name gut zusammenpassen, kannst du beide schon im Arbeitsbereich zueinander ausrichten. Markiere hierzu beide Textfelder und klicke auf AUSRICHTEN > ZENTRIEREN.

Tipp

Besonders schön sieht es aus, wenn du für den Namen eine Schreibschrift wählst und für das Monogramm eine Serifen- oder serifenlose Schriftart.

Verwendete Schriftarten: Buchstabe – Times New Roman; Name – Celliad

9.6 Bilderrahmen mit Sticker

Bilderrahmen und Sticker sind ein tolles Team – entweder um sich auf eine anstehende Reise zu freuen oder um Geld für eine Reise zu verschenken. Zusammen mit einem schönen Foto im Hintergrund ist das ein echter Blickfang.

Schwierigkeit: mittel

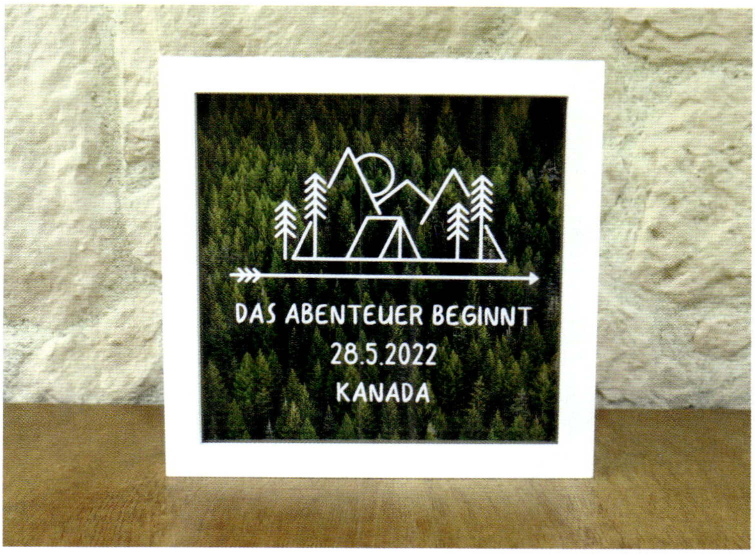

Material

- Vinyl
- Rakel
- Entgitterungshaken
- Transferfolie
- Bilderrahmen mit Tiefe, z.B. 20 x 20 cm
- Foto als Hintergrund
- Vorlage: 9_6_Bilderrahmen_Sticker

Größe des Projekts

Du kannst die Größe des Bilderrahmens frei wählen. Jedoch ist eine Größe ab 20 x 20 cm zu empfehlen, da sonst die Linien des Motivs zu dünn werden. Passe die Größe des Motivs und der Schrift an deinen Bilderrahmen an. Bei einem Bilderrahmen der Größe 20 x 20 cm passt für das Motiv eine Breite von 16 cm.

Sticker individualisieren

Passe den Text entsprechend deines Abenteuers an. Schriftart und Größe kannst du dabei beliebig verändern. Die Farbe des verwendeten Vinyls sollte sich dabei von den Farben deines Fotos abheben, damit der Sticker gut zu erkennen ist.

Verwendete Schriftart: Lumie

Variationen

Bilderrahmen als Spardose
Um den Bilderrahmen auch als Spardose oder Geldgeschenkebox zu nutzen, kannst du entweder einen Bilderrahmen verwenden, der bereits dafür vorgesehen ist, oder selber eine Öffnung in die Oberseite des Bilderrahmens schneiden.

9.7 Notizbücher & Kalender

Hier findest du Projekte, um Notizbücher und Kalender durch passende Sticker zu organisieren oder diese individuell zu gestalten. Dies ist nicht nur für die eigenen Notizbücher und Kalender eine schöne Idee, sondern kann auch ein tolles, personalisiertes Geschenk sein.

Schwierigkeit: mittel

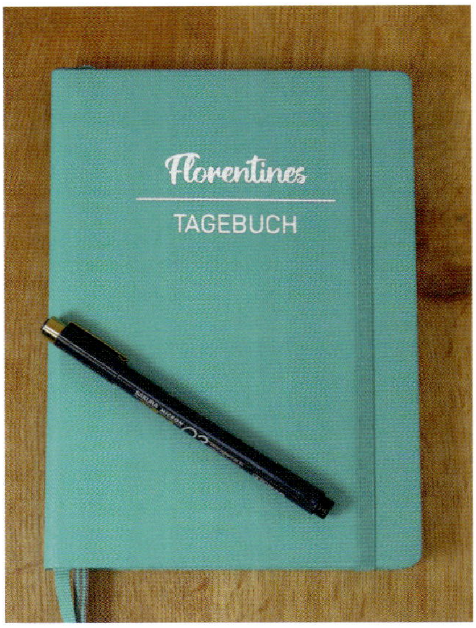

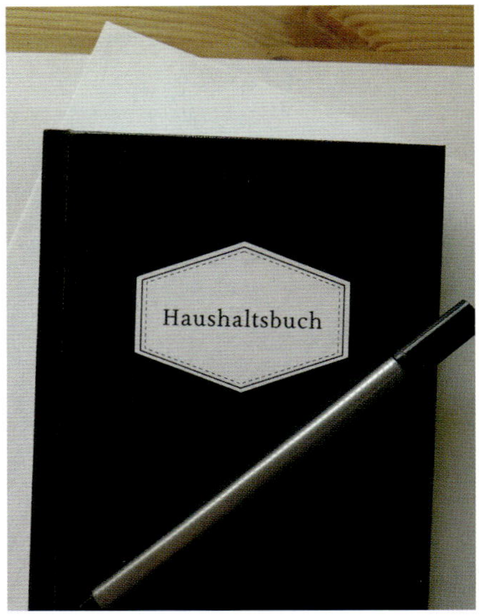

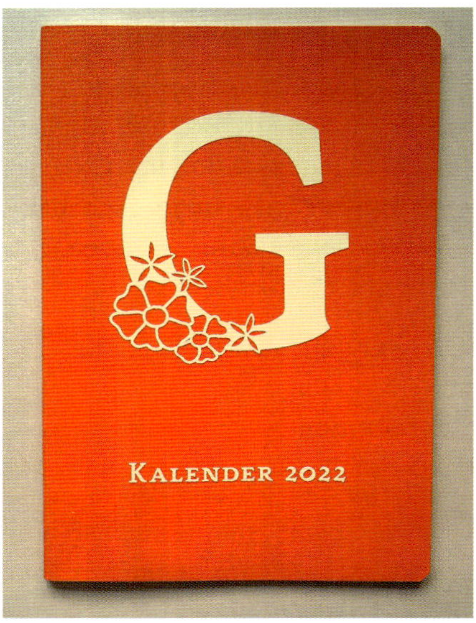

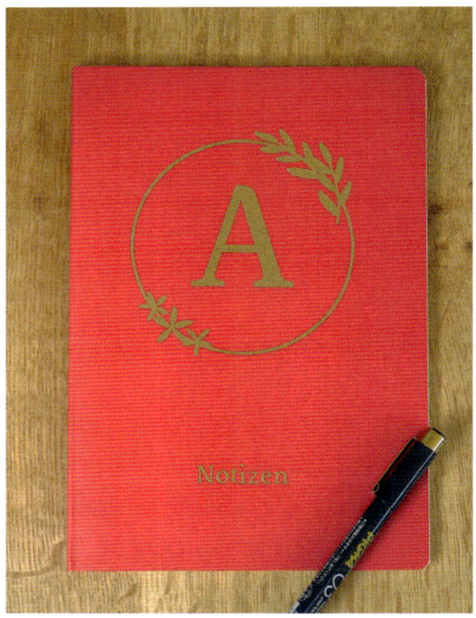

Material

- Vinyl bzw. bedruckbares Vinyl
- Transferfolie
- Rakel
- Vorlage: 9_7_Notizbuch oder 9_7_Haushaltsbuch oder 9_7_Monogramm_Ring oder 9_7_Monogramm_Blumen

Notizbücher und Kalender erstellen

Miss zuerst dein Notizbuch oder deinen Kalender aus. Passe dann die Größe des Motivs sowie Namen bzw. Monogramme entsprechend an.

Vorgehen Kalender »Monogramm und Blumen«:

1. Wähle zuerst das Monogramm bzw. den Buchstaben in deiner Wunschschriftart und -größe aus.
2. Lade die Datei 9_6_Monogramm_Blumen in deinen Arbeitsbereich und platziere die Blumen auf deinem Monogramm.
3. Passe deren Größe so an, dass es zu deinem Monogramm passt. Die Blumen und das Monogramm sollten sich dabei teilweise überschneiden.
4. Zerlege nun die Gruppe der Blumen, die aus zwei Ebenen besteht – ein größerer Blumen-Hintergrund und ein kleinerer Blumen-Vordergrund.
5. Markiere das Monogramm und den Blumen-Hintergrund und klicke auf KOMBINIEREN > VERSCHWEISSEN.
6. Markiere die neu entstandene Form (aus Monogramm und Blumen-Hintergrund) und den Blumen-Vordergrund und klicke auf BESCHNEIDEN. Nun ist das Monogramm mit den Blumen fertig.

Verwendete Schriftarten: Tagebuch – Ontel und Allegro; Label »Haushaltsbuch« – Times New Roman; Kalender 1 und Kalender 2 – Compilada

9.8 Bullet-Journals

Bullet-Journals sind ja schon seit Jahren im Trend und helfen dabei, sich besser zu organisieren. Dabei geht es aber auch darum, dass eigene Bullet-Journal ansprechend und individuell zu gestalten. Sticker und Schablonen sind da eine praktische Unterstützung.

9.8.1 Bullet-Journal Sticker

Schwierigkeit: leicht

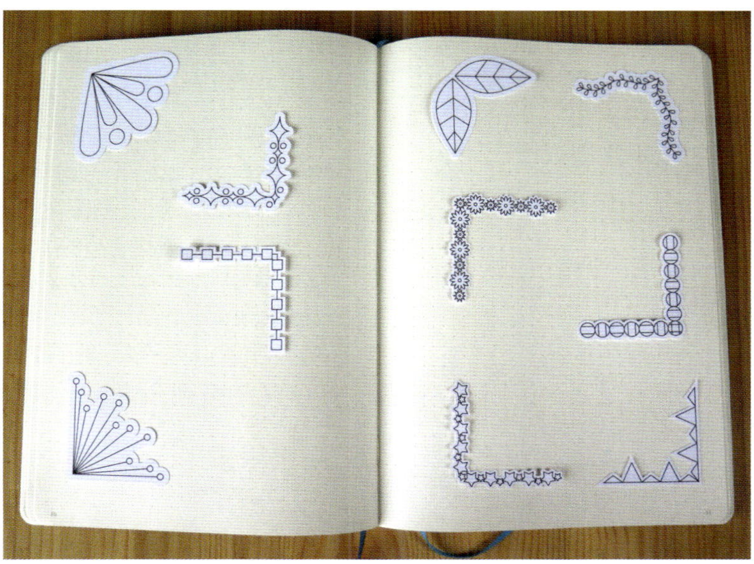

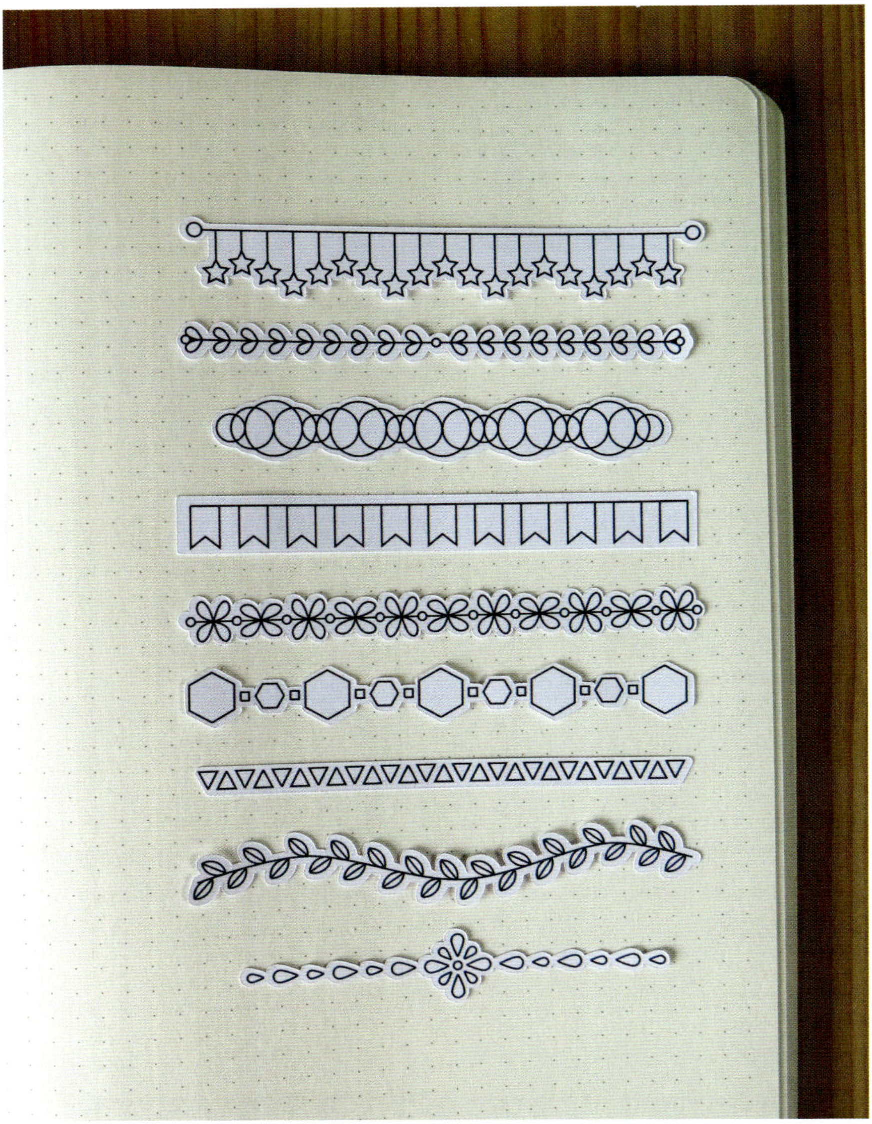

Material

- bedruckbares Vinyl oder Papier-Etiketten
- Drucker
- Vorlagen: 9_8_1_Bujo_Ecken; 9_8_1_Bujo_Raender

Sticker individualisieren

Du kannst die Größe der Sticker frei anpassen. Die Linienfarbe kannst du ebenfalls nach deinen Wünschen verändern, indem du den entsprechenden Cricut-Stift auswählst.

Variationen

Bullet-Journal-Sticker mit Schrift

Um Schrift auf Bullet-Journal-Sticker zu bringen, z.B. für Monats- oder Wochentage oder Seitenüberschriften, nutze die Hinweise aus Abschnitt 5.8 zum »Drucken, dann schneiden« von Stickern. Anstatt eines Bildes kannst du auch Text und Formen zusammenbringen und dir so individuelle Sticker in allen Farben erstellen.

9.8.2 Bullet-Journal-Schablonen

Falls du lieber Schablonen statt Sticker in deinem Bullet-Journal verwenden möchtest, findest du hier zwei Vorlagen mit Symbolen und Rändern.

Schwierigkeit: leicht

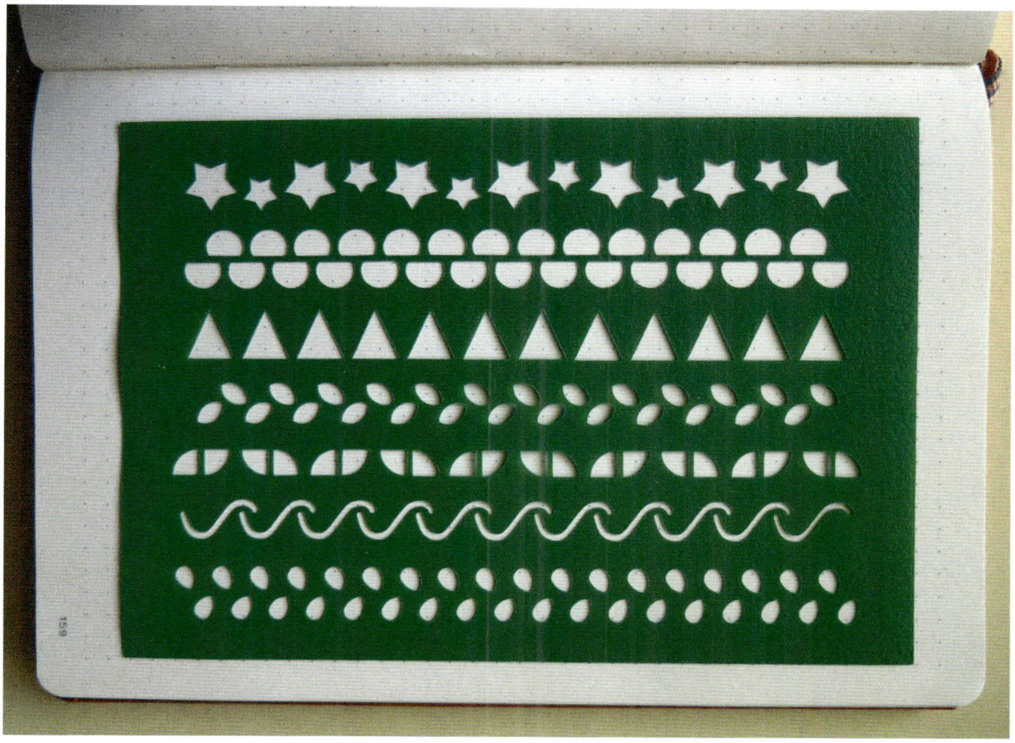

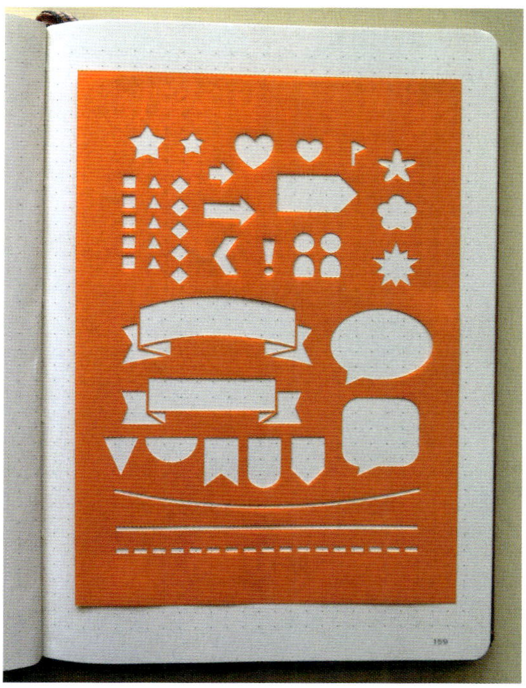

Material

- Schablonen-Folie oder Fotokarton
- Vorlagen: 9_8_2_Schablone_Raender; 9_8_2_Schablone_Symbole

Größe des Projekts

Die Größe kannst du individuell anpassen. Wähle diese gegebenenfalls so, dass du die Schablone in dein Bullet-Journal einlegen kannst, damit du sie schnell zur Hand hast.

9.9 Sticker-Vorlagen

Hier findest du viele Sticker-Vorlagen, die du schnell individualisieren kannst – egal ob du dein Zuhause organisieren möchtest, Sticker mit deiner Adresse benötigst oder für Anlässe wie Geburt und Hochzeit den passenden Sticker suchst.

Schwierigkeit: leicht

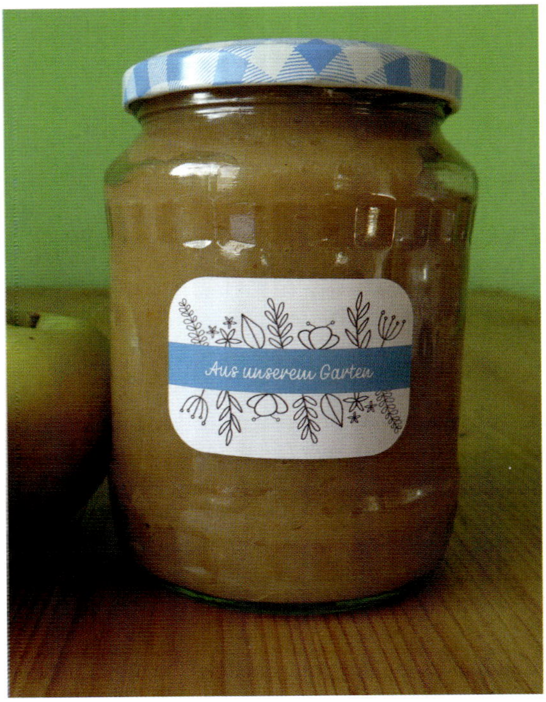

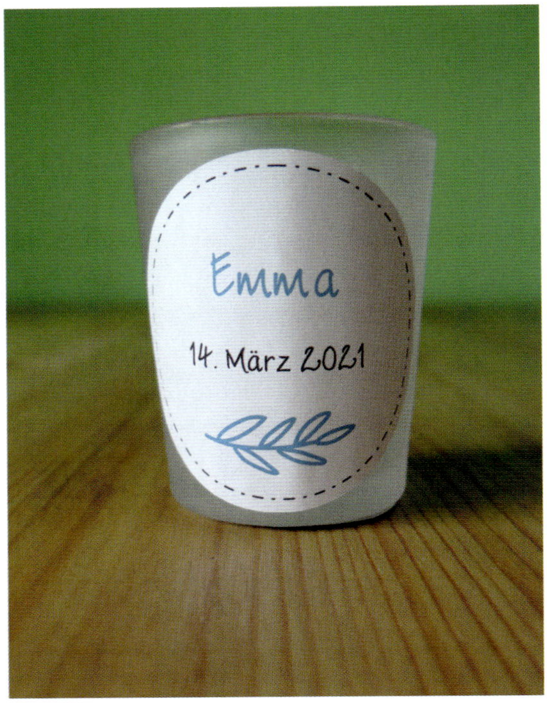

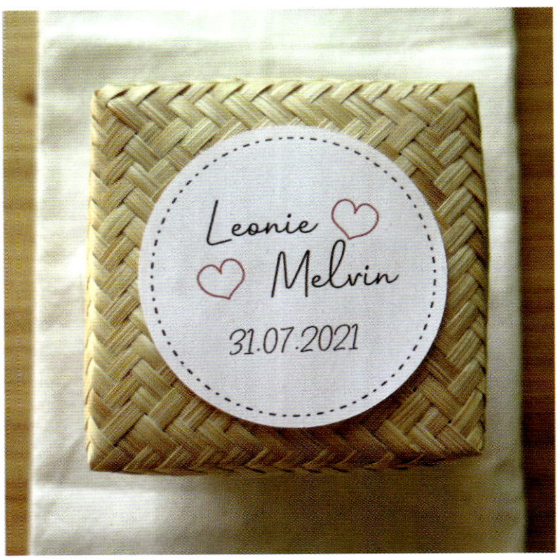

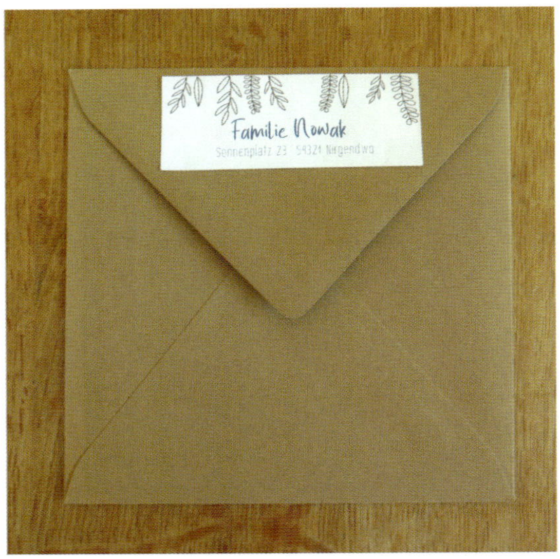

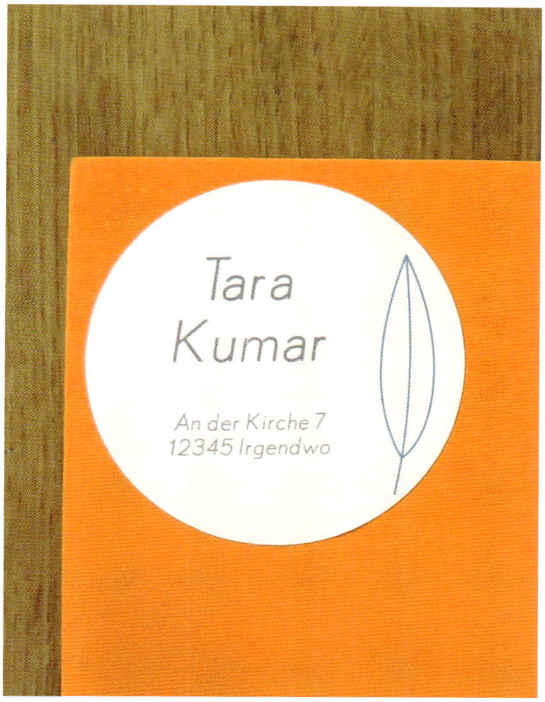

Material

- bedruckbares Vinyl oder Papier-Etiketten
- Drucker
- Vorlagen: 9_9_Labels; 9_9_Etiketten; 9_9_Adressen; 9_9_Anlässe

Sticker-Vorlagen verwenden

Du kannst die Größe, Texte und Schriftart der Sticker frei wählen. Füge Bezeichnungen, Namen, Adressen und Daten entsprechend ein.

Wenn du aus einer Datei nur einen Sticker mehrfach verwenden möchtest, dann lösche die übrigen Sticker aus deinem Projekt und kopiere bzw. dupliziere den gewünschten Sticker so oft wie nötig.

Sticker »Aus unserem Garten« – Havana; Adressen: Antique Nobel, Summer Vibes, Allegro; Sticker mit Zweig und Sticker mit Herzen: Campbell;

Tipp

Wie du Sticker-Labels erstellst, erfährst du in Abschnitt 5.8 Projekt 4: Funktion »Drucken, dann schneiden«: Label. Dieses Vorgehen kannst du auch auf alle anderen Sticker-Vorlagen anwenden.

9.10 Sticker-Bibliothek

Damit du auch eigene Sticker gestalten und erstellen kannst, findest du in den Vorlagen auch eine kleine Sticker-Bibliothek, die sowohl Hintergründe für Sticker als auch kleine Vektor-Elemente, wie z.B. Blätter und Blüten enthält (Vorlage 9_9_Sticker_Hintergrund, Vorlage 9_10_Sticker_Elemente). Wenn du diese dann mit deiner Wunschschriftart und -farben kombinierst, kannst du eigenständig wunderschöne Sticker für dich und andere erstellen.

9.11 Mit Musterfüllung arbeiten

Wenn du Projekte mit der Funktion DRUCKEN, DANN SCHNEIDEN umsetzen möchtest, kannst du Muster bzw. Musterfüllungen einbeziehen.

Unter dem Menüpunkt HOCHLADEN kannst du nicht nur Bilder, sondern auch Musterfüllungen als Bilddatei hochladen. Wähle dazu einfach das Muster aus, das du in deinem Projekt einbeziehen möchtest.

Wenn du dann ein Objekt (z.B. eine Form) erstellt hast, die du mit dem Muster füllen möchtest, markiere diese und wähle die Funktion DRUCKEN, DANN SCHNEIDEN aus. Anschließend kannst du im kleinen Quadrat im Abschnitt BETRIEB den Drucktyp bestimmen. Wähle dabei anstatt FARBE den Menüpunkt MUSTER aus. Dann erscheint eine Auswahl von Mustern (darunter auch dein hochgeladenes Muster). Im Fenster kannst du unter dem Punkt MUSTER BEARBEITEN dein Muster weiter verändern und anpassen. Beachte hierbei wieder, dass du mit einer Rastergrafik arbeitest, die du je nach Auflösung des Bildes nicht zu stark vergrößern solltest.

10 Eigene Ideen umsetzen

Wenn du nach diesem Buch ausreichend inspiriert bist und nun eigene Ideen entwickelt hast, die du gerne umsetzen möchtest, erhältst du hier Tipps zum Weiterplotten.

10.1 Einlesen von Bilddateien und Musterfüllungen

In Abschnitt 1.5 hast du bereits etwas über verschiedene Dateiformate erfahren. In diesem Buch hast du bisher nur mit Vektor-Dateien gearbeitet. Die Software *Cricut Design Space* bietet dir aber auch die Möglichkeit, Bilddateien und Musterfüllungen (siehe Abschnitt 9.11) in deine Projekte einzubeziehen.

Um Bilddateien zu bearbeiten, lade einfach eine Bilddatei in die Software, so wie du bisher auch andere Dateien hochgeladen hast. Nachdem du das Bild hochgeladen hast, musst du einen Bildtyp wählen, der deinem Motiv entspricht. Anschließend kannst du unerwünschte Bildteile mit dem Zauberstab oder dem Radiergummi entfernen und das Bild beliebig zuschneiden. Wenn du einen Bildbereich entfernt hast, ist der karierte Hintergrund sichtbar. Mit der Schaltfläche VORSCHAU in der unteren Menüleiste kannst du dir ansehen, wie das Bild aussehen wird, wenn es in deinem Arbeitsbereich erscheint. Im letzten Punkt kannst du dann entscheiden, ob du das Objekt schneiden oder DRUCKEN, DANN SCHNEIDEN möchtest. Wenn du das Bild anschließend in deine Projekte einbeziehst, solltest du darauf achten, es nicht zu groß zu skalieren, damit es nicht verpixelt wirkt bzw. die einzelnen Bildpunkte zu sehen sind.

Diese Funktion kannst du auch wunderbar nutzen, wenn du Vorlagen aus Bastelbüchern umsetzen möchtest, die eigentlich dafür gedacht waren, die Vorlagen mit der Hand zu übertragen und auszuschneiden. Fotografiere oder scanne die Vorlage einfach ab und lade das Bild in den *Cricut Design Space*, um es dort entsprechend weiter als Vorlage zu bearbeiten.

10.2 Eigene Vorlagen erstellen mit Cricut Design Space

In diesem Buch hast du bereits die wichtigsten Funktionen der Software *Cricut Design Space* kennengelernt. Zusätzlich findest du einige »Projekte ohne Vorlage« (z.B. Abschnitt 5.9), mit denen du das eigenständige Erstellen von Vorlagen üben kannst. Mit der Sticker-Bibliothek steht dir eine weitere Quelle zur Verfügung, um selbstständig Projekte umzusetzen. Im *Cricut Design Space* gibt es verschiedene Grundformen, die du zu neuen Formen kombinieren kannst, indem du sie beschneidest oder verschweißt. Mit all diesem Handwerkszeug kannst du nun auch eigene Ideen umsetzen. Sei kreativ und mutig und probiere einfach mal Neues aus.

10.3 Eigene Vorlagen erstellen mit Grafiksoftware

Um ganz frei eigene Ideen für deinen Cricut Maker 3 umzusetzen, kannst du Grafiksoftware nutzen und die Projekte dann im passenden Dateiformat (z.B. .svg) exportieren. Um diese Programme nutzen zu können, solltest du dich genauer mit der Arbeit mit Vektorgrafiken beschäftigen.

Die am meisten verbreiteten Vektorgrafik-Programme sind:

- Inkscape (kostenfreies Programm) – exportiert unter anderem .svg und .dxf
- Affinity Designer (geringe Kosten) – exportiert unter anderem .svg
- Adobe Illustrator (höhere Kosten) – exportiert unter anderem .svg und .dxf

10.4 Ideen aus anderen Kreativbereichen nutzen

Natürlich kannst du auch andere kreative Interessen mit deinem Plotter zusammenbringen, um schöne und individuelle Projekte zu gestalten, z.B.

- Handlettering, Brushlettering und Kalligrafie für tolle Schrift und Sticker,
- Sketchnotes für Sticker mit Symbolen im Bullet-Journal,
- Watercolor und Aquarell, um Bilder für Sticker oder Geschenkanhänger sowie interessante Hintergründe oder Motivpapier für Projekte zu gestalten.

10.5 Quellen für weitere Plotter-Vorlagen

Hier findest du Internet-Quellen, bei denen du kostenfrei und ohne Anmeldung Bilder, Icons und Grafikdateien herunterladen kannst. Diese kannst du je nach Format mit dem *Cricut Design Space* oder einer Grafiksoftware bearbeiten. Achte dabei immer auf die Lizenzbestimmungen, bevor du die Materialien verwendest.

- Freepik
- Vecteezy
- Flaticon
- Freevektor

Index

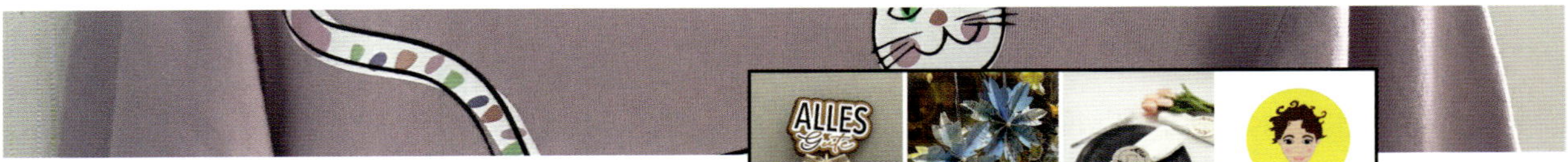

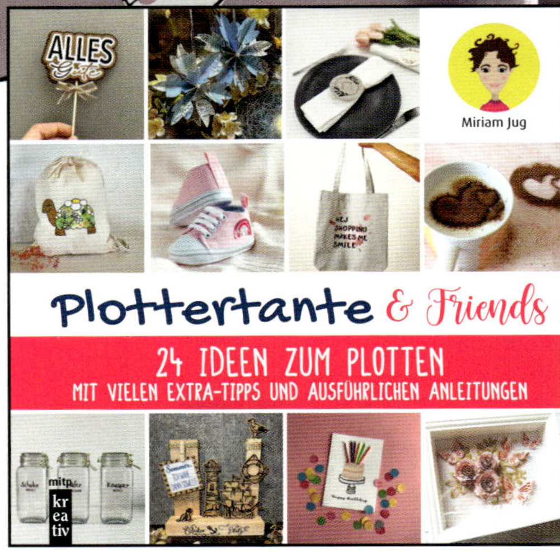

Miriam Jug

Plottertante & Friends

24 IDEEN ZUM PLOTTEN
MIT VIELEN EXTRA-TIPPS UND AUSFUHRLICHEN ANLEITUNGEN

- Kreative und einzigartige Projekte für jeden Anlass, zusammengestellt von der »Plottertante«: von Deko über Geschenke bis hin zu tollen Alltagshelfern
- Detaillierte Schritt-für-Schritt-Anleitungen mit vielen Bildern und Tipps für Anfänger und Fortgeschrittene geeignet
- Alle Plotterdateien sind kompatibel mit allen gängigen Plottern und stehen zum Download zur Verfügung

Du hast einen Cameo, Cricut Maker, Cricut Joy oder ScanNCut und suchst Ideen für tolle und individuelle Projekte wie persönliche Geschenke, Deko und tolle Accessoires?

In diesem Buch findest du eine einzigartige Sammlung von 24 Anleitungen, die zum Nachmachen und Abwandeln einladen. Hierzu hat die bekannte Plottertante Miriam mit elf ihrer liebsten Creatorinnen zusammengearbeitet. Entstanden ist eine Auswahl von vielseitig anwendbaren Projekten zum Plotten, angefangen bei der Gestaltung von Kleidung und Taschen über die Aufwertung von Alltagsgegenständen bis hin zu individuellen Geschenken und Accessoires.

In jedem Plotterprojekt spiegelt sich die Handschrift der jeweiligen Creatorin wider, was das Buch so besonders macht. Jedes Projekt ist anhand ausführlicher Schritt-für-Schritt-Anleitungen und vieler hilfreicher Bilder leicht nachvollziehbar. Darüber hinaus erhältst du zahlreiche Insider-Tipps, damit dein Plottererlebnis zum vollen Erfolg wird.

ISBN 978-3-7475-0716-2

Probekapitel und Infos erhalten Sie unter:
www.mitp.de/0716

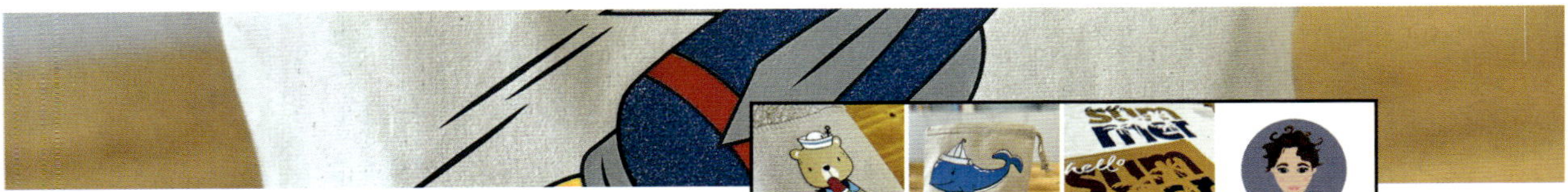

Miriam Jug

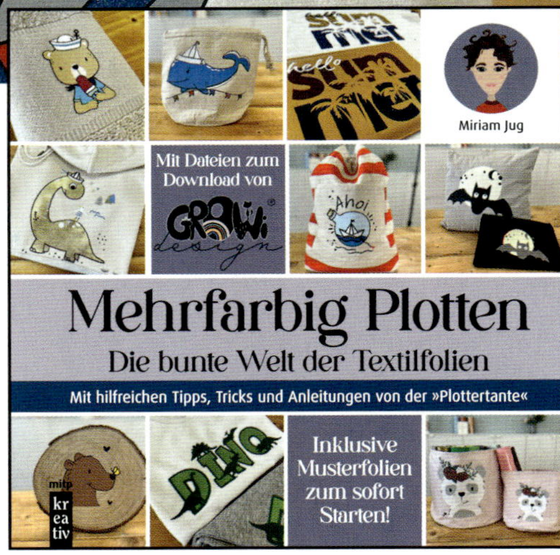

Mehrfarbig Plotten

Die bunte Welt der Textilfolien

Mit hilfreichen Tipps, Tricks und Anleitungen von der »Plottertante«

- Alles Wissenswerte zum mehrfarbigen Plotten mit Textilfolien
- Mit vielen kreativen Projekten und Anleitungen
- Inklusive aller Vorlagen von GroWidesign zum Download
- Inklusive Musterfolien direkt im Buch

Mit Textilfolien lassen sich alle möglichen Stoffe kreativ bearbeiten und veredeln, wie z. B. Kleidung, Kissen, Taschen oder Handtücher. Bei der Verarbeitung der bunten Folien können dabei schnell Fragen aufkommen: Mit welcher Temperatur und wieviel Druck verpresse ich? Welche Folien lassen sich übereinander verarbeiten? Wie kann ich mehrfarbige Designs herstellen?

All das und noch viel mehr beantwortet Miriam Jug – aus den sozialen Medien bekannt als «Plottertante» – in diesem Buch. Sie erklärt alles zu Textilfolien und Werkzeugen und gibt jede Menge Tipps und Tricks rund um das Thema Plotten & Co. Anhand von 18 kreativen Projekten und ausführlichen Anleitungen zeigt Miriam, wie man mit Textilfolien arbeitet. Dabei ist die Anwendung nicht nur auf Textilien begrenzt, sondern lässt sich auch auf Materialien wie Holz, Papier, Filz oder (Kunst-)Leder übertragen.

Die Designs der vorgestellten Projekte von Annett Grosse-Wilde (GroWidesign) stehen als DXF- und SVG-Dateien zum Download für die gängigen Plotter von Cricut, Silhouette und Brother kostenlos zur Verfügung. Damit es auch wirklich sofort losgehen kann, sind dem Buch einige Musterfolien des renommierten Herstellers POLI-TAPE beigefügt.

ISBN 978-3-7475-0722-3

Probekapitel und Infos erhalten Sie unter:
www.mitp.de/0722